普通高等学校学前教育专业系列教材

U0730630

学前儿童家庭与社区教育

（第三版）

周雪艳 编著

复旦大学 出版社

内容提要

本书根据我国社会发展和家庭教育的现状，结合各项相关政策法规和幼儿园教育实际，借鉴国内外先进的教育理念及实践经验，系统全面地阐明了学前儿童家庭教育的基本原理、原则和方法，探讨了制约家庭教育的各种因素，分析了特殊类型家庭和不同年龄阶段儿童家庭教育问题和教育对策，论述了幼儿园与家庭、社区合作共育的问题。本书配有课件资源，可扫码查看，也可登录复旦社云平台（www.fudanyun.cn）搜索下载。

本书力求做到理论性、创新性、时代性和实践性的有机结合，适合普通本科院校、高等职业院校和各类教育培训机构学前教育专业学生使用，也可供早教机构、幼儿园教师以及广大家长阅读参考。

复旦社云平台
数字化教学支持说明

　　为提高教学服务水平，促进课程立体化建设，复旦大学出版社建设了"复旦社云平台"，为师生提供丰富的课程配套资源，可通过"电脑端"和"手机端"查看、获取。

【电脑端】

　　电脑端资源包括PPT课件、电子教案、习题答案、课程大纲、音频、视频等内容。可登录"复旦社云平台"（fudanyun.cn）浏览、下载。

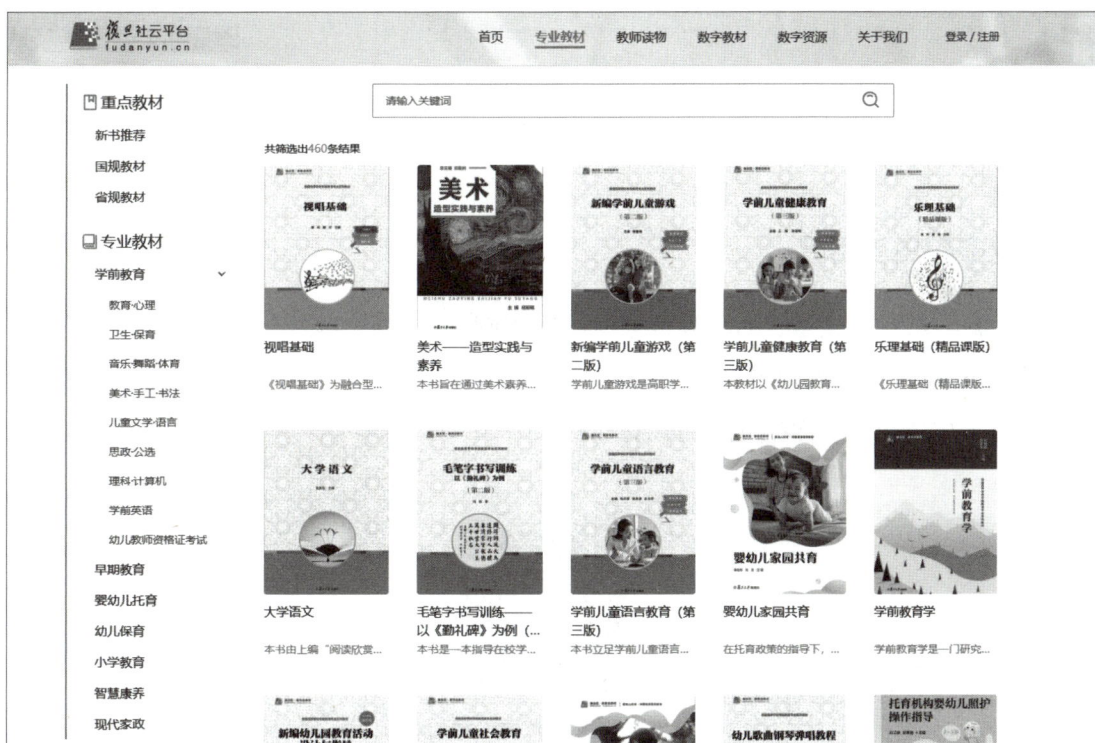

Step 1　登录网站"复旦社云平台"（fudanyun.cn），点击右上角"登录/注册"，使用手机号注册。

Step 2　在"搜索"栏输入相关书名，找到该书，点击进入。

Step 3　点击【配套资料】中的"下载"（首次使用需输入教师信息），即可下载。音频、视频内容可点击【数字资源】，搜索书名进行浏览。

【手机端】

PPT 课件、音视频、阅读材料：用微信扫描书中二维码即可浏览。

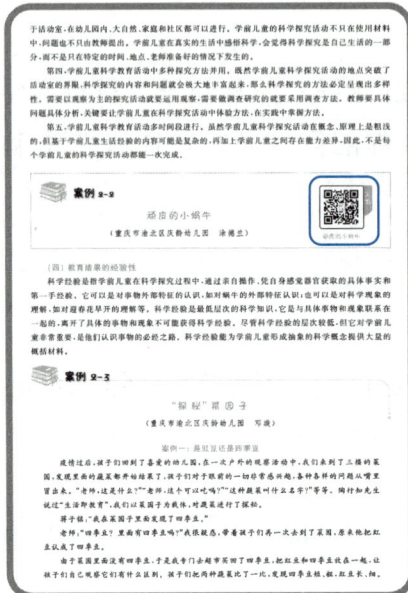

扫码浏览

【更多相关资源】

更多资源，如专家文章、活动设计案例、绘本阅读、环境创设、图书信息等，可关注"幼师宝"微信公众号，搜索、查阅。

平台技术支持热线：029-68518879。

"幼师宝"微信公众号

三版修订说明

　　随着我国社会转型速度加快，传统的家庭结构和功能发生了深刻的变化。一方面，家庭教育工作取得了积极进展；另一方面，家庭教育存在的问题日益凸显，引起社会广泛关注。比如，一些父母或其他监护人对家庭教育主体责任意识不强；有的家长认为，家庭教育是关起门来的私事，其他人不能干预；有的甚至将实施家庭暴力混同为家庭教育方式。2021年10月23日，十三届全国人大常委会第三十一次会议通过了《中华人民共和国家庭教育促进法》（以下简称《家庭教育促进法》），于2022年1月1日起正式实施。《家庭教育促进法》的出台意味着我国首次就家庭教育进行专门立法，是大力弘扬中华民族家庭美德的法治体现，为促进未成年人健康成长和全面发展提供了法治保障，树立起了重视家庭教育的鲜明价值导向。这部新法的颁布表明，家庭教育不再只是传统意义上的"家事"，而是纳入了国家教育事业发展规划和法治化管理轨道的"国事"。另外，中国共产党第二十次全国代表大会上的报告（2022年10月16日）中提出"健全学校家庭社会育人机制""弘扬中华传统美德，加强家庭家教家风建设，加强和改进未成年人思想道德建设"，也为我们家庭教育工作进一步指明了努力的方向。

　　2021年6月26日，中共中央、国务院作出《关于优化生育政策促进人口长期均衡发展的决定》，实施一对夫妻可以生育三个子女政策及配套支持措施，如取消社会抚养费等制约措施、支持优生优育和设立父母育儿假等。这标志着十年来，生育制度从"双独二孩"到"单独二孩"，从"全面二孩"到"全面三孩"，我国的生育政策几经调整，逐步放开。为此国家卫生健康委员会印发了《3岁以下婴幼儿健康养育照护指南（试行）》（2022年11月19日），对家庭养育人掌握科学育儿理念和知识，提高婴幼儿健康养育照护能力和水平给予了详细、可操作性强的指导。

　　基于以上种种社会背景，加之在征求广大师生意见的基础上，本书进行了全面修订，主要体现在以下四方面。

　　1. 融入《家庭教育促进法》等内容，树立新的教育理念，从法治高度探讨与思考家庭教育问题。

2. 补充修改了部分内容、案例分析、参考阅读资料等，丰富完善了书本内容，与社会现实联系更为密切。

3. 增加了二维码的使用，扩充了阅读信息量，学习方式也更为简便快捷。

4. 增加了学习导读、课程思政元素融入点等栏目，引领师生具有更为明确的思政意识和学习思路。

本次修订在听取广大师生的反馈信息的基础上，参考借鉴了多方面的有关文献资料和实践成果，编辑黄乐、夏梦雪老师也给予中肯的建议，在此一并表示诚挚的感谢。另外，需要特别说明的是，由于我国社区教育还处于起始阶段，相关理论和经验的资料较少，致使书中社区教育的内容显得不够充足，深感遗憾。也期望在社会各界的共同关注下，家庭、社会、学校（幼儿园）协同育人机制日趋成熟完善。由于时间仓促和编者学识水平所限，书中难免有疏漏和不当之处，恳请读者批评指正。

周雪艳

2023 年 3 月

前 言

随着《中国儿童发展纲要（2021—2030年）》《中华人民共和国家庭教育促进法》的相继出台，政府再次强调了儿童是国家的未来、民族的希望这一主导思想。对于我们坚持和完善最有利于儿童、促进儿童全面发展的制度机制，落实立德树人根本任务，优化儿童发展环境，保障儿童生存、发展、受保护和参与权利，全面提升儿童综合素质，为实现第二个百年奋斗目标、全面建成社会主义现代化强国奠定坚实的人才基础提供了法律保障和实施方向。

当前，我国正处于实现"两个一百年"奋斗目标的历史交汇期。社会的急剧变革涉及每一个角落，家庭结构形态、家庭功能、家庭生活方式和人们的思想观念都发生了很大变化。受经济社会发展水平制约，我国儿童事业发展仍然存在不平衡、不充分的问题，也必然对家庭教育产生深刻的影响，使我们的家庭教育面临着前所未有的机遇与挑战，并对家庭教育提出了全新的要求。人们从来没有像今天这样，以极大的热情、开放的心态和宽阔的视野去关注家庭教育，因为21世纪将是家庭教育凸显的世纪，这是时代的发展、人才的需求、国民整体素质提高所必须涉及的问题。

学前儿童的家庭教育是人生教育长河的源头，幼儿园教育是人生的基础教育，社区教育是儿童赖以生存的地缘空间教育。学前儿童的年龄特点决定了家庭教育的奠基作用，影响人一生的可持续发展。作为幼儿教师，若没有家庭教育方面的理论知识以及与家庭教育、社区教育合作共育的工作能力，学前教育机构的教育质量和儿童身心发展必将受到极大影响。因而，本课程作为学前教育专业学生的必修课程理应得到重视。近年来，家庭教育与社区教育的重要性日益受到世界各国政府和教育界关注，成为教育、社会等领域重点研究的课题之一。在我国，家庭教育问题自古以来就受到人们的关注，但作为一门学科进行研究，也就是近年来的事情。因此，本书作为研究学前儿童的家庭教育现象和问题并揭示其教育规律的教材，还有待于成熟和完善。本书以《中国儿童发展纲要（2021—2030年）》《中华人民共和国家庭教育促进法》《全国家庭教育指导大纲（修订）》等法律法规和规范性文件为指导思想，以处于现代社会变革期的中国家庭为背景,以学前儿童身心发展为轴心,借鉴和运用国内外相关学科的研究成果,总结作者多年从事家庭教育教学活动的实践经验,从宏观和微观领域对学前儿童家庭教育和社区教育的理论与实际问题进行重新思考归纳,并提出一些个人的见解和体会。本书可作为学前教育专业教材,也可供学前教育工作者以及广大家长学习和参考使用。

本书分为八个单元,分别阐述了:家庭与家庭教育的基本概念和原理,探讨了制约学前儿童家庭教育的主要因素,论述了学前儿童家庭教育的目的、任务与内容、原则和方法,阐明了不同年龄阶段学前儿童和特殊家庭类型的学前儿童家庭教育的对策,总结了幼儿园对学前儿童家庭教育指导的任务内容与原则方法,分析了现代社会背景下家庭教育、社区教育的变革以及学前儿童家庭教育存在的问题与发展方向。本书在编写过程中,努力突出以下四方面的特色:

1. 理论性和实践性。在参阅大量国内外家庭教育方面资料的基础上,涵盖家庭教育的基本理论,同时结合我国学前儿童家庭教育现状,既符合知识的系统性、逻辑性,又有实用性、指导性,与学前教育专业接轨,体现职业特色和能力。

2. 针对性和可操作性。本教材主要面向普通本科院校和高职高专层次学前教育方向学生,也可用于幼儿园在职教师的培训和家长学校的使用。因此,通过列举贴近生活又具代表性的典型事例分析、知识链接等将理论知识具体化、生活化,是本教材追求的主要目标之一。

3. 时代性和科学性。家庭是社会的细胞,也是社会的缩影。通过客观科学地分析社会政治、经济、文化等新形势下中国家庭教育面临的新情况、新问题、新趋势,结合最新的研究成果,紧跟时代脉搏,体现时代精神。

4. 可读性和新颖性。本教材在体例、形式、结构、文字等方面尽量做到内容精练,深入浅出,通俗易懂,新颖亲切,穿插小故事、小资料等拓展内容以吸引读者,让学生爱看爱学,有求知兴趣。

本书得以最终顺利完成,首先要感谢西安文理学院蔡军、刘迎接老师在繁忙的工作中审阅书稿,并提出中肯的修改意见和建议。另外,本书借鉴和吸收了家庭教育前辈、同行、幼儿园教师和大众媒介等许多理论成果和实践经验,在此一并表示最诚挚的感谢。由于社会发展的进程加速和家庭教育的复杂多变,再加上时间紧促,作者能力有限,书中不可避免地存在不足与疏漏之处,恳请广大读者提出宝贵意见,以利补充和修正。

编 者

修订于2023年3月

目录

1

第一单元
家庭与家庭教育

单元课件

单元课件

单元导读

　　本单元主要阐述了家庭的概念和特征，家庭的历史演进、家庭的功能；家庭教育的概念、性质，家庭教育的地位与价值；家庭教育的产生与发展；家庭教育的特点等。学习者在学习中可以结合中外教育史相关内容全面理解古今中外各个历史阶段家庭教育的发展，汲取传统学前儿童家庭教育优秀文化遗产，形成科学的唯物史观；结合生活中的实例深入理解家庭教育与学前教育机构的不同，并对其优越性和局限性有一个客观正确的认识。

学习目标

1. 了解家庭的内涵与历史演进的4种形式。
2. 理解家庭的功能及其演变。
3. 理解并掌握家庭教育的概念、本质和特点。
4. 了解家庭教育的产生发展过程。
5. 领会家庭教育对社会、个体发展的重要作用。

内容结构

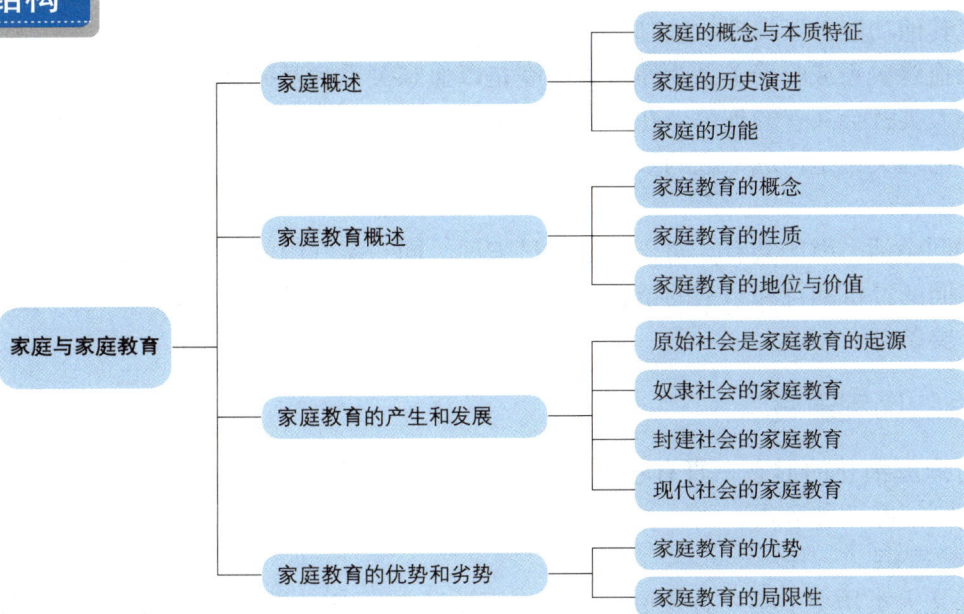

家庭与家庭教育
- 家庭概述
  - 家庭的概念与本质特征
  - 家庭的历史演进
  - 家庭的功能
- 家庭教育概述
  - 家庭教育的概念
  - 家庭教育的性质
  - 家庭教育的地位与价值
- 家庭教育的产生和发展
  - 原始社会是家庭教育的起源
  - 奴隶社会的家庭教育
  - 封建社会的家庭教育
  - 现代社会的家庭教育
- 家庭教育的优势和劣势
  - 家庭教育的优势
  - 家庭教育的局限性

第一节　家庭概述

大多数人从出生时的第一声啼哭，到最后离开这个世界，家庭始终围绕着他/她，陪伴他/她度过所有的岁月。可以说，几乎每个人都生活在家庭之中，总会受到来自家庭的影响；反之，每个家庭成员也会给家庭带来或多或少的影响。尽管这种相互影响的程度不尽相同，但个体与家庭的关系无论如何是不能割断的。那么，究竟什么是家庭？家庭与社会发展的关系又是怎样的呢？

一、家庭的概念与本质特征

中外学者由于思考问题的角度不同，在描述定义时侧重点也有所不同，见仁见智，所以至今还没有一个确定的答案。

美国社会学家伯吉斯（E. W. Burgess）和洛克（H. J. Locke）在《家庭》（1953）一书中提出："家庭是被婚姻、血缘或收养的纽带联合起来的人的群体，个人以其作为父母、夫妻或兄弟姐妹的社会身份相互作用和交往，创造一个共同的文化。"

日本社会学者森冈清美给家庭下的定义是："所谓家庭，就是以夫妇、亲子、兄弟等少数的近亲者为主要成员，由成员间深厚的相互感情联系结成的、最初的社会福利之间的集团。"

马克思、恩格斯则从社会关系角度明确界定家庭，认为："每日都在重新生产自己生命的人们开始生产另外一些人，即繁殖。这就是夫妻之间的关系，父母和子女之间的关系，也就是家庭。"意思是说，家庭的本质是婚姻和血缘关系，是由夫妻、子女及其他生活在一起的近亲所组成的小团体。

《现代汉语词典》对家庭的解释是："以婚姻和血统关系为基础的社会单位，包括父母、子女和其他共同生活的亲属在内。"

综合各种学派的观点，可以把家庭的概念概括为：家庭是由具有婚姻关系、血缘关系或收养关系的人们所组成的社会生活的基本单位。它的本质特征可以归结为以下三个方面。

第一，以婚姻关系为核心。没有两性的结合和婚姻，也就没有家庭。因此，稳定的夫妻关系是维系家庭稳定的决定因素，是判断家庭的第一标准，这既是家庭与其他社会组织形式相比最大的区别所在，也是家庭其他功能得以实现的基础。

第二，以血缘关系或收养关系为纽带。家庭是以血亲关系为基础结成的社会组织，这是家庭的基本特征，也是人类社会共有的现象。在血亲关系基础上建立的亲子关系，以及在此基础上衍生的各种物质、精神、伦理关系是构成家庭的重要元素。因此，亲子关系和兄弟姐妹关系是组成家庭的第二种基本关系。

第三，共同生活，财产共有。对于家庭成员来说，同一家庭内的成员通常都一起居住，共同拥有其财产，有共同的经济利益和亲密的情感交往。这是家庭不同于其他社会组织的一个重要特点，也是家庭成立的必要条件。

二、家庭的历史演进

学术界对家庭演化的形态一直有不同看法，通常认为经历了血缘家庭、普那路亚家庭、对偶家庭、一夫一妻制家庭四种形式。

（一）血缘家庭

血缘家庭是人类历史上第一种家庭形式。在原始社会的旧石器时代，人类经过长期经验的积累，认识到不同年龄人的生理差别，在内部逐渐地选择了按辈分划分的婚姻，即年龄相近的青壮年兄弟姊妹相互通婚，排斥了上下辈之间的婚姻关系。这时，姐妹是兄弟的共同妻子；兄弟是姐妹的共同丈夫，夫妻都有共同的血缘。血缘家庭既是一个独立的生产单位，又是一个独立的生活单位。

（二）普那路亚家庭

普那路亚家庭是人类家庭的第二种形式。由美国人类学家摩尔根（L. H. Morgan，1818～1881）命名，并将它作为群婚家庭的典型。普那路亚（punalua）是夏威夷语，意为"亲密的伙伴"。这个名称是从最早发现实行这种家庭形式的夏威夷群岛的土著人那里来的，共妻的一群丈夫互称"普那路亚"，共夫的一群妻子也互称"普那路亚"。这种家庭关系是群婚发展的最典型阶段。原始社会发展到旧石器时代的中晚期，由于火的发现和使用，人类制作石器和狩猎活动，以及原始农业的进一步发展，促使了生产力水平的提高，人类居住地相对地稳定下来；但由于人口的繁衍，一个血缘家族不得不分裂成几个族群。为了扩大物质资料生产，满足日益增长的人口的生活需要，族群之间必须保持一定的经济合作和社会联系，于是便产生了各族群之间的通婚。同时，在人类本身的生产方面，经过长期生活经验的积累和自然选择规律的作用，人们逐渐认识到族外通婚对后代体质发育有益，于是在家庭内部开始排除兄弟姐妹间的婚姻关系，实行两个族群之间的通婚，这就是普那路亚家庭形式。

（三）对偶家庭

对偶家庭是原始社会母系氏族公社时期的一种家庭形式。由普那路亚家庭发展而来。这种家庭由一对配偶在对偶婚的形式下结合而成，所生子女属于母亲所有。早期对偶婚是夫对妻暮合晨离。晚期对偶婚发展为夫居妻家，但不是长久的。这种对偶家庭不是氏族公社的独立经济单位，社会的基本组织仍是母系氏族。家庭内男女平等，共同照料子女。对偶婚已从群婚时代单纯的夫妻关系转变为一种广泛的社会联系。男子和女子一起劳动、消费，世袭传承仍按母系计算。对偶婚实行的结果是给家庭增加了一个新的因素，除了生身母亲之外，又明确了生身父亲。

（四）一夫一妻制

一夫一妻制又称单偶婚，是一男一女结为夫妻的婚姻和家庭形式。在原始社会晚期，由对偶家庭发展而来。一夫一妻制家庭是人类有史以来最后一种婚姻家庭形式，也是迄今为止人类历史上最终的和最进步的婚姻形态。它的确立是文明时代开始的标志之一，并适应于整个文明时代。一夫一妻制产生的根本原因是生产资料的私有制，人们财富大量增加并想把财富由对偶所生的有血缘关系的后代来继承。一夫一妻制家庭同对偶家庭相比，具有以下两个特点：一是男子的统治。由于丈夫在家中掌握了经济大权，从而形成了对妻子的统治权；二是婚姻的不可离异。一夫一妻制家庭较之对偶家庭要牢固、持久得多，双方已不能任意解除婚姻关系，通常只有丈夫可以离异妻子，破坏夫妻忠诚是丈夫的权利，而妻子却必须严守贞操。一夫一妻制家庭在奴隶社会、封建社会、资本主义社会和社会主义社会等不同的社会形态下有着不同的表现形式。

知识拓展

摩梭人的走婚

三、家庭的功能

家庭功能是指在一定社会条件下，家庭对个人生活和社会发展应尽的职责和应发挥的作用。家庭作为社会的基本组织，有着其他社会组织、社会共同体所不能替代的功能。家庭功能的特点发挥得越充分，人们的各种需求才能得到更好的满足，才能更好地保障社会的稳定和发展。

一般来说，家庭功能受社会政治经济发展水平的影响。在不同历史时期、不同国家和地区，家庭功能的侧重点也会有所不同，它是随着人类的需要和状态的发展而不断变化的。

（一）生育繁衍功能

生育繁衍功能即人口再生产的功能。生育孩子（包括领养）是婚姻结合的必然产物，是人作为自然界生物的本能体现。由于人的繁衍是通过家庭来实现的，所以，繁衍功能就构成家庭的一个基本功能，这也是婚姻家庭自然属性的表现。

由于家庭是人口再生产的社会形式，在不同社会制度下，家庭实现人口再生产的社会功能有其不同的特点。如在非洲一些经济落后地区，平均一个妇女要生 7 ～ 8 个孩子；而在西方一些发达国家，人口出生率呈负增长的趋势。在我国古代，封建社会的统治者为了增加更多的劳动力和兵力，鼓励人们早婚早育。但由于战乱频繁，民不聊生，再加上医疗水平低下，使人口再生产出现高生育率、高死亡率的特点，人口增长十分缓慢。

新中国成立后，有一段时期对此问题认识不足，使人口盲目增长，给国民经济发展和人民生活造成了严重影响。生育子女多不仅降低了家庭的生活水平，增加了家庭负担，而且在一定程度上影响了自身的职业生涯。二十世纪七十年代末，实行计划生育政策以来，生育率明显下降。今天，人们的生育观念已经有了很大的转变，结婚和生育年龄推迟，生孩子的数量普遍减少。尤其是社会保障体系不断完善，养儿防老的观念逐渐淡化，也促使家庭的生育功能逐渐退化。随着我国人口政策的调整，为了可持续发展，在今后相当长的时期内，实现多子化及优生优育，仍是我国家庭的重要社会功能之一。

（二）经济功能

家庭经济功能包括生产、经营、消费等方面。在不同的历史时期，受不同生产方式的影响，家庭的经济功能会有不同的表现。如在封建社会是自给自足的小农经济，家庭承担了从生产、交换、经营到消费的全部经济过程，生产功能是家庭的主要功能之一。到了工业社会，大机器代替了手工作坊，实现了生产社会化，特别是劳动阶层不再占有生产资料，家庭的生产功能逐渐弱化。如今，家庭的生产功能已经越来越社会化。但由于现实的需要和法律制度仍鼓励多种经济形式并存，农业、个体产业、手工业、第三产业仍然相当活跃。因此，我国目前家庭生产功能作为社会经济的一种补充，将会继续发挥着作用。

在我国，家庭成员主要是通过参加社会化劳动而谋生，家庭主要起着消费功能的作用。从发展趋势上看，家庭消费水平不断提高，消费结构如衣、食、住、行的内容和比重都朝着多元化方向发展。例如二十世纪六七十年代，人们追求的是"三转一响"；今天取而代之的是一应俱全的高档家用电器、高档住房、小汽车。在消费观念上，人们由重物质消费向重精神消费转变，越来越多的家庭舍得"花钱买时间、花钱买方便、花钱买享受、花钱买健康"；越来越多的家庭舍得在孩子身上投资。家庭消费趋向民主化，更多采纳子女的意见，而不是一切由父母说了算。但是，我国不少家庭，在发挥消费作用中仍存在不少问题。例如，缺乏可持续消费的投资保险意识；消费心理也不够成熟，盲从性多。

（三）抚养与赡养功能

《中华人民共和国宪法》第四十九条规定："父母有抚养教育未成年子女的义务，成年子女有赡养扶助父母的义务。"养老育幼，尊老爱幼，是我国家庭的传统功能，也是中华民族几千年来秉承的优良传统。

1. 抚养功能

抚养功能是指上代人对下代人应尽的养育责任和义务。和地球上大多数动物相比，人的成熟期较长。一个婴儿从出生到长大成人，从生活不能自理到独立生活，需要一二十年的时间。其中衣、食、住、行都必须依赖家庭的供给和父母亲无微不至的照料。另外，智力的开发、情感的满足也离不开父母亲的精心培育。因此，家庭和父母的保护和教养，在一个人成长中的作用是谁也无法替代的。

2. 赡养功能

赡养功能是指下代人对上代人应尽的供养责任和义务，包括物质和经济上的资助，生活上的照顾和精神上的慰藉。目前，我国人口日趋老龄化，已引起了党和政府的高度重视。随着社会保障制度和福利事业的发展，老年人的经济状况在逐步改善，家庭养老有淡化趋势，但生活照料和精神安慰依然需要家庭中的儿女来承担。在今后相当长的一段时间内，传统的赡养仍然占主导地位，赡养功能还需强化，家庭养老负担也会越来越重。尤其是在农村，养老问题更加突出。但不论怎样，"羊有跪乳之恩，鸦有反哺之义"，尊老、敬老是中华民族的传统美德，应该发扬光大。

（四）教育功能

从家庭诞生之日起，家庭中的长者就担负着教育子女或其他年幼者的责任，这种教育成为家庭生活的一项重要内容。古代社会，因为生产力不发达，人们生活水平较低，比较封闭，学校数量又少，绝大多数儿童进不了学校的大门，只能在家中接受教育。大工业生产使学校教育得到普及，家庭教育功能在一定程度上得到转移和弱化，但家庭的特殊性，使它在儿童成长中所起的作用，是任何教育机构都不可能完全替代的。家庭是儿童接触最早的生活环境，对人的影响最大、最深。人的伦理道德、价值观、健康的心理素质、对周围环境的认识、性别角色意识的建立等，都属于家庭教育的范畴，这也是社会教育无法代替的。

只要有家庭存在，家庭的教育功能就始终存在。父母作为子女的第一任教师，其言行就是子女模仿的榜样。因此，自觉地行使家庭的教育职能，家长的责任重大而深远。

随着我国经济发展，人们生活变得富裕，越来越多的家庭把注意力集中在对孩子的教育上，舍得花钱、花时间、花精力给孩子。教育观念更先进、教育方法更科学民主，从而使家庭的教育功能呈强化趋势。但家长对子女的过高期望、过度溺爱，容易导致一些教育偏差，应该引起全社会的关注。

（五）情感交往功能

情感交往是形成和维护家庭的重要基础，全家人能够建立起一家人的归属感，彼此亲近，使得每个人都有一定的安全感。苏联教育家苏霍姆林斯基说："家庭不仅是舒适的住宿，是工作之余休息的地方，而且首先是丰富多彩的精神生活场所。"家庭建立在亲缘关系的基础上，只有在家庭才能享受到天伦之乐，无论夫妻之间、亲子之间、兄弟姐妹之间都需要感情交流。当一个人遭受病痛折磨时、工作生活遇到挫折失意时，最需要的是家人的抚慰、鼓励和帮助。

对于孩子来说，家庭是人格养成和满足亲情的场所。孩子只有在家里得到爱的呵护、体谅、尊重，身心才会获得满足与寄托。亲子感情好的家庭，当孩子有过失时，只要父母稍微提醒、暗示一下，孩子就会很快接受并改正；亲子关系紧张的家庭里，彼此感情疏远，心里有隔阂，孩子会认为父母的管教是故意找茬挑刺，常会表现出桀骜不驯，与父母对着干。因此，家庭成员互敬互爱、互相尊重，互相鼓励、互相理解是孩子健康成长的重要支撑。

随着社会的发展和经济水平的提高，人们的闲暇时间增多，工作之余的大部分时间是在家里度过的，与家人度过节假日，一起休闲娱乐，都是增进家人感情、提高精神生活质量的重要形式。尤其现在竞争日益激烈的快节奏社会里，人们对亲情的获得更为强烈，家庭在满足人们情感需求方面的功能日益凸显和重要。

第二节　家庭教育概述

家庭教育作为一种社会现象自古有之，每个人的一生，包括人格的养成、价值观的形成、社会性的学习，无一不受家庭教育的影响。

一、家庭教育的概念

家庭教育是我们现在常用的一个概念。研究者们对这一概念有各种不同的定义和界定。但多数学者还是认为家庭教育应有广义和狭义两种解释。

（一）广义的家庭教育

广义的家庭教育是指家庭成员之间相互实施的一种教育和影响。不仅父母或其他年长者对子女施教，年幼的子女对父母或其他长者也会施加影响。同样，父母之间、兄弟姐妹之间都在相互影响和教育。事实上自古以来，这种所有的家庭成员相互影响、相互教育的现象在家庭教育中时有发生。美国社会学家玛格丽特·米德在《文化与承诺》一书中提出"前喻文化""并喻文化"和"后喻文化"三个概念。"前喻文化"是指晚辈主要向长辈学习；"并喻文化"是指晚辈和长辈的学习都发生在同辈人之间；"后喻文化"是指长辈反过来向晚辈学习。近几十年来，随着网络化、信息化、全球化的迅猛发展，人们已经进入到"后喻文化"时代，家庭中发生的孩子教父母的"后喻"现象越来越普遍。他们在以自身特点接受来自父母教育的同时，也会给父母的观念、行为等带来影响。可见，子女或其他年幼者既是教育的客体，也是教育的主体。教育过程中父母与子女之间、长者与年幼者之间意见的沟通，情感的交流和思想行为的理解极其重要。因此，家庭教育不是单向施教，而是双向互动。

(二)狭义的家庭教育

狭义的家庭教育是指在家庭生活中，父母或其他年长者在家庭中自觉地、有意识地对未成年子女或其他年幼者实施的教育和影响。这一界定告诉人们：第一，家庭教育的教育者主要是父母、祖父母等年长者。我国《未成年人保护法》中明确规定：父母或者其他监护人应当学习家庭教育知识，正确履行监护职责，抚养教育未成年人。家庭教育是一切教育的基础，其最大的特点是潜移默化地教育，父母对孩子的抚养教育职责是义不容辞的，也是任何人都不能替代的，他们在教育中起主导作用。第二，受教育者主要是未成年的子女、孙辈子女等其他年幼者。孩子的身体还处在生长发育过程中，心智还不健全，他们的社会认知还不充分，情感和意志还不成熟，行为习惯尚在养成之中，道德观念也没有完全明确，总之他们各方面都需要依赖成人。第三，教育是自觉的、有意识的实施过程。无论家长有没有意识到，不论教育方法如何，不论教育效果如何，也不论家长的教育水平高低，家长总是通过以下三种方式教育子女：一是言传，即讲道理、提要求，告诉孩子该怎么做，为什么要这样做；二是身教，即施教者身体力行，为孩子做出榜样，树立自己的威信，增强教育效果；三是创设家庭环境，家长尽量为孩子营造一个比较好的学习及成长环境，充分发挥家庭潜移默化的作用。

本教材所研究探讨的有关学前儿童的家庭教育问题，主要涉及的是狭义的家庭教育。

二、家庭教育的性质

(一)私人性

从教育过程的人际关系维度来看，教育可分为公共教育与私人教育。公共教育活动的人际关系仅仅是施教者和受教育者的关系，施教者是代表特定的政府、社会组织或个人的利益去实施教育，以达到其教育目的和要求，而不能以个人意志为转移，例如学校教育和社会教育就属于公共教育。

家庭教育不同于学校教育和社会教育。在家庭里，父母与子女的关系首先是具有血缘关系的亲人，其次才是施教者和受教育者的关系。家庭生活相对封闭，家庭是"私人领地"，家长打算把子女培养成什么样的人，怎样培养，都取决于父母的主观意志，政府、社会和他人都无权干涉，也不能强迫命令。但并不是说家庭就是完全孤立于社会而存在的，事实上，家庭作为社会的细胞，历史的发展，社会的变革，势必会改变家庭生活方式，进而影响家庭教育。社会发展到现在，家庭教育的开放性越来越强，政府、社会对家庭教育的关注度也越来越高。

(二)非正规性

从教育组织形式的维度看，教育可分为正规教育和非正规教育两类。所谓正规教育是有组织、有计划并由专职人员承担的全面系统的教育活动。教育者必须受过专门训练，具备相应的教育知识和能力，有固定的校舍，适合的教材，统一的学制和明确的培养目标；受教育者年龄相仿，文化水平相当；教育实施过程具有统一性、连续性、标准化和制度化的特点。例如幼儿园、中小学、大学都属于正规教育。

家庭教育属于非正规教育。父母对子女的教育，虽然是有目的、有意识的，但不像学校和社会团体那样有计划、有系统性。家庭是生活环境，家长大多数没有经过专业培训，只要生下孩子，自然而然升格为孩子的第一任老师。要把孩子培养成什么样的人，教给孩子什么内容，用什么方式去培养，主要取决于家长的个人意志。没有固定的教育模式、教育场所和教育时间，日常生活中，随时随地都是教育时机。这种寓教育于生活之中的非规范化教育，具有内容的丰富性、方式的灵活性、训练的实践性等优势。

（三）终身性

从教育实施的时间维度来看，教育分为阶段教育和终身教育。系统的学校教育，虽然持续时间较长，但相对人的一生来说它只是一个阶段。至于不同阶段的学校教育，一般只有几年。社会教育往往是临时性的，时间更为短暂。人们无论接受多少学校教育，总有毕业的一天。

家庭教育具有很强的稳定性、持久性。一个婴儿自诞生之日起，就与父母朝夕相处，接受"人之初"的启蒙，甚至出生前的胎儿期实际上就在接受胎教。上幼儿园、小学后，每天仍有很多时间与父母家人在一起。长大成人后，在就学择业、为人处世、恋爱结婚、养育子女等方面，父母仍给予无微不至的教导、帮助。所以说，父母对孩子的影响和教育是连续的、终身的、永久的。

三、家庭教育的地位与价值

家庭教育问题自古以来就受到人们的关注，但被作为一种学科进行研究，在我国也就是近年来的事情。这是时代的发展，人才的需求，国民整体素质提高所必须涉及的问题。家庭教育影响着人一生的发展，而且在社会发展进程中起着强大的推动作用，为此了解家庭教育的重要性是十分必要的。

（一）家庭教育对人的终身发展起奠基作用

从孩子呱呱落地的那天起，父母就肩负起对孩子教育的重任。婴幼儿时期是人一生发展的奠基时期，是身体、智力迅速发展的时期，也是品德、性格开始形成的重要时期，有很强的可塑性。他们兴趣广泛，对周围的一切充满好奇，善于模仿，有很强的吸收能力，有惊人的学习和记忆力。家庭环境对学前儿童发展影响最大，它是塑造孩子健康人格的第一环境，是孩子的第一所学校，家长是孩子最初的老师，父母的一言一行、一举一动直接影响着孩子，在他们心灵上留下深刻的烙印，很难消除。

孩子在入学前，绝大部分时间都是在家中度过的，入学后每天仍有1/3的时间生活在家里，再加上双休日、寒暑假，与父母在一起的时间远远超过在学校的时间，直到孩子长大成人走上社会，独立生活，仍然直接或间接地受着家庭的影响。从古至今，无数杰出人物和优秀人才的成功都与良好的家庭教育有关，家长对孩子的成才起着强大的推动作用，如发明家爱迪生、物理学家爱因斯坦、文学巨匠歌德等，都与父母优良品德的熏陶和循循善诱的教导分不开。

家庭教育是内容最广泛的教育，从最基本的生活本领到劳动、文化、社会交往、人情世故等，凡是家长掌握的知识和社会经验，都会毫无保留地教给孩子。当然，家庭教育最主要的是理想道德教育和良好习惯的培养。正是这种广泛的、内容几乎无所不包的教育，为孩子接受学校教育和社会教育打下了坚实的基础，并与它们互相促进，推动着孩子不断成长和进步。

家庭教育的根本任务是育人，它担负着促使孩子不断实现社会化的责任。刚出生的婴儿，对其生活的社会一无所知，他们对社会的认知，是从对父母的认识开始的。在父母的教育与抚养下，逐渐学会了说话、走路、穿衣等最基本的技能和知识；逐渐认识了自己、父母、周围其他人以及自己与周围人的关系，并在认识中学会了交往的基本方式，掌握了社会生活起居的传统习俗，获得了最初的生活经验、社会知识和行为规范。孩子总是通过父母的言行来认识和评价周围世界，社会意识往往也是通过家庭的折射进入孩子的心灵。正是靠着家庭教育，孩子才逐步认识了自己生活的社会，逐步懂得了一些最基本的社会规范，逐步实现了由生物性的生命个体向社会性的人转化。所以说，家庭也是孩子进入社会的桥梁，是孩子认识世界的起点。

（二）家庭教育是国民教育体系的重要支柱

国民教育由家庭教育、学校教育、社会教育三个支柱构成。从三者关系来说，它们的教育目标都是要把儿童培养成为有理想、有道德、有文化、有纪律，德、智、体、美、劳全面发展的有用人才。它们又有不同的特点，其任务也各有侧重。一般说来，学校教育有严格的目的性、计划性和系统性，教育标准高，要求严，分量重；儿童必须经过积极努力，才能取得较好的成绩，具有一定的艰苦性。社会教育不同于学校教育，它的内容丰富，形式多样，题材广泛，多为学生喜闻乐见，容易接受，富有感染力，一般可由学生自由选择。但它缺乏系统性，没有严密的组织，在某些方面，往往内容有善有恶，影响有好有坏。

家庭教育则是学校教育和社会教育的基础，孩子入学前的家庭教育非常重要，父母的言传身教，会对孩子产生潜移默化的作用。如果父母养而不教，那么孩子将失去最佳的受教育期；如果父母予以不良的影响，使子女养成不良的行为习惯，那么入小学以后，学校要纠正其不良的行为习惯，付出的代价要比正常的教育昂贵得多。

在孩子入园、入学后，有的家长就认为，只要有学校教育孩子就可以了，于是把教育孩子的责任一股脑儿推给学校，放弃了自己的责任，这是极其错误的做法。诚然，学校（幼儿园）是党和国家按照社会主义建设事业的需要，有目的、有计划地培养人的专门场所，又有经过专业训练并懂得心理学、教育学的教师执教，因而在整个培养人的系统工程中，学校（幼儿园）教育起着主导作用，这是不容置疑的。但是这绝不是说，学校（幼儿园）教育因此就能单枪匹马地完成培养人的任务，它需要其他教育，特别是家庭教育的紧密配合和尽力合作。

比起一个教师面对几十个孩子，父母只面对 1～2 个孩子，在时间上和精力上具有优势，家长与孩子生活在一起可以及时有效地进行教育，父母对孩子教育的权威性，往往是学校（幼儿园）教育难以替代的。孩子越是幼小，越听父母的话，父母的影响越大。现实生活中，教师对孩子的正确教育一旦得到家长的全力支持，实施起来特别顺当；而当家长反对或不赞同时，则往往很难有效。这说明了学校教育需要取得家庭教育的支持才能完成艰巨的育人任务。如果"各吹各的调"，互相矛盾，教育力量就会抵消，甚至造成孩子思维混乱，无所适从。只有各方面力量协调一致，形成一股强大的教育合力，才能取得最佳教育效果。

（三）家庭教育是推动社会文明进步的重要力量

家庭教育关系着国民素质、国家的兴衰。孩子既是父母的，但又不只是父母的，他们是祖国的未来，是社会主义建设的人才。古代学者早就把家庭教育与国家联系在一起了。孟子说："天下之本在国，国之本在家，家之本在身。"中国的封建统治者为了达到"治国"的目的，首先强调"治家"，把"治家"作为"治国"的重要前提条件。古代儒家经典著作《礼记·大学》说道："古之欲明明德于天下者，先治其国；欲治其国，先齐其家"；反过来又说："家齐而后国治，国治而后天下平。"就是说国家像整个有机体，家庭就是一个个的细胞，每个家庭都按统治阶级的规范要求治理好了，国家也就健康、安定了。

国外学者同样很重视家庭教育与国家的关系。福禄倍尔说过："国家的命运与其说是掌握在当权者的手中，倒不如说是掌握在母亲的手中。"这句话很有哲理性，它深刻地挑明了家长在教育子女中所起到的作用。苏联教育家马卡连柯说："父母对子女所负的责任是他对社会所负的责任的一种特殊形式。"他还说："现今的父母教育子女，就是缔造我国未来的历史，因而也是缔造世界的历史。"著名教育学家苏霍姆林斯基也曾经说过，父母是创造未来的"雕塑家"，儿童的"基石"是由父母双手奠定的。

联合国将 1994 年定为"国际家庭年"，旨在强调家庭在现代文明社会中要发挥提供资源和承担责任的特殊功能，强调家庭对于养育、教育下一代的重要作用。国际家庭年的指导思想和活动主题已得到了各国的普遍认同。我国《九十年代中国儿童发展规划纲要》中指出："今天的儿童是 21 世纪的主人，儿童的自下而上保护和发展是提高人口素质的基础，是人类发展的先决条件。儿童的健康成长关系到祖国的前途命运。提高全民族素质，从儿童抓起。"并提出："在 2000 年要使 90% 儿童的家长不同程度地掌握保育、教育儿童的知识。"这项目标明确了家长们肩负着为国家造就21世纪人才的重任。因此，能否把这一代孩子培养成为德、智、体、美、劳全面发展的人，关系到国家是否后继有人的百年大计。家长首先要明确教育方向与国家利益、人民要求相一致的原则，不能把孩子视为私有财产，要树立为国教子的思想，端正教育目的。21世纪的人应该是具有良好的思想意识、高尚的道德情操、健全的心理品质、积极与他人合作的精神、较强的应变能力、吃苦耐劳的全面发展的一代新人。具备这样的素质不是一朝一夕所能办得到的，而良好的家庭教育正是培养高素质人才的必备条件。

国务院《关于进一步加强和改进未成年人思想道德建设的若干意见》指出："实现中华民族的伟大复兴，需要一代又一代人的不懈努力。从未成年人抓起，培养和造就千千万万具有高尚思想品质和良好道德修养的合格建设者和接班人，既是一项长远的战略任务，又是一项紧迫的现实任务。"随着社会的进步，家庭教育担负的培养人的使命更加重要、更加艰巨。可以说，社会的和谐发展有赖于家庭教育职能的充分发挥，家庭教育的成败关系到社会的基础是否牢固。家庭教育是社会发展的需要，家庭教育的好坏，已不仅是一家一户的小事，而是关系到社会发展、民族兴亡的大事。引导、促进孩子的全面发展、健康成长，把他们培养成为21世纪的有用人才，既是每位家长的神圣天职，也是家长们对社会、对人类的特殊贡献。

第三节　家庭教育的产生与发展

家庭是人类发展到一定历史阶段的产物，家庭教育作为家庭的基本职能之一，是随着家庭的产生发展而产生发展的。随着社会发展变化，家庭的形态、结构和性质在不断发展变化，家庭教育也在不断地发展变化。家庭教育的诞生随着严格意义上的一夫一妻制家庭诞生而诞生。从一夫一妻制家庭产生时起，人类便有了家庭教育的实践，通过长期家庭教育实践，人们逐渐积累经验，认识了规律，不断地更新，以致构建一定的理论体系，形成新的学科。

一、原始社会是家庭教育的源起

原始社会是人类历史发展的第一种社会形态，也是人类教育产生和发展的起点。原始社会在数百万年漫长的历史发展中，大抵经历了前氏族时期、母系氏族时期、父系氏族时期。原始社会的生活如图1-1。

前氏族时期时间最为漫长，生产力极为低下，生产资料公有，没有阶级，没有剥削。人们以血缘关系为纽带组成氏族部落，他们集体进行采集和狩猎。在婚姻上，过着群居杂婚的生活，所有同辈女子是所有同辈男子共同的妻子；同样，所有同辈男子也是所有同辈女子共同的丈夫，儿童"但知有母，不知有父"，属于整个部落公有。成年男女白天外出觅食，年老体弱者留下来看管动物，同时还要照顾儿童，成为幼小儿童的实际教养者，在儿童教育中发挥着特殊作用。

在母系氏族时期，即新石器时期，原始的畜牧业和种植业成为氏族部落的主要生产内容，两性分工形成。在婚姻上，开始形成对偶婚制，女性在社会占主导地位。儿童主要在妇女身边受教育，男女儿童在8岁之前，不分性别地生活在一起，统一由大家庭中妇女负责照管。苏联民族学者的调查发现，在这种部落中"一个婴孩属于共同喂奶并一起照护所有儿童的、该群的全体母亲们，不管她们同婴孩的个人关系如何"。8岁以后，男孩由成年男子指导，学习男子应做的事情，女孩则由妇女教导，学习女子应尽的职责。

历史进入父系氏族时期，人们发明了金属工具，生产力水平大为提高，并产生畜牧业、农业和手

图1-1 原始社会的生活图示

工业的社会大分工。男子取代女子在氏族公社占据主导地位。在婚姻形式上，从对偶婚制向一夫多妻制过渡。儿童的教育一般由父系为主的大家庭中成年妇女来教导，但在施行一些严格训练时，生母的弟兄、儿童的祖父或外祖父都会来帮助。在这种制度下，儿童感到全家成年人都是可以依靠的，必须服从他们的教导。

儿童生活在复杂的血缘关系和氏族部落中，从孩提时代就必须接受适应家庭生活和社会生活常识方面的训练。如认识各种亲属和血缘关系，接受部落风俗习惯、道德意识、宗教文化、军事体育等，目的是养成对于部落大家庭的自豪感、责任感，拥有效忠部落、勇于为集体牺牲的奉献精神。

原始社会的教育和生产劳动是紧密结合的。每当成年人制造器皿、设置陷阱、养育动物、播种收获或建造房屋时，儿童在旁边观察，并在游戏玩耍时模仿实践。随着年龄的增长，儿童逐渐从旁观者成长为帮手，再成长为独立的劳动者。

原始社会的教育注重实际应用，学习的途径和方法除了游戏、模仿和在操作中学习外，还有长辈的讲解示范、讲故事、奖励、训诲和启发诱导等。如美洲印第安人，每当天寒季节，全家老少都围着火炉，由长辈讲述氏族传统和历史故事，有时一个故事连续讲述数夜之久，这些故事通常十分有趣，以致儿童听得心醉神迷，讲到精彩处，大家鼓掌欢呼。长辈不只讲故事，还时常对故事中情节进行评析，并要求儿童第二天复述，目的是要儿童牢记在心。

远古的原始人类因为还没有我们现代意义上的家庭，儿童属于整个氏族部落所有，对儿童实行公养公育，人人都享有平等的受教育权利，教育儿童是所有成年人的义务。这种大家庭的教育，为社会的发展和进步起到了重要的推动作用。

二、奴隶社会的家庭教育

随着生产力水平的提高，剩余产品的增多，私有制代替了原始社会的公有制，人类进入了阶级社会，形成了剥削和被剥削两大对立阶级，家庭也分别隶属于不同的阶级，家庭教育因此打上鲜明的阶级烙印。

（一）奴隶的家庭教育

在奴隶社会，生产关系的基础是奴隶主占有生产资料和奴隶，奴隶主居于统治地位，奴隶主的家庭是奴隶社会结构的基本经济单位。奴隶只是会说话的工具，没有任何权利和人身自由，他们的身体、生命和子女都属于奴隶主所有，可以任意买卖、杀戮。因此，在古代漫长的奴隶社会中，奴隶只能世世代代当奴隶，没有自由，没有具体完整的家庭生活，更谈不上家庭教育了。

（二）奴隶主的家庭教育

奴隶社会已经有了学校，但学校教育很不发达，诸如"庠""序""校"之类的机构，与今天我们所说的学校相去甚远，而且主要为奴隶主阶层服务。在进入学校之前，奴隶主的子女主要在家中接受教育，学习与维护阶级统治相关的知识，其中最有代表性的就是宫廷教育。古代的宫廷内教育实际上就是家庭教育，古代君主为了权力的世袭，非常重视对自己的接班人——太子的教育，形成了一套专门的教育措施。例如我国西周以前，就设置了师、傅、保的官员，专门辅导和教谕君主和太子，各种保傅之官有着明确的分工：保，负责身体保育方面；傅，负责道德培养方面；师，负责知识和经验教导方面，合称"三公"。在内廷，从后宫妃妾中选择"宽裕、慈惠、温良、恭谨、慎而寡言者"，分别担任子师、慈母和保姆，与外廷的师、傅、保相对应，称为"三母"。在接受胎教之后，太子一出生就开始接受教育了。可见，奴隶主统治者对子孙教育的安排非常全面和有计划性。其他奴隶主贵族受宫廷影响，也纷纷仿效，虽然规格有所下降，但重视程度毫不逊色。根据《礼记·内则》的记载，在西周时期，就已经有了按年龄安排的幼儿家庭教育实施过程："子能食食，教以右手。能言，男唯女俞。男鞶革，女鞶丝。六年，教之数与方名。七年，男女不同席，不共食。八年，出入门户及即席饮食，必后长者，始教之让。九年，教之数日。十年，出就外傅，居宿于外，学书计。"这样的教育实施计划具有注重儿童身心发展、循序渐进的特点，在此后古代社会的家庭教育中，这一计划得到广泛的认同。

古代其他文明古国的奴隶主对子女的家庭教育，虽形式有所不同，但为统治阶级服务的实质是相同的。如古希腊的著名城邦斯巴达，统治者为使自己的子孙成为强悍的军人，对新出生的婴儿实行严格的体格检查。只有身体健康的新生儿才被允许生存下来。儿童7岁之前主要由母亲在家中抚养，但必须受国家监督，家庭教育的主要目的是培养儿童吃苦耐劳、坚毅勇敢的性格和强健的体魄。为此，斯巴达的母亲们着重训练孩子不怕黑暗、不怕独处、不挑食、不顽皮、不哭闹。男孩子长到5～6岁时，还经常带去公众场所聆听英雄事迹的演讲，观摩成年男子的活动，为7岁以后进入正规的国家军事教育场所打下坚实的基础。

（三）平民的家庭教育

在奴隶社会中，除了奴隶和奴隶主两个对立的阶级外，还有一部分相对自由的平民和手工业者阶层，他们占有少量的生产资料，但无权进学校接受教育，一生中只能在家中接受父兄的教育。不同职业的家庭对子弟教育的内容不同，传授的知识技能都是世世代代从事的职业经验。如古代希伯来奴隶制王国，非常重视对子女进行职业技能的传授，做不到这一点，子女就难以谋生。后来出现的《经解》上所言"凡不教子学习职业的人，便是教子从事盗窃"认为这是难以推诿的父职。家庭教育的过程，主要是职业教育的过程。因此，家庭教育的效果较好，一般都能达到子承父业的预期目标。

三、封建社会的家庭教育

在封建社会，地主阶级和农民阶级是两个相互对立的阶级。地主阶级占有大量的生产资料，实行自给自足，是封闭的自然经济状态。农民占有少量的生产资料，以劳动获得生存，同样是自给自足。在这种自然经济状态下，每一个家庭就是一个独立稳定的经济单位、生活单位和生产单位。无论东西方的封建家庭，都是如此。

（一）西方封建社会的家庭教育

虽然封建社会的学校教育比奴隶社会更发达，但地主阶级为巩固自己的统治地位，仍然十分重视家庭教育。西欧文艺复兴之前的封建社会，教会学校几乎是唯一的教育机构，远远不能满足世俗封建主的需求。骑士教育就成为封建社会的主要教育形式，骑士教育目的在于培养男孩成为身体强壮、虔信上帝、忠君爱国的武夫，以维护封建主的统治。骑士教育的内容是"七艺"，即骑马、游泳、投矛、击剑、打猎、弈棋和吟诗，这种教育主要通过家庭教育实施。世俗封建主的女儿则一般是在家庭中接受贤妻良母式的教育，内容主要是纺织、编织、缝纫等家事，以及礼仪、音乐、舞蹈、识字、读书、祈祷、唱宗教赞美歌等方面的训练和教育。西欧进入文艺复兴之后，许多人文主义思想家、教育家如伊拉斯谟、夸美纽斯等都对早期的家庭教育给予了应有的重视，他们要求父母以人道主义的态度对待儿童，以科学的教育方法培养儿童，用健全的、实用的知识培养出健全有用的、富有知识的、能充分理解人生意义的新人。一些新兴资产阶级家庭为了保持家族的传承，特别重视儿童教育，在教育原则、内容和方法上，深受人文主义思想影响，家庭教育中注重将儿童身心发展和人格全面发展结合起来，体现了一定程度的进步。

（二）中国封建社会的家庭教育

在中国数千年的封建社会，实行的是"家天下"统治，"国"与"家"相通，政治统治是建立在以父权家长制为核心的家族制和宗法制基础之上，家庭教育对于治国安邦具有基础性作用。《大学》中提出的："修身齐家治国平天下"的思想，就是把"修身""齐家"作为"治国""平天下"的基础，而搞好家庭教育是"齐家"的重要内容。为了保证统治地位的世代传承，他们制定一套套"家规""家法"，灌输以"忠君""孝悌"为目的的"三纲五常""男尊女卑""宗法观念"，目的是培养忠臣顺民。封建社会的家庭实际是一个微型社会，经济上相互依赖，政治上祸福相依，荣辱与共，每个家庭成员的命运与家庭息息相关，家庭教育的目的是传宗接代，光耀门楣。

小 故 事

芦 荻 教 子

宋朝文学家欧阳修的成才，得益于幼年时母亲的家庭教育。欧阳修从小就死了父亲，家里很穷。母亲不得不带着他离开家乡，去投靠远在外地做官的叔叔。叔叔官卑职小，收入不多，家庭负担很重，经济也不宽裕，仅能供给他们母子俩吃一口粗茶淡饭，没法供欧阳修上学。欧阳修到了该上学的时候，连买纸笔的钱也没有，更不用说交给老师的束脩（即学费）了。因此，母亲只好折点芦秆来当笔，把沙土铺在地上当纸，亲自教欧阳修读书写字。

在母亲的教育下，欧阳修学习很用功，一天能认读并学会书写几十个字，到10岁时，就具备自修的能力了。于是，母亲就带着他东求西告地到有书的人家去借书来读，并督促他把书上的内容背诵或抄写下来。经过多年的努力，欧阳修在母亲的教育下读了许多书，为他后来成为一个文学家打下了坚实的基础。再加上他自己的刻苦努力和走上社会以后良师益友的熏陶，他终于成了"唐宋八大家"之一的著名文学家。欧阳修的母亲芦荻教子的故事，也一直被当作家庭教育的典范为人们所颂扬。

传递劳动经验，为生产服务也是封建家庭的重要职能。统治者的子弟主要学习的是"治人之术"，轻视自然科学技术，鄙视劳动人民。广大农民仍是原始形态的教育，只能在家里接受简单的生产知识技能。医生、商人、手工业者的子女接受的家庭教育始终围绕着职业训练，为保证其行业地位，甚至规定"传子不传女"。中国古代很早就有"克绍箕裘"的说法，就是父兄从事哪种职业，就传授哪方面知识，长大后自然而然就"子承父业"，世代相传。到了唐宋以后，家塾、蒙馆更为发达，有能力的家庭可以让子弟接受粗浅的读、写、算教育。流传多年的《三字经》《千字文》《百家姓》等蒙童教材，都与生产、生活实际紧密联系。

在我国两千多年的封建社会中，许多思想家、教育家、文人学士根据自己的教育实践，著书立说，提出了对家庭教育的见解，如胎教思想、及早施教、严慈相济、重视品德教育、注重环境影响、尊重儿童天性等，对封建社会的家庭教育起着广泛而深远的影响。

总之，中国封建社会的家庭教育相当发达，学龄前儿童的教育全部是在家庭里进行，小学教育大部分也是在家庭里实施的。当时许多私塾、书馆本身就是在家族内办的。家庭教育的广泛性、深刻性是其他任何社会所无法比拟的，家庭作为培养人才的重要场所，其教育功能发挥达到了顶峰。

四、现代社会的家庭教育

现代社会是指现代资本主义社会和社会主义社会。资本主义社会和社会主义社会是两种性质完全不同的社会制度，反映在家庭教育上必然有鲜明的阶级性。这两种社会制度最大的区别在于生产资料所有制不同，社会主义社会大部分生产资料为全民和集体所有，资本主义的大部分资产是资本家个人所有的。但是具有中国特色的社会主义和现代欧美资本主义国家相比也有许多共通的地方。比如它们都是建立在社会化大生产和现代商品经济的基础上，都保护生产资料私有制，都实行市场调节与计划调节，家庭不再是自给自足的经济实体，因此家庭教育也存在许多共同特征。

（一）家庭教育某些功能逐渐向学校教育转移

由于资本主义工商业的发展和科学技术的飞速进步，家庭的生产职能大部分转移到社会上。社会大生产对人的素质提出越来越高的要求，传统的家庭教育已经不能胜任这一工作，学校教育得到迅速普及和完善，培养社会需要的各级各类人才的任务逐步由家庭转向社会和学校。许多国家施行普及义务教育的政策，普及年限也由于社会生产力的发展而不断延长，从而把培养劳动者的任务由家庭、社会逐步转入学校。与之相应的，家庭在传授生产知识技能方面的内容大为减少，学校教育在整个教育中的地位日益显著，使家庭教育的部分功能弱化。

资本主义上升时期，在新的生产方式冲击下，传统的大家庭逐渐解体，新的核心家庭成为主流，下层家庭的成年人和部分儿童为生计要长时间做工，这使得学龄前婴幼儿的家庭教育形成真空。在这种形势下，专门的学前教育机构纷纷成立，承担了很大一部分照管、教育幼儿的责任，客观上减轻了家长的负担，解放了妇女的劳动力。但子女在长大独立生活前，大部分时间仍是在家里度过的，父母要承担起抚养未成年子女的义务。由于家庭教育具有终身性、全面性、渗透性等特点，儿童的身体健康发育、道德品质、为人处世，尤其社会化发展是任何教育机构无法代替的，而且有愈发加强的趋势。

在当今信息化社会背景下，信息渠道的广泛性和信息内容的开放性，在某种程度上丰富了家庭教育的内容，强化了家庭教育的价值。但由于各种信息的鱼龙混杂、良莠不齐，儿童辨别能力有限，"过滤"、引导、帮助孩子形成正确的认识，正在成为家庭教育的重要职能之一。

（二）家庭教育与社会联系愈发紧密

作为现代社会国民教育体系的重要组成部分，家庭教育成为学校教育和社会教育的基础和补充，已不再是一家一户的私事，而是与国家、民族的前途命运息息相关的大事，社会和国家越来越多地加强对家庭教育的干预和指导。许多国家纷纷制定和颁布有关法律、法规，规定了父母养育、教育子女的责任，家长对子女抚养教育必须受社会的约束和法律的监督。各国还普遍建立了家庭与教育机构的合作机制，一方面，社会、教育机构有义务向家庭普及科学育儿知识，指导家长提高教育质量；另一方面，吸引家长积极参与、配合各种有益家庭教育的活动。逐步形成家庭、学校、社会三方分工合作、互惠互利的开放教育体系。

（三）儿童主体地位在家庭教育中普遍确定

古希腊时期的儿童本位教育思想，经文艺复兴时期人文主义思想家的推崇，由启蒙思想家、教育家卢梭完成了儿童观的革命，使教育发展方向发生了根本的转变。自卢梭之后，许多教育家不同程度地继承和发展了他关于尊重儿童及顺应儿童天性的儿童本位思想。从19世纪末期以来，儿童研究运动的热浪波及欧美及其他地区，瑞典教育家爱伦·凯、意大利儿童教育家蒙台梭利、美国实用主义教育家杜威、瑞士心理学家皮亚杰等学者从教育学、心理学、生理学、生物学等多个角度的研究成果，唤起了人们对儿童的关注，人们长期以来对儿童本质和规律的认识发生了巨大的改变，加上现代社会民主平等观念的深入和普及，在这一大背景下，家庭教育研究也得到了进一步的发展。父母们普遍接受了这样的观念：即儿童是独立、自由和有尊严的人，而不是家长的附庸，不能随意处置、体罚；儿童不是无知、无能的个体，而是有着无限的发展潜能；教育是双向互动的过程，儿童在接受教育的同时也在影响父辈。由此，逐渐确立了儿童在家庭中的主体地位。1959年，联合国大会通过的《儿童权利宣言》，明确宣称儿童和成人一样，应该得到人的尊严和尊重，享有生存、学习和生活的权利。此后，有关儿童权利的国际法、公约纷纷出台。

20世纪80年代以来，全世界家庭数目急剧增加，家庭规模日趋缩小，离婚率普遍上升，人口老龄化问题日益严重，人们的家庭观念也在发生变化。家庭所发生的深刻变化给社会带来巨大冲击，引起国际社会的普遍关注。联合国将1994年定为"国际家庭年"，联合国社会发展委员会宣布，从1994年起，每年5月15日为"国际家庭日"，目的是"在社会核心建立最小的民主体制"，即倡导家庭生活民主化，提高各国政府、决策者和公众对家庭问题的认识，促进家庭这一社会基本单元的健康发展。联合国代表大会还为每年的"国际家庭日"确立一个主题，旨在改善家庭的地位和条件，以便世界各国围绕这一主题开展各种活动，加强在保护和援助家庭方面的国际合作。

从历史发展可见，家庭教育源远流长，与家庭的产生、发展紧密相连，并随着社会政治、经济、文化、科学技术的发展而发展，是多种因素综合作用的结果，在不同的社会形态下，具有不同的特点。研究家庭教育的发展历史，去粗取精，去伪存真，借鉴前人家庭教育中的有益部分为我所用，对于我们认识家庭教育的本质，提高家庭教育质量，把握家庭教育的发展趋势是颇为有益的。

第四节　家庭教育的优势和劣势

家庭教育与幼儿园教育、学校教育、社会教育相比较，有许多共性，教育机构和社会教育中的许多方面都可以作为家庭教育的借鉴。但家庭教育毕竟发生在家庭之中，有其自身的特殊性。因此，我们必须注意研究家庭教育的特点，以便有效地进行家庭教育。

一、家庭教育的优势

（一）家庭教育的奠基性

家庭是儿童生命的摇篮，是人出生后接受教育的第一所学校，家长是儿童的启蒙之师。孩子从出生到入学前的教育，主要是在家庭中实施的，所以家长对儿童所实施的教育最具有领先性和早期性。

研究表明，婴幼儿期是人一生中大脑发育最快的时期，是智力发展的关键期。心理学家经过多年的实践，提出0～7岁儿童身心发展中存在许多"关键期"。例如：孩子4～6个月是吞咽咀嚼的关键期；7～10个月是爬行的关键期；10～12个月是站立和行走的关键期；2～3岁是口头语言发育的关键期；3岁是培养性格的关键期；4岁以前是形象视觉发展的关键期；4～5岁是开始学习书面语言的关键期；5岁是掌握数学概念的关键期，也是儿童口头语言发展的第二个关键期；5～6岁是掌握语言词汇能力的关键期。把握住儿童发展的关键期，进行适时的刺激和训练，就会取得最佳效果。反之，如果错过了就可能终身难以弥补。如印度"狼孩"卡玛拉，从小被狼叼去，7～8岁时才被人发现，但她的生活习惯几乎与狼一样，用四肢爬行，嗜吃生肉，昼伏夜行，后来经过人为的训练，2年后才能站立，6年后可以像人一样行走，4年内学会了6个单词，在她17岁时去世时，智力水平仅达到3～4岁孩子的水平。

人的安全感、对亲人的依恋感、对世界的最初印象和看法都是在人生最初几年奠定的，许多基本能力是在这个年龄阶段形成的，如语言表达、基本动作的协调以及生活行为习惯等，品德、性格也在逐步形成。古语说："3岁看大，7岁看老"，就是告诉人们学前时期是一个人一生发展的极其关键、极其重要的时期。意大利教育家蒙台梭利曾经说："儿童出生后3年的发展在其程度和重要性上超过儿童一生的任何阶段。"

（二）家庭教育的全面性

家庭教育涉及领域范围很广，在不同的家庭生活环境、交往关系、生活方式中，儿童可随之获得不同的信息和生活的经验，学习一些行为规范、生活技能等。可以说，一方面幼儿园、学校教育要学要管，家庭教育同样要学要管；幼儿园、学校教育不教不管的，家庭教育仍然要教要管。另一方面，社会教育要完成的，家庭教育必须完成，社会教育触及不到的，家庭教育责无旁贷。总之，家庭教育所涉及的内容比学校教育要全面、广泛得多。

家庭教育的全面性还有一层含义，就是指参与人员的全员性。只要有家庭、有孩子，就必须承担起教育子女的责任，完成家庭教育的义务。社会上有多少个家庭就有多少个教育场所。家长对孩子的潜移默化、言传身教随时可见，随着家长素质的提高，对子女教育越来越重视，越来越趋向自觉地有意识地进行家庭教育。即使不太重视家庭教育的父母，对其子女的影响也是客观存在的。家长对子女择业、待人处世、社会交往、恋爱婚姻等方面都有十分重要的影响。

家庭教育的终极目标是为社会培养合格的公民。一个合格的社会成员，必须接受全面教育。无论是德育、智育、体育、美育还是劳动教育，家庭都有责任使其向社会所需要的方向发展。这一目的决定了家庭教育的全面性，家长应该有为国教子的胸怀，站在为社会培养人才的高度，才能教育出适应社会的良好公民。

（三）家庭教育的渗透性

渗透性又称自然性。家庭教育的渗透性是指家庭生活各方面因素，都会对孩子起着潜移默化的渗透作用。家庭教育不像学校教育那样有课堂、有教材、有系统，它不受时间、地点、场合、条件的限制，可以随时进行。

家庭教育与日常生活的统一性决定了家庭经济状况、成员之间的关系、文化氛围、生活习俗、家长的爱好等，都会潜移默化地渗透到孩子的心灵中去。特别是父母的思想言行对孩子影响更为深刻，通过生活实践或与孩子共同参与活动，"遇物则诲""相机而教"，利用一切可利用的机会向孩子进行教育，方法十分灵活，比幼儿园、学校教育要来得及时和方便，更容易被孩子所接受。

由于父母与子女的特殊关系，孩子与父母朝夕相处，长期共同生活，父母对子女的身体、性格、能力与脾气秉性摸得十分透彻。由于子女在家庭中处于自然状态，很少有戒心，放松随意，各种真实思想和行为习惯表现得最真实、最充分；有的孩子出于对父母的信任、依赖、敬佩，还能主动地把自己内心的想法向父母诉说，这些都有利于父母进行个别培养，因材施教。"知子莫过父，知女莫过母"，就说明了这一点。这为家长及时地、有针对性地进行家庭教育提供了条件。

家庭教育与学校教育不同，后者主要是面向集体，前者面对的是1～3个孩子，采用的教育方式基本上是个别施教。父母既可以及早发现孩子的兴趣、才能，加以培养，使其潜能得以充分发挥，也可以针对孩子的问题、弱点，有针对性地进行教育，从而收到"长善救失"的效果。这一特点在独生子女的家庭环境中更为突出。

（四）家庭教育的持续性

父母既是子女的第一位教育者，也是终身的教育者。家庭教育的长期性，是相伴人一生的，与学校教育相比更具有连续性和持久性。孩子从出生起就开始受家庭教育，即使到了入园、入学的年龄，家庭教育始终贯穿其中。虽然不同阶段的家庭教育其内容重点不同，作用大小不同，但始终伴随着人生。孩子出生后，朝朝暮暮，都在接受着家长的教育。自孩子上学后乃至参加工作，父母仍然是他的老师，教育时间将延续至父母生命的终止。

家庭教育先于学校教育，并且在学校教育的整个阶段内，一般都自始至终伴有家庭教育。与家庭教育相比，学校教育是阶段性的。从上幼儿园开始，到小学、中学、大学，每升入高一阶段的教育，老师、同学、校园环境都不相同，每一位老师的教育风格各异，对孩子的了解、要求不一致，孩子都要有一个慢慢熟悉适应的过程。我国已普及了九年义务教育，大多数人能在学校接受教育12～15年，有的甚至能接受教育18年以上。学校教育结束后，家庭教育仍在继续，以至影响终身，家庭的教育职能是与家庭共始终的。

(五)家庭教育的亲情性

人常说"母子连心""骨肉情深",父母以孩子之乐而乐,以孩子之忧而忧。孩子长大了、进步了,父母比谁都高兴;孩子生病了、犯错误了,父母比谁都心疼、着急。同样,孩子对父母的依恋、依赖、信任,也是无可比拟的。父母的喜、怒、哀、乐对孩子同样也产生强烈的感染作用。家长高兴时,孩子也会愉悦、欢乐;当家长表现出烦躁不安和着急发火时,孩子的情绪也容易惊恐不安、小心翼翼。孩子最不想让父母伤心难过,愿意并努力以自己的言行、成绩取悦家长。孩子对父母的言行举止往往能心领神会,以情通情,对家长所持的态度很容易引起情绪共鸣,即使是不懂事的小婴儿也是如此。正如马克思所言:"还有什么比父母心中蕴藏着的情感更为神圣呢?父母的心是最仁慈的法官,是最贴心的朋友,是爱的太阳,它的光焰照耀着我们心灵深处的意向!"

家长具有一般教育者无法比拟的优势,这是因为父母与子女之间存在着血缘关系,存在着经济与生活的信赖关系。建立在这种关系上的权威性,不但有一般的教育力量,而且天然地带有亲情色彩。正是有了这种"血浓于水"的亲情联系,才形成了父母在孩子心目中天然的权威,年纪越小的儿童,越是崇拜父母。如幼儿园小朋友玩耍游戏中,当出现争执不下的情况时,往往引用父母的话来证实自己的言语行为是正确的,他们喜欢说"我爸爸说……"或"我妈妈说应该……"等。父母的权威有着强大的人格感化作用,这是一种无形的教育力量。

(六)家庭教育的继承性

继承性又称延续性。与世界上每个人一样,每个家庭都有独特的教育方式、教育内容、教育思想。当一个孩子出生后,生活在特定的家庭环境中,耳濡目染地接受了父母的待人处世和对自己的教育模式,养成了相应的生活行为习惯,并融入内心深处,成为一种潜意识。等他走出家门后就会不经意中运用同样的方式对待别人。现实生活中,人们经常看到小时候被父母用棍棒教育的孩子,长大走入社会后,同样会以武力解决问题,成家立业、为人父母后,大多也会与其父母一样对待自己的孩子,用从祖、父辈那里接受影响和教育所形成的思想观念、行为习惯,去影响和教育自己的后代。家风是无字的教科书,也是塑造孩子的无形力量。家长的日常生活修养、言行举止、行为习惯,对孩子都能起到润物细无声的作用。这种所谓的"家风"对人的影响是无形的、无意识的,但对孩子品行、习惯、个性、价值观的熏染却非常深厚,很难改变。

"家风"对子孙的影响是无形的,一些有形的教育内容,即所谓"家业""家传""家学",也常常会传给子孙后代。从古至今,类似司马迁父子、曹操父子、苏氏父子这种世代传承相同的职业,或爱好、兴趣、学问、专长的事例不胜枚举。到了今天,"杏林之家""梨园世家""书香门第",代代相承的事例同样存在。著名科学家钱学森家族的《钱氏家训》指出:"利在一身勿谋也,利在天下必谋之。"正是这句家训使钱氏家族的子孙为国家贡献了众多像钱学森这样报效祖国的科学人才。因此,一个家族的成才观、价值观、人生观会影响,甚至是左右孩子的一生。这种连续性又体现在家风上,往往延续几代人、十几代人、几十代人。

家庭教育的继承性对于培养儿童、青少年的思想品德和造就具有特殊才能的人有着十分重要的意义。具有特殊才能的家长,应努力把家庭建成造就特殊人才的摇篮,为社会造就更多更好的、有特殊技能和专长的宝贵人才。

二、家庭教育的局限性

家庭与家庭教育的特殊性,使它在教育中存在一些先天的劣势或不足,应当引起人们的重视。

(一)家庭教育的差异性

现实中没有两个完全相同的人,同样也没有两个完全相同的家庭。每个家庭的经济情况、家庭环境、家庭结构、生活方式,家长的自身素质及人生观、价值观等都不相同,甚至差异很大,最后的效果当然不同。

1. 家长管理教育子女的能力不同

有的家长具有较高的教育素质、优秀的品德行为、广博的学识水平和健康的心理素质，有能力、有精力把孩子教育好；也有的家长没有意识到早期教育的重要性；有的只顾自己享乐，对孩子漠不关心，放任自流；有的家长文化素质不高，有心无力，不知道怎样解决孩子成长中出现的问题。

2. 家长为子女创造的生活环境不同

从物质条件上看，近年来我国居民生活水平和以往相比普遍有了很大提高，但城乡差别和经济结构改制造成的贫困家庭仍然存在，这些家庭的父母为了生活条件尽快改善，早出晚归，辛勤劳作，没有多余的时间和精力，也没有能力放在孩子身上；还有一些家庭，物质生活较优裕，但家长或忙于职场打拼，或忙于应酬交际，根本没有时间陪伴孩子，只好用玩具、金钱弥补对孩子的愧疚。

3. 每个家庭的人际氛围不同

有的家庭父母感情融洽，孝敬老人，对待孩子民主、宽容，一家人相亲相爱，其乐融融。也有的家长不注意给孩子营造一个有益身心发展的精神氛围，如夫妻感情不和，婆媳关系紧张，"小吵天天有，大吵三六九"，一天到晚吵吵闹闹，硝烟弥漫，吓得孩子恐惧不安、紧张焦虑，久而久之，就会影响其人格发育和心理健康。

（二）家庭教育的非理性

由于亲子间的血缘关系，父母和子女之间关系极为亲密，亲情使得亲子之间相处容易情绪化，处理问题缺乏理智，感情用事。尤其是对待孩子的态度上，经常是忽冷忽热，受情绪支配，弄得孩子莫名其妙，无所适从，如时而对孩子娇惯溺爱，姑息迁就，时而又拳脚相加，严厉苛刻，事后又后悔不已，自责歉疚。正如蔡元培指出的那样："父母闲暇了，高兴了，子女就是有不好的事，也纵容他；忙不过来了，不高兴了，子女就是有好事，也瞎骂一阵，乱打几拳。"这种情况是许多家长普遍存在的通病。

情绪化的另外一种偏误是期望值过高，要求过多，"爱之深，责之切"，当孩子达不到设定的目标时，就"恨铁不成钢"，操之过急，往往采取简单粗暴的方法，甚至造成悲剧发生。

（三）家庭教育的封闭性

中国民间有句俗话："自家的羊自家赶，自家的娃自家管。"家庭固有的一个特征就是封闭性。在封建社会，小农经济家庭，不论是生产方式还是生活方式都非常封闭。所以，传统儿童观认为孩子是家庭的私有财产，家长按自己的主观意志教育孩子，旁人无权干涉。社会发展至今天，越来越多的家长成为社会的主流，家庭生活也逐渐走向开放，但还是有许多家长抱着这种观念，把教育孩子看作是自家的"私事"，希望孩子按照自己的意愿发展。

随着社会经济的发展，居民的住房条件得到改善，如从平房、大杂院、低层楼房，到独门、独户的高楼大厦，无形中把家庭教育囿于一个狭小的空间里。家长出于种种原因的考虑，孩子只得孤零零生活在封闭的家里，影响了孩子与人交往的能力、运动能力、适应能力，尤其是社会化发展。在这方面，农村孩子就比城市孩子要好很多。

（四）家庭教育的随意性

家庭教育越来越受到广大家长的重视，而家教中的从众随流成为不少家长的选择。在多数情况下，从众随流可以使家长借鉴其他家长和教育工作者的经验与方法，避免走弯路。但有些家长没有主见，不是从自家、自身和自己孩子的具体情况出发，而是盲从、赶时髦，其结果往往出乎家长的预料。例如，在家教投资上的盲目攀比。由于家庭的生活水平不断提高，使家长有更多的钱投入到子女教育，一些家长盲目地为孩子买钢琴等高档乐器，其他孩子学的，自己孩子也得学，人家孩子没有的，自己孩子也要有。还有的家长不去了解、分析孩子学习不良的原因，而是盲目花高价请家庭教师等。这样做不仅会造成浪费，而且助长了孩子的依赖性。

随意性还造成一些家长对孩子的教育是片面的、畸形的。有的急功近利，希望孩子有朝一日成为明星；有的朝令夕改，一天一个主意，纯粹跟着感觉走，今天学钢琴，明天学书法，后天学英语，随意变化,家长自己也弄不清到底学什么才有前途,结果使孩子筋疲力尽,家长心力交瘁,大多半途而废。由于这部分家长没有形成正确、科学的教育理念,造成过分重视知识的获得,忽视创造性培养;重视特长培养,轻视习惯养成;重视智力开发,忽视心理素质等教育偏误。

任何事物都有两面性。家庭教育的确有许多其他教育形式所没有的优势,这是不容怀疑的。但我们也应实事求是地看到它的局限性,只有这样才能扬长避短,充分发挥积极因素,克服消极因素,尽量少走弯路或不走弯路,更好地发挥家庭教育的功能。

知识拓展

童蒙须知

单元小结

家庭是社会经济发展到一定阶段的产物,家庭发展的历史演进、家庭功能的变化都是与社会密切联系的,随着社会的产生、发展而产生、发展。家庭教育作为家庭的固有功能,有着学校教育、社会教育所没有的优势,但同时也有着先天不足,只有正确认识家庭教育的特点,扬长避短,才能充分发挥其应有的价值。家庭教育对个体的终身发展起着奠基作用,作为教育体系的重要组成部分,是学校教育的基础,是社会教育的延伸,对推进整个社会文明进步起着不可或缺的作用。

思政要点

家庭教育源远流长。近年来,家庭教育的重要性日益凸显,引导学习者理解其重要价值,提升学习者辩证的历史观,认识到家庭教育关系着国家、民族的未来和命运,是推动社会文明进步的重要力量。了解中华民族传统的家教文化成果,有助于增强文化自信、民族自信,使中华优秀传统文化得到创造性转化和创新性发展。

思考与实践

1. 阐述家庭起源和发展的4种形式。
2. 家庭的功能有哪些?我国当今家庭功能发生了哪些变化?
3. 试述家庭教育的发展历史。
4. 联系实际,分析家庭教育的优势和局限性。
5. 案例分析:请结合以下案例以及自己的实际谈谈家庭教育的重要性。

茅以升立志造桥

茅以升11岁那年,家乡赛龙舟,看热闹的人踩塌了桥,死伤不少人,高兴的乐事成了一次非常不幸的灾祸。茅以升从此立志要学造桥,父亲称赞他有志气,还带他去看桥,为他搜集桥的画片;祖父讲神笔的故事,都要强调那支神笔能画最漂亮、最结实的桥。在父亲、祖父的鼓励和教育下,茅以升最终成长为著名的桥梁专家。我国第一座现代化大桥——钱塘江大桥,就是他设计并主持建造的。

第二单元
制约学前儿童家庭教育的因素

单元课件

　　本单元通过论述制约学前儿童家庭教育的内部因素和外部因素，使学习者明确影响学前儿童身心发展的因素是多方面的，家长的教育素质、家庭结构类型、家庭生活氛围甚至家庭生活方式都无时无刻不在影响学前儿童的成长，尤其是家长的素质很大程度上决定着家庭教育的成败。另外，家庭所处的历史时代、所处的民族国家和区域的社会政治经济因素等，这些特定的社会历史背景对家庭教育的影响也十分关键。

学习目标

　　1. 理解和掌握家长应具备的素质及其在家庭教育中的意义。
　　2. 掌握我国现阶段家庭结构类型及其对学前儿童的影响。
　　3. 理解家庭生活方式的含义、类型以及与家庭教育之间的关系。
　　4. 理解家庭氛围的内涵及其对家庭教育的关系。
　　5. 了解并能结合实际分析家庭外部因素对家庭教育的制约作用。

内容结构

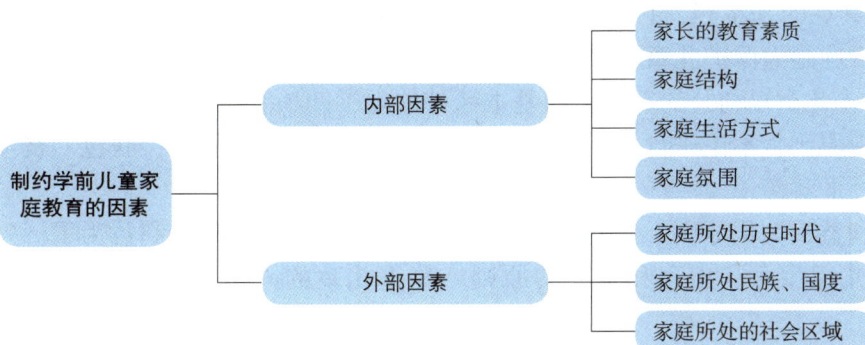

第一节　内部因素

许多父母会感到奇怪，自己社会地位、文化水平都不低，家庭条件也不错，怎么就教育不好孩子呢？再看看周围，人家家庭条件、社会地位、学历水平都不如自己，却把孩子调教得有模有样，挺有出息。从周围生活中的事例可以看出，家庭教育也是一门学问，文化程度和社会地位不是家教成败的决定因素，影响家庭教育的因素是复杂多样的。

一、家长的教育素质

在家庭教育中，真正起决定作用的是父母自身的教育素质。因此，育人者必须先育己，要提高孩子的素质必须先提高父母的素质。

（一）教育理念

许多家长在头脑中一直没有一种稳定的教子思想和方法，对孩子的教育缺乏一贯性，往往是朝令夕改，甚至自相矛盾。这是因为父母没有一个坚定正确的教育理念，基本上都是在方法技巧上做文章，获得的只是一鳞半爪的零碎东西，这样的教育很难获得良好效果。成功的家庭教育是从父母的理念开始，理念比方法重要得多。在家庭教育理念中，儿童观是最基本的观念，它对家长的亲子观、亲职观和人才观等其他观念的形成，都有着直接的影响。

1. 儿童观

什么是儿童观？所谓儿童观就是人们对有关儿童问题的看法和认识的总和，它涉及儿童期的意义、儿童的权利与地位、儿童的特质与能力、儿童身心发展的规律等诸多问题。自从有人类以来，随着社会的不断发展，不同时代的人们对儿童的看法随着当时政治经济、生产力、科学技术、意识形态、文化思想传统以及人类对自身认识水平等因素的不同而不尽相同。目前我国家长在对待儿童的看法和态度上主要有以下五种不正确的认识：① 小孩子是幼稚的；② 把孩子当作成人对待；③ 把孩子当作私有财产或达到目的的工具；④ 小孩子不打不成材；⑤ 树大自然直。

时代的发展与教育的现实都要求我们转变儿童观，从新的视角认识儿童、理解儿童。儿童是人，这是构建科学儿童观的基本点。1989年11月20日第四十四届联合国大会以第25号决议一致通过了《儿童权利公约》，这是为保护儿童及其权益，为世界各国儿童创建良好的成长环境而制定的一套全面的国际法律准则。《儿童权利公约》涵盖的基本精神体现了四项基本原则：

第一，无歧视原则。不论来自任何社会文化背景、出身高低、种族、肤色、贫富、性别、正常与残障，都要受到公平对待。

第二，儿童利益最大化原则。任何事情凡是涉及儿童，必须以儿童利益为重。

第三，保障儿童生命、生存和发展的原则。尊重儿童的人格和尊严，保证儿童生存与发展的质量。

第四，尊重儿童的观点与意见的原则。任何事情如果涉及儿童本人，必须认真听取儿童自己的观点和意见。

《儿童权利公约》代表了当今世界儿童观的最高水平。截至2009年《儿童权利公约》已获得193个国家的批准，是世界上最广为接受的公约之一。联合国儿童基金会前执行主任安·维尼曼女士说："它改变了全世界人们看待和对待儿童的方式。""今后20年中的很大一个挑战是坚定不移地将儿童的最大利益摆放在人类活动的核心地位。我们有共同的责任来确保每一个儿童生存、发展、受保护和参与的权利。"她表示，"我们希望这个儿童事业的里程碑能得到广泛的关注。"

2. 现代儿童观

中国是《儿童权利公约》最早的缔约国之一，根据公约的精神，中国政府制定了《未成年人保护法》《母婴保健法》等一系列法律、法规和政策措施，使我国儿童权益得到充分保护。《儿童权利公约》和修订后的《未成年人保护法》所传达和承载的都是一种全新的现代儿童观念，要求我们这样看待儿童：

（1）孩子是有独立人格的人。孩子是"人"不是"物"，家庭应当把孩子当"人"来对待和培养，尊重其人格、权利，重视其愿望、需要，平等地与其沟通。要承认儿童是人，具有与成人一样的人的一切基本权益，具有独立的人格。在现代儿童观里，每个儿童均有固有的生命权，儿童出生时其生命就受到法律的保护，并不为成人或家庭私有，更不能被其随意处置。现代儿童观中儿童具有其父母或其他养护人照料的权利，儿童与成人同样有自由发表言论的权利，享有思想、信仰和宗教自由的权利，每个儿童都享有受教育的权利，且教育机会均等。儿童的这些权益都要受到国家和政府的保护和尊重。

（2）孩子是未成年人。孩子处在成长过程中，各方面还不成熟，其心理状态、思想方式和成年人不一样。家长要理解孩子，允许孩子犯错误并对错误有一个逐步认识，甚至有反复的过程。将成年人的想法强加给孩子，逼迫他们按大人的意愿去做，其结果往往与愿望相反。儿童不同于成年人，正处于发展之中。儿童有自己独特的认识方式、成长特点。儿童有巨大的发展潜能和被塑造与自我塑造的潜力。儿童需要时间去成熟和发展。要提供与儿童身心发展水平相适应的生活，让童真、童趣、童稚得到自由伸展。

（3）孩子是有潜力的人。现代儿童观中儿童具有巨大的发展潜能，在适合的环境和教育的条件下，应最大限度发展儿童的潜力。现代儿童观中每个儿童都具有各自的潜能，家长应根据实际情况，创造适当的环境与条件让孩子发展他们的潜能。同时，家长要注意千万不能随意强求儿童，要遵循儿童发展的规律。

（4）孩子之间有个性差异。现代儿童观中儿童发展中共性与个性并存，儿童个性发展，有一些特征与共性一致，有一些特征在发展速度上会超前或滞后于共性。此外，每个儿童都具有鲜明的个性差异，成人应该注意这一特征，为儿童创造适合于他们的环境和条件。

（5）儿童期应该享有童年的快乐和幸福。童年生活不仅是未来生活的准备，它是具有独立价值的生活，成年人应该尊重他们的生活。儿童期是为成人期做准备，不仅要为将来而活着，还要为现在而活着，教育者的位置不应凌驾于儿童之上，应低下身来与他们一同成长，用爱包容儿童的一切，我们会发现儿童有很强的生命力和创造力。

现代的儿童观与传统的儿童观的根本区别在于，它不仅重视儿童对于社会的价值，看到儿童因弱小而需要保护的事实，更重要的是它不因儿童弱小而轻视他们，而是把儿童看作是有能力的、积极主动的权利主体，儿童拥有权利并可以行使自己的权利。把这种全新的儿童观转变成广大教师、父母以及一切与儿童相关领域中人们的自觉意识，是依法做好儿童权益保护工作的根本所在。

此外，家长在亲子观、亲职观、人才观、发展观、教育观等方面，也要有所改变和创新，以适应社会转型与变迁的需要。

知识拓展

《3～6岁儿童学习与发展指南》突出强调了哪些教育理念？

（二）教育能力

当家长意识到孩子的教育出现了问题，总是希望尽快找出解决的办法。为了学习怎么样教育好孩子，往往会费心尽力地看书，请教，听课，还通过电视、网络、电子读物等现代化手段学习育儿知识，觉得别人讲得都很好，也能说出不少道理；但是当自己孩子出现问题后还是一筹莫展，或达不到预期目的。还有一些家长发现自己学不好，做不到，即"说起来容易，道理也都懂，可要做起来难啊！"为什么会这样呢？问题就出在他们没有具备较好的教育能力，而是一味简单机械地模仿照搬，不能把正确的观念和方法很好地运用在家庭教育的实践中，这就是许多家长困惑和无助的原因。

所谓教育能力，就是指家长在某种教育观念指导下，能运用一定的教育方式和教育知识，有效地分析和解决在家庭教育实践中遇到的种种问题，从而培养教育子女身心健康成长的能力。作为学龄前儿童的家长应具备的教育能力，包括了解孩子、评价孩子及自我约束能力、协调亲子关系的能力、保护孩子的能力、分析指导孩子的能力等。

作为父母，要意识到今天的孩子与自己少儿时代已大不相同了。时代的发展、社会的变迁，使得家庭教育面临许多新情况、新问题需要解决。只有在教育实践中反复琢磨、体会、反思，才能不断提升自己的教育能力。教育能力体现着父母的教育智慧和教育艺术，直接关系到家庭教育的成效。否则，正确的教育理念、科学的教育知识和教育方式都无济于事。

记得有一次笔者与一位妈妈聊天，她5岁的儿子在我们身边，对着一个空的塑料水瓶发动进攻，不断地变换着各种姿势踩那个空瓶子，弄得瓶子吱吱嘎嘎地在他的脚底下乱响。这位妈妈终于忍不住了，大声把小男孩训了一顿。孩子很不情愿地丢下瓶子跑到别处去玩了。妈妈不好意思地解释道："男孩子就是这样淘气，真没办法。"

令人遗憾的是，这位妈妈不了解孩子天生有探索的需求，因而对孩子的举动不以为然，认为是其"淘气"而加以训斥，不经意间把孩子想知道"为什么"的好奇心遏制了。这种缺乏了解孩子需求能力的做法，势必会影响孩子身心健康发展。因此，父母在更新教育观念、学习教育方法的同时，尤其要注重教育能力的提高，善于把知识、经验转化为自身解决实际问题的能力，做到在教育孩子中举一反三、有的放矢，这样才能提高家庭教育的实效性。

（三）心理素质

心理素质是以人的自我意识发展为核心，包括认识能力、情绪和情感、意志、性格、兴趣等个性品质诸方面有机结合的复杂整体。家长心理素质如何，直接关系着能否教育好子女以及能否培养子女良好的心理素质。在快节奏的现代社会，人们既要完成本职工作，又要料理家务及教育子女，往往压力很大。家长没有良好的心理素质，就会直接或间接影响家庭教育的质量，甚至带来负面影响。因此，保持健康的心理至关重要。那么，一个合格的家长应该具备怎样的心理素质呢？也就是说，家长良好的心理素质应包括哪些方面呢？从家庭教育的角度来看，家长的心理素质应包括以下内容。

1. 善于观察和了解孩子

教育的前提是了解，父母要教育好孩子，首先必须对孩子有全面而深刻的了解。家长要善于在日常生活中、游戏中、待人接物中观察了解孩子，掌握孩子身心发展的情况，细心捕捉孩子的各种细微变化，以便做到针对实际情况，及时做好教育工作。

家长应掌握一些与孩子年龄相关的教育学、心理学、生理学知识，应该按照儿童身心发展规律去要求孩子，切忌主观臆断，以成人的生活方式和意愿去看待和要求孩子，把一些正常的举动当作调皮、笨蛋、没记性而加以指责。如学龄前儿童的学习方式是在游戏中学习，在活动中探索，用感官认识世界。但是有些家长只看重书本知识的学习，把孩子天天关在家里，拼命教孩子认字、学算术，完全是幼儿教育小学化的做法，结果孩子感到兴味索然，还没背上书包就已厌学，从而影响以后学习的积极性。

不是每个父母都具有敏锐的观察力。父母尽管与孩子朝夕相处在一起，如果"熟视无睹""充耳不闻"，那么孩子的种种变化也是很难觉察到的。因此，家长要有意识培养自己的观察力，做一个有心人。

2. 健康的情感和良好的心境

情绪是性格的外在表现。良好的情绪主要表现为：情绪温和平稳，心境比较宁静，能适度表露自己的喜、怒、哀、乐等内心情绪，不会长时间陷入大悲大喜之中，不因得意而忘乎所以，也不因失意而自暴自弃。

心境具有弥散性和长期性，工作成败、生活条件、健康状况都会对心境造成不同程度的影响。缺乏良好的心境，除了影响工作的进展和效率之外，有时还会造成一些不必要的失误。家长要善于控制自己的情绪,不能因为工作、家庭矛盾等原因,将孩子当作发泄不良情绪的"出气筒"。不良心境不仅会影响家长的身心健康,也会影响到教育子女的态度和行为方式。家庭长时间笼罩着消极情绪,会使孩子始终处于压抑、紧张、恐惧不安的精神状态,影响孩子人格的健康发育,甚至导致一些身心疾病的产生。

在现实生活中,还有些家长在孩子或者客人面前,无限度地流露自己的感情,过分夸奖孩子,使孩子沾沾自喜、目中无人,这样往往会害了孩子。因此,家长要善于用理智来驾驭自己的情感,保持稳定的情绪,饱满的热情,客观、公正地看待孩子。遇事沉着冷静、不急不躁,从容地处理棘手的事情,避免情绪大起大落及喜怒无常。宽容孩子在成长过程中的无知和过失,鼓励遇到困难的孩子,安慰受到伤害的孩子。家长心情舒畅,情绪愉悦,可以给家庭创造一个温馨的心理氛围。在这种情况下,孩子会感到轻松快乐,有安全感,乐意和家长沟通,学习状态会更好。

3. 要有恒心和耐心

俗话说:"十年树木,百年树人。"孩子的成长不是一朝一夕的,对家长来说,教育子女是一项长期而又艰苦的工作,比培植树木要复杂得多,也辛苦得多。家长要有恒心、耐心和顽强的毅力,有打持久战的决心。不能忽冷忽热,更不能"三天打鱼,两天晒网"。要有长计划、短安排,从近期目标做起,从小事做起,循序渐进,持之以恒,才能达到预期目标。

孩子年龄幼小,自制力差,在养成习惯或改正错误时,领会不了家长的意图时,出现失误和疏漏在所难免,家长要清醒地意识到这一点。在教育子女的过程中,还要有一股持久的教育热情,耐心细致、具体周到,要不怕麻烦、不怕反复,坚持不懈。爱迪生和爱因斯坦小时候都因"智力迟钝",被老师拒之门外,他们的父母并没有因此而放弃孩子,而是以极大的耐心去引导、开发孩子的智慧,为他们走向辉煌的科学事业打下了坚实的基础。

每个人在工作、学习、生活中,都不可避免地遇到这样或那样的痛苦和挫折。家长面对自己的逆境要正确对待,并以顽强的意志和坚定性走出困境。这种做法本身也是为孩子树立正面榜样,让他们明白一个道理:即没有辛勤的汗水,就没有娇美的鲜花;有付出才会有收获的喜悦。

4. 完善的性格

性格是指一个人比较稳定地对现实的态度和习惯化的行为方式的个性心理特征。虽说"江山易改,禀性难移",但性格的稳定性不是绝对的,它还有可塑的一面,"勤能补拙"这句成语就说明性格的巨大作用。良好的性格是成功的基石,性格在很大程度上影响着人的命运。好性格从来就不是一蹴而就的,需要长期坚持,艰难磨砺。

人的性格品质是多方面的,在生活中家长要尽力做到:第一,能悦纳自己,有自知之明,能正视自己的优点和缺点。有反思精神,勇于改造不良的性格。既有较强的自信心、自尊心,又能虚心接受别人的批评和意见,勇于承认和改正自己的缺点错误,并不断完善自我。第二,对工作和学习有求知欲和上进心,热情认真、勤奋踏实及有责任心,成为孩子学习的榜样。第三,对人诚实、守信、正直、礼貌,以及和蔼可亲,富有同情心和乐于助人的精神,能与人为善、宽以待人,善于搞好人际关系。第四,家长要有开朗乐观的个性,稳定的情绪,对孩子从小形成一种健康的情感是很有益处的,在这种精神氛围中成长起来的孩子一般都以处乱不惊的心理状态,正确地对待发生在身边的意外事件,稳重沉着,应变能力强。第五,遇事果敢坚定,勇于知难而进,在困难、挫折、失败面前不退缩、不灰心、不气馁,有不达目的誓不罢休的决心和勇气;能抵制和战胜形形色色的不良诱惑,有比较强的控制能力。

5. 端正教育动机,减轻心理压力

心理学所指的动机,就是人们活动的内部原因,即一种推动人们去活动的内部动力。父母教育子女的动机,主要取决于想把孩子培养成为什么样的人。

现在大部分家长要在职场打拼、挣钱养家、赡养老人及教育子女,心理压力很大。这种压力如果适度,将会促进家长重视家庭教育,使孩子健康成长;如果压力过重,可能会导致家庭教育的失误。

例如：孩子成绩不如别人孩子时、孩子犯错误时、孩子没有达到自己的心理预期时，家长会在心理上产生很大压力。一旦没有控制好压力，就很可能在这种"恨铁不成钢"的情况下，出现急躁情绪，导致教育方法简单、粗暴，造成家庭气氛紧张，影响教育效果。

家长应学会心理调适，自觉减压，丢掉虚荣心、补偿心、攀比心等不健康心态，保持一颗平常心。要根据现实，调整教子动机，丢掉一些不切实际的幻想，对孩子有一个合理的期望值。随着社会发展和科技进步，要想使孩子适应未来社会的发展需要，并能有所成就，唯有将孩子培养成为体、智、德、美、劳全面和谐发展的人，才能最大限度地发挥其聪明才智，适应现实生活。

6. 有健康广泛的兴趣爱好

兴趣是指一个人积极探究某种事物及爱好某种活动的心理倾向。爱好是指喜爱、喜好，具有浓厚兴趣并积极参加，时间长了可能成为生活的习惯和行为方式。兴趣在人的生活中有着重要的意义。健康而广泛的兴趣使人能体会到生活的丰富和乐趣，可以使人的智力得到开发、知识得以丰富、眼界得到开阔，从而善于适应环境，对生活充满热情。古往今来，许多成功人士都是因兴趣而找到成功的路径，从而取得辉煌的成就，可见兴趣确实对人的个性形成和发展起巨大作用。孔子曾说过：知之者不如好之者，好之者不如乐之者。爱因斯坦也说过：兴趣是最好的老师。只有"乐之"，才能好学、好问、好探索、好实践。

许多家长特别重视培养孩子的兴趣。其实家长在教育孩子的同时，应先培养自身健康广泛的兴趣爱好。家长在工作之余参加各种有益于身心健康的文、体、美等活动，可以提高生活的情趣和质量，如收藏、集邮、养花、养鱼、阅读、下棋、欣赏名曲、书法、绘画、旅游、摄影、健身、唱歌、跳舞等。根据自己的实际情况，选择适合的兴趣爱好，使家庭闲暇生活变得丰富多彩，充满生机。既利于身心健康，陶情冶性，也有助于培养孩子积极向上的人生观和人际交往的能力，从而引导孩子参加健康的文化体育活动，培养孩子的兴趣爱好，塑造孩子美的心灵。

例如，有位孩子的爷爷奶奶爱好打羽毛球，爷爷还曾经获得全国业余组老年冠军。孩子从小就跟着老人看球赛，渐渐地对羽毛球产生了由衷的热爱。每当孩子练习基本功厌烦时，爷爷奶奶就陪着小孙子一起练，给孩子鼓劲。最终，孩子在小学二、三年级时就参加了省市级比赛，并取得了优良的成绩。现在小孙子自信、健壮，还增加了下棋、阅读、画画、游泳、滑冰等丰富多彩的课余爱好，把今后的目标定在超过爷爷奶奶，向奥运冠军学习的层次上。

（四）教养方式

家庭教养方式，一般是指父母在抚养、教育子女中所通常运用的方法和形式，是教育观念和教育行为的综合体现。它是对父母各种教养行为特征的概括，是一种相对稳定的行为风格。家庭教育的效果，不仅取决于教育者——主要是父母的教育动机、教育内容，在更大程度上取决于教养方式。进一步说，良好的教养方式有利于儿童发展，不良的教养方式则在一定程度上对儿童的发展起阻碍作用，可能会出现行为障碍、人格缺陷等问题，在儿童道德社会化过程中更是如此。从一定意义上来说，家长的教养方式集中反映和体现了他们的教育观念和教育能力，通常教养方式受父母的人生观、价值观、社会经济、文化、意识形态等因素的影响，同时与家长的文化知识、品德修养、性格气质、待人接物、兴趣爱好等方面息息相关。现实生活中有些家庭的教育方式往往不尽如人意。因此，通过探讨家庭教育方式对幼儿行为的影响，可以让我们对这一问题有一个清醒、全面的认识，对于防止幼儿行为问题、形成幼儿健康人格有着重大的意义。

根据中外心理学家和教育学家对父母教养方式的研究，父母的教养方式大致可以分为以下四种类型。

1. 民主权威型

（1）父母的特点：家庭成员间互相尊重、平等交流，对子女既有约束，又有鼓励。关心孩子，倾听孩子，对孩子的需要能作出敏感的反应，给孩子贴心的帮助，让孩子感受到温暖和关爱。对孩子提出明确的要求，这些要求是一个人适应社会所必需的，而不是从父母自身的喜好或情绪出发的，因此也是理性的、一贯的。向孩子解释为什么要对他提出这些要求，同时鼓励孩子与自己交流。家庭的气氛上，父母和孩子很亲密，情感和思想的交流都很充分。有时候即使父母错了，也会真诚地给孩子道歉。孩子觉得父母可亲可敬，信赖父母，对父母的教育持开放和接受的态度，父母在孩子心目中有很高的威信。

（2）孩子的发展：在温暖、民主、宽松的家庭中成长，能使孩子的个性得到充分的发展。孩子易于形成友善、真诚、合作、自立的品质，有较强的自我控制能力，能愉快而自信地学习，思维活跃，有创造意识，具有良好的社会适应性。

2. 严厉专制型

（1）父母的特点：对孩子控制得很严，并且要孩子无条件服从自己的各种要求，一旦孩子违反，会严厉地惩罚孩子。与民主权威型相比，这类教养方式中父母和孩子是不平等的。他们对孩子提出的要求更多从自己的喜好出发，按照自己的主观意愿行事，很少或根本不会从幼儿的发展特点出发，向孩子解释为什么要这样做，使孩子几乎无法独立选择自己该干什么、不该干什么。不关心孩子，孩子感受不到他们的温暖和支持。这种类型的父母对子女要求过分严厉，缺少宽容，有太多的限制和不允许，教育子女的语言和方法简单，态度生硬。

（2）孩子的发展：在这类家庭中长大的孩子，经常处于被动、压抑状态，缺乏自制能力，往往容易形成行为上的两面性，表现为顺从、懦弱、焦虑、退缩、不满，对人缺乏信任，同时也缺乏自信，心情不开朗，逆反心理强、容易产生报复心理和攻击行为。

3. 娇惯纵容型

（1）父母的特点：父母对孩子表现出很多的爱与期待，但是很少对孩子提要求并对其行为进行控制，对孩子的言行举止具有很大程度的容忍性和接受性。这类家庭教养方式的家长经常娇惯放纵孩子，无原则满足孩子任何要求，迁就孩子的错误，处处袒护，事事包办。生活中经常会看到5、6岁的孩子还需要父母在后面追着喂饭，幼儿园大班的孩子不会自己系鞋带。曾经遇到一个幼儿吃橘子的时候竟然连皮一起咬，问他为什么，他说：我不会剥，不知道怎么剥，在家都是妈妈剥好喂我吃的。这种无条件地爱和接受孩子，而没有要求、不加控制，或者即便提了要求，也不坚持让孩子做到，这样的家长在孩子心目中毫无威信。

（2）孩子的发展：由于缺乏指引，孩子常常不知道一件事情自己该不该做、做得对不对。这些孩子看上去是家里的"小皇帝"，但是内心常常焦虑不安，一旦他们的要求不能被满足，往往会表现出哭闹等行为。而且心理发展不成熟，自控能力很差，缺乏进取心和探索精神。对于父母，他们表现出很强的依赖性，往往缺乏恒心和毅力。

4. 冷漠忽略型

（1）父母的特点：父母更多地沉浸在自己的需要中，对孩子既缺乏爱的情感和积极反应，又缺少行为的要求和控制，亲子之间缺乏交往和沟通。父母对孩子没有基本的关注与了解，对孩子的一切行为举止采取不加干涉的态度，给孩子一种被忽视的感觉。有的父母认为只要满足幼儿的物质要求就可以了，其他的方面都可以忽略不计。比如文文小朋友的父母常年在外做生意，于是便将他托付给奶奶抚养，虽然经常看到文文穿得比其他小朋友要好，也经常带高档的玩具来幼儿园，但却很少看到他开心地笑，也不愿意和小朋友一起玩，常常一个人躲在角落里。像文文这样的孩子由于得不到亲情的关爱，往往生活在自己的世界中，不关心他人，交不到朋友，变得不合群和孤僻。这类父母认同"树大自然直"的观念，对孩子采取漠不关心、放任自流的教养方式。这种现象多存在于工作繁忙、交际应酬多、业余时间少的父母，一心扑在自己的工作学习上，很少与孩子交流沟通，忽视孩子的内心世界和需要，对孩子的行为和学习既不感兴趣，也不关心，很少去管教孩子。

（2）孩子的发展：被放任忽略的儿童容易形成冷漠、自我控制力差、易冲动、不遵守纪律、具有攻击性、情绪不安定等不良的个性特征，使他们在青少年时期很容易发生不良行为。由于与父母之间的互动少，这种成长环境中的孩子出现适应障碍的可能性较高。他们对学校生活没有兴趣，学习成绩较差。也有许多孩子表现为性格内向、情绪不安、对人冷淡、兴趣狭窄、缺乏理想，与人交往产生挫折后，易产生对立、仇视情绪，从而发生侵犯行为。

每一个父母采用的家庭教养方式都有所不同，家庭教养的具体方式也不限于以上几种。同一个家庭的父母可能采用不同的教养方式，这些不同的教养方式形成不同的组合。无论怎样，对家庭教养方式与儿童发展的多年的反复研究表明，民主型的家庭教养方式比其他方式能培养出更有自信和能力的子女。这种方式要求父母有较高的教育素质和心理素质，要通过学习科学的育儿知识来形成现代教育观念，富有爱心，并对儿童的需求与活动能积极作出反应，在家庭教育中与孩子形成民主平等的沟通模式。这些家长培养的子女会有以下基本特点：第一，他们较早形成良好的安全感和依恋感，这是培养和发展儿童好奇心、探索能力、解决问题能力和形成与成人、同伴良好社会关系的重要因素；第二，进入小学后，他们的学业成绩一般都在平均数以上；第三，他们一般与父母、同伴都能友好相处，不会为人所难；第四，有较强的自尊心，能较好完成自己的任务，在父母管教他们时，能认同父母的要求；第五，在社会行为方面，他们通常依靠内在的行为规范而不是靠外在的惩罚去约束自己的行为。

案例 1

小鱼儿是个5岁的男孩，两岁时父母离异将他放在外婆处。他平时和外婆生活在一起，双休日和妈妈、新爸爸在一起。

在幼儿园一日生活中小鱼儿会经常和其他孩子发生冲突，而据老师观察大都是由于他的言行举止粗鲁造成的。例如，在与同伴的游戏过程中，他会蛮横无理地争抢玩具。在排队时对同伴推推搡搡，或故意让别人摔跤。更让老师和家长头痛的是，孩子有较强的攻击性行为。有一次，他用小玩具戳进邻座小女孩的嘴巴里，使对方的牙龈破损，三天三夜都疼得吃不下东西。又有一次，他用一只手扯住邻座小女孩的耳朵，另一只手的手指旋转着使劲钻进对方耳洞。老师发现立即予以制止后，他又差点故伎重演，被反复教育后才停止该危险行为。

据了解，小鱼儿母亲26岁，初中文化，系自由职业者。母亲和一个外地男子结婚一年后离异，现在搬到"新爸爸"的家里，每周接儿子同住两天。外婆也离异后再嫁，所以现在家庭成员复杂，教育存在放任自流的问题。

想一想：小鱼儿的家庭教育是哪种类型？请分析其原因及后果。

二、家庭结构

家庭结构是家庭中成员的构成及其相互作用、相互影响的状态，以及由这种状态形成的相对稳定的联系模式。家庭结构的划分一般包括代际结构和人口结构两个维度。家庭成员的不同组合，构成了不同类型的家庭结构。

家庭是社会发展的产物，因此，家庭结构是随着社会的发展不断变化的。在传统的农业社会中，社会变迁缓慢，家庭也静如古井，很少有什么变化。但是，每当社会有重大变迁时，家庭也会随之变动。近几十年来，世界和中国的政治经济都经历了翻天覆地的变化，家庭结构的类型也越来越多样化，越来越复杂。目前，我国家庭结构类型主要有主干家庭、核心家庭、缺损家庭、重组家庭等。无论哪一种家庭结构都有利有弊，都会对孩子产生极大的影响，关乎孩子是否快乐成长。

（一）主干家庭

主干家庭是指父母与一对已婚子女共同居住生活的家庭。在我国，主干家庭是比较普遍的一种家庭结构，尤其在农村仍占主导地位。在这种家庭里祖辈父母可以协助照管、教育孙子（女），孩子可以得到更多的爱、更多的教育。老年人一般有充裕的时间，心态平和，对孩子比较耐心、细心。一些文化素质较高的祖父母，代替父母的教育职责，同样把孩子培养得非常出色。

主干家庭的特点是家庭成员较多，家庭关系复杂，除了夫妻关系、亲子关系以外，还有祖孙关系、婆媳翁婿关系等。不同的代际父母在教育子女上，容易产生矛盾，互相看不惯对方的做法。若当着孩子的面争吵不休，久而久之，会使孩子产生投机心理或双重人格。由于大部分祖父母对隔辈人更为疼爱，"隔辈亲，亲不够"，爷爷奶奶对孙子娇惯溺爱，包庇护短，这是在许多家庭发生的情景。这样会使孩子养成自我中心，自控力差，道德观念薄弱，事事依赖别人等不良行为。

（二）核心家庭

核心家庭是由父母及未婚子女组成的家庭。特点是人数少，辈分小，家庭关系简单，成员关系密切，受外界干扰较少，容易形成教育合力。在这种家庭中，矛盾少，气氛融洽，家庭成员互相关心。父母年富力强，有足够的精力关心、体贴、疼爱子女，愿意为孩子创造优越的生活条件和进行智力投资。在核心家庭里父母与子女交流沟通的频率比较高，亲子关系密切。在教育子女的观念、方法上容易达成一致，即使有矛盾，也容易协调。因为没有人可以依赖，他们抚养和教育子女的责任心更强。

由于大部分核心家庭都是双职工，孩子和父母接触时间有限，难以了解孩子的全面情况，很容易放任自流。尤其是寒暑假，孩子要独立地安排自己的学习生活，家长不可能控制孩子所有活动范围。有的家长怕孩子受到不良影响或出于安全考虑，把孩子锁在家里"软禁"起来，与电视、计算机、玩具为伴，影响其社会性发展。

（三）缺损家庭

缺损家庭是指因夫妻离异或一方去世、分居、出走，由父亲或母亲一人与孩子组成的家庭，又称残破家庭、破裂家庭、单亲家庭。自20世纪80年代以来，我国的离婚率呈不断上升趋势。在西方国家，高离婚率也是造成单亲家庭的主要原因。离婚是婚姻的负面结果，不可避免带来一些消极后果。因此，从一定意义上说，离婚是一大社会问题。大部分的离异家庭，尤其是单亲母子家庭的经济收入、生活水平往往低于双亲家庭，总体生活水平偏低，常常使离异单亲母子家庭陷于困境。离异或丧偶往往使当事人受到极大的打击，严重者还会出现精神异常。如果父母处理不好其中的关系，会使子女性格、学业、品行受到影响。对学龄前儿童来说，失去了父爱或母爱，孩子感到内疚、自责和恐惧，他会以为是自己不听话才会这样的，会使孩子在智力、与人交往、情绪等方面受到直接伤害，甚至给孩子留下一辈子的心理阴影，他们大都会变得孤僻、沉默、爱哭、绝望、无助，还有的表现出冷漠无情，攻击性行为增多。

（四）重组家庭

重组家庭是指父母离异或丧偶后，再婚并重新组成另外一个完整家庭，又称再婚家庭、混合家庭。随着我国离婚率逐年上升，带着子女再婚、重新组织家庭的现象越来越普遍。相对于单亲家庭，重组家庭无论对于离异者本人还是对社会都是有利的。但对于刚经历了失去父亲或母亲打击的孩子来说，进入一个陌生的环境，面对新爸爸（妈妈），会让孩子产生一系列的心理问题。

重组家庭中，继父母和继子女之间没有血缘关系，很可能使得家庭教育问题变得异常复杂。重组家庭的孩子更感到孤单、寂寞、无助，这就要求父母对子女要给予更多的关心和爱护。在现实生活中，一些继父母对子女的感情投入严重不足，只是在物质上满足孩子。由于缺少良好的感情交流，导致继子女对继父母不信任；有的继父母不能一视同仁，过分偏袒亲生子女，这种做法往往会引起继子女的敌视心理，造成家庭冲突。当然，也有不少继父母对继子女视如己出，公平对待所有的孩子，真诚地爱护和教育孩子，这种教育方式能树立父母在子女心中的威信，赢得孩子的爱戴，从而获得良好的教育效果。

三、家庭生活方式

家庭生活方式是指家庭成员在长时间的共同生活中逐步形成的生活作风、传统习惯、伦理道德、价值观念、为人处世等方面的独特表现。家庭生活方式是家庭教育发生的基础，它不仅为家庭教育提供了必不可少的环境和氛围，而且以自身与社会之间的紧密联系保证了家庭教育的目标、内容、实施、评价的开放性。因此，要使儿童全面发展，不能不关注他们的家庭生活方式和家庭教育。

（一）起居习惯

家庭日常生活起居有规律，做事整洁有序，有利于大人、孩子的身心健康。有秩序、有规则、有计划，能增强孩子的安全感、自信心，提高工作、学习、生活质量。反之，生活起居无规律，忙乱不堪，会使人疲于奔命，烦躁易怒。久而久之，养成许多不良习惯，也会影响孩子的身心健康。

（二）饮食习惯

长期的共同生活使得家庭成员形成相同的饮食习惯。比如，有的家庭注意营养均衡、合理搭配；有的家庭喜欢大鱼大肉；有的食不厌精，烹调过于精细；有的则随便凑合，饥一顿、饱一顿。不同的饮食习惯对孩子的身体健康影响极大，有的吃成小胖墩，有的吃成"豆芽菜"。

（三）消费方式

消费方式是指家庭经济收入如何安排和分配使用。一般家庭的经济支出需考虑3个方面：一是解决衣、食、住、行等日常基本生存和生活的消费；二是改善和提高家庭生活水平的物质生活和精神生活方面的开支；三是受教育，如发展特长、更新知识、开发智力等方面的消费支出。有的家庭毫无计划，寅吃卯粮、入不敷出；有的家庭重物质轻精神，赶时髦，奢侈消费；有的家庭则过于节俭，吝啬。家长是否有计划、有理智，合理安排，量入为出进行家庭消费，会使孩子学会不同的生活态度。

（四）休闲方式

一个家庭如何利用工作、学习之外可自由支配的时间，对孩子的身心健康影响很大。家庭闲暇时间主要用于满足精神文化生活的需要和精力的恢复。农业社会由于生产力低下，为生计所迫，人们的闲暇时间极少。随着科学技术的发展，人们逐渐从繁重的体力劳动中解脱出来，自由支配的时间越来越多，绝大多数家长已经意识到利用闲暇时间对子女的重要性。家庭闲暇生活健康、文明、情趣高雅，兴趣爱好丰富多样，注意渗透科学知识，节假日多带孩子外出走亲访友、参观旅游，开阔视野，培养亲情和社会性，都是有利于儿童身心成长的方式。

四、家庭氛围

所谓氛围，就是指人所处的环境气氛和情调。家庭氛围也就是在家庭环境中家庭成员因相互影响、相互制约所形成的心理情绪和环境气氛。良好的家庭氛围，可使儿童养成性格活泼开朗、大方，好学、诚实、谦逊、合群、求知好奇、爱劳动、爱清洁、守时守信等优良品格。不良的家庭氛围，可使孩子形成胆怯、多疑自私、嫉妒、孤独、懒惰、放任、不懂礼貌、言语粗俗等不良品行，因为儿童在适应家庭环境的过程中，常以家长为最亲近、最直接的模仿对象，形成自己的心理定势和性格特征，家庭氛围的好坏是儿童心理、行为健康水平的重要相关因素。

（一）民主平等、温馨愉快的人际氛围

家庭中温馨愉快的氛围能最大限度地解除外界给予孩子的压力和紧张感，使孩子体会到生活的美好、精神的愉快。研究显示，民主的家庭最利于孩子的成长，民主家庭的特征就是平等与和谐。和谐家庭的本质含义是家庭成员间相互配合与默契。夫妻关系、亲子关系与祖孙关系，就像三角形的三条边，构成一个稳定的三角形，孩子在这些和谐的关系中得到和谐发展。其中最重要的是和谐的夫妻关系，尽管性格、爱好和生活习惯不同，也要互相包容，彼此适应，遇事多商量沟通，在教育子女问题上优势互补。

所有家人要互相尊重、互相关爱、和睦相处，多关心孩子，让孩子从家庭中得到极大的温暖，有利于孩子的身心健康。孩子是家庭战争的最大受害者，大人之间的矛盾纠纷不要当着孩子争吵打闹，那样会使孩子受到惊吓、郁郁寡欢、个性压抑，严重者还可能出现心理障碍。很多家长没有意识到，孩子不但需要父母的爱，同时也需要父母相爱，需要有一个和谐的家庭环境。不良的家庭关系比父母离异的单亲家庭对孩子造成的危害更大。

（二）整洁、美观、舒适的生活氛围

家庭生活氛围主要是指由家庭的室内装饰布置所形成的物化环境。无论经济水平、住房条件怎样，都应将家布置得整齐美观，条理清晰，物品归放有序，使人感到舒适。相反，污浊杂乱的环境，不仅会使孩子心情烦躁、抑郁，而且也容易养成松懈、懒散的不良习惯。过于狭小局促的空间，可能导致孩子心理压抑。家长可少放置些不必要的家具、杂物，少摆设一些装饰品，尽量给孩子多留一些活动空间，保证孩子生活玩耍时心情平和、情绪欢畅。

家长布置房间时，应给孩子留下一个可以自己支配的小天地。玩具、衣物、图书等放在适合孩子取用的地方，写字台应放在窗前光线充足明亮的地方，有利于学习。注意听取孩子的意见，让孩子参与布置，培养孩子爱美的心理，从小养成良好的生活习惯。

（三）爱阅读、爱提问、爱探索的文化氛围

高尔基说：书籍是人类进步的阶梯。有的家庭虽有昂贵的家具、华丽的装饰摆设，却很难找到一本书，这显然不利于对孩子的文化熏陶。有的家庭虽然物质条件一般、家具简陋，但书架上放着许多书，虽然孩子一时还看不懂，但父母爱读书会使孩子受到感染，启迪他们追求知识、热爱知识的情怀。

父母还可以组织一些文化氛围浓厚的家庭活动。比如，举办家庭书画赛、故事会、朗诵会、卡拉OK赛、家庭舞会、成语接龙、打球、棋牌赛、登山、远足、旅游等愉悦身心的活动。让孩子在活动中放松身心，享受亲情，体验乐趣，增长智慧。

父母除了要给孩子准备好小书桌、小书柜、玩具柜以外，还可以根据孩子的年龄准备一些科学探索的物品。如百宝箱、地图、地球仪、科学实验器具，再给孩子一个植物园、动物园就更完美了。当然别忘记给孩子设立一个锻炼身体的环境，如沙包、跳绳、皮球等。

创建学习型家庭，已成为现代家庭教育的理想模式，越来越受到广大家长的重视。健康的家庭文化可以丰富孩子的精神生活，促进孩子的身心健康发展。反过来，不健康的无节制的家庭娱乐活动，如过度地贪看电视、痴迷于网络游戏、通宵达旦地聚众赌博等必然会分散孩子的注意力，干扰学习情绪，对孩子的精神构成污染。

第二节　外部因素

我国是一个地域广阔的统一的多民族国家，人们的育儿理念、方式、态度有很大差异；从世界范围来看，不同国度的政治经济、文化传统、风土人情、生活方式、价值观念等诸多因素均不相同。这些因不同时代、不同国度、不同地域、不同社会的政治、经济、文化的差异，都是制约家庭教育的因素。

一、家庭所处历史时代

家庭是社会发展到一定阶段的产物，所以它不可能孤立地存在。几千年来，不同时代、不同社会的政治经济、生产力水平不同，致使家庭结构、物质水平、家庭关系、家庭生活方式、家庭环境、家长自身的素质等各种影响儿童的因素都不尽相同，从而影响家庭教育实施的过程和结果。

1. 从家庭结构来看

中国封建社会以主干家庭、联合家庭为主，规模大、成员多，相处之中矛盾丛生，人们生活的自由度较低。一个家庭就相当于一个小社会，孩子要在成人复杂的关系中生存，以家长为中心的封建

家长制，对子女有生杀予夺的权利，孩子得不到应有的关注。当今社会，取而代之的核心家庭，规模小，成员少，关系简单，凝聚力强。父母有更多的时间精力与孩子交流，对孩子倾注更多的爱，这种家庭模式更有利于孩子身心健康成长。

2. 从家庭经济情况来看

改革开放以来，人们物质生活水平有极大的提高，给儿童创造了优越舒适的生活环境，保证了孩子充足的营养，增加了智力投资，与父辈祖辈相比，今天的孩子身体发育更强壮、视野更开阔、知识面更广。

3. 从家庭教育内容来看

同样受历史时代的影响。中国封建社会的家庭教育内容，以"三纲五常"为核心，注重"忠君""孝道"的教育。劳动人民的家庭教育无非是父传子、师带徒的生产劳动技能教育。今天的孩子学习内容广泛而丰富，家长更注重培养孩子自尊、自信、独立、平等的教育。

二、家庭所处的民族、国度

国度是指政治地理意义上的国家。民族是由于不同地域的各种族（或部落）在经济生活、语言文字、生活习惯和历史发展上的不同而形成的社会统一体。从世界范围来看，不同国度和民族的人们由于政治制度、经济水平、文化传统、风土人情、生活方式、价值观念等诸多因素均不相同，家庭教育的目的、内容、方式也有所不同，最后导致教育结果必然有差异。

比如被誉为世界最智慧民族之一的犹太人就有着独特的家庭教育观。犹太人在长期的民族灾难中，背井离乡，流散于世界各地，他们一方面顽强地保持着自己的文化，一方面善于吸收所在国的文化精华。许多家庭主动与其他民族接触，汲取其他民族的文化养料，逐渐形成一套自己的教育方法：如崇尚书本和知识、重视培养孩子的思考能力和创新意识、善于营造家庭集体学习的氛围。另外，他们还注重培养孩子惜时守时的时间观念；延迟满足的意志力；要想生活舒适，就得靠自己奋斗争取的独立思想等。在犹太人看来，教育子女是人生三大要务之首。正因为如此，几千年来他们为世界贡献了马克思、爱因斯坦、弗洛伊德、毕加索等许多文化和科学巨人，他们的一些家庭教育理念和方法也值得我们深入探究和思考。

有着悠久历史和灿烂文明的中华民族更是历来重视家庭教育。中国古代以农立国，家庭不仅具有生产生活功能，而且具有突出的教育功能，子女在私塾中、在父母的言传身教中完成教育。中华民族自古十分重视子女的家庭教育，家教文化成为我国特有的一种文化现象。在我们的历史上不但出现了孟母断机、曾子杀猪、岳母刺字这样教子有方的楷模，而且许多名人和家族都立有家诫、家训、家规、家范，如《颜氏家训》《童蒙须知》《弟子规》等。另外，提倡勉子立德、做人为本的家教理念，重视"正本""慎始"的蒙养教育，强调环境影响和家长的榜样示范作用，以及主张严慈相济、循序渐进、因材施教等教育方法至今仍影响着后代，这些博大精深的家教文化也是中华民族对人类文明做出的巨大贡献之一。

案例 2

二年级学生要上5个兴趣班

在休息区，一位正在等候女儿下课的家长向记者展示了一份正在读小学二年级女儿的课余时间活动表。在一份A4纸打印的所谓"活动表"上，记者看不到丝毫"活动"的影子："周一17：20～18：50表演、周三19：00～20：30声乐、周五19：00～20：30舞蹈、周六14：30～16：00国际象棋、周日10：30～12：00英语……"

这位家长表示，这些课程大多是父母在"考察"女儿的特性后帮她选择的，比如舞蹈可以锻炼形体，国际象棋可以培养思维能力。而英语成绩一般的女儿可以在英语培训班上进行补习。"这个'套餐'吃下来有点累，但对她今后的发展会起到扬长避短的作用。"她自信满满地说。

这位家长坦言，尽管现在女儿每个月的培训费用已占据家庭总收入的1/3，为了接送女儿到不同的培训点去上课，家长也很辛苦，但她依然觉得很值。[1]

📅 案例3

美国"最忙的妈妈"

前不久，美国辛辛那提当地的电台评选"最忙的妈妈"，获奖的是一位有3个孩子的母亲。她最忙的一天是这样安排的：星期六，9：00送10岁的二儿子参加社区足球队比赛。把二儿子送到足球场后，马上又送12岁的大儿子到学校去参加学校橄榄球队的训练；路上还要把小女儿送到体操馆去。这位妈妈刚回到足球场不到30分钟，二儿子的球赛结束了，她接完儿子又到体操馆去等女儿了。12：30后，大儿子已在学校的门口等候妈妈驾车来接他，然后他们到麦当劳吃了快餐，二儿子的冰球训练又要开始了。小女儿的足球赛被安排在14：30，比赛场地在另一个社区，至少要开30分钟的车才能到达。接着大儿子的网球训练时间为16：30，也就是说，这位妈妈一定要在16：30之前从女儿的比赛场地赶回来，才能把大儿子送到在另一个方向的网球场去。当然，还不能忘记二儿子17：00打完冰球还等着妈妈来接呢。当妈妈带着3个孩子回到家里，已经是19：00～20：00了[2]。

通过案例2和案例3，想一想：中美两国家长在教育孩子方面为什么会有所不同？

三、家庭所处的社会区域

家庭所处的社会区域，是指由家庭居住地所形成的一定范围内的社会环境。不同的社会区域，生活着不同的社会成员。他们大致相同的社会、家庭文化背景，加上特殊的地理环境，逐渐显示出共同的处事态度，以及与之相应的行为习惯和生活方式。生活在这一区域，当地生活习惯、社会风气总是要渗透到家庭生活中去，家长的教育观念和教育方式也会影响到孩子各方面的发展。

曾经有一对同卵双胞胎女孩，从小被分开。一个留在大城市和父母在一起，一个被送往边远的山区与爷爷奶奶共同生活。两个孩子的遗传素质大体相同，由于生活的家庭环境不同，这两个孩子个性发展完全不同。留在城市的孩子喜欢读书，智力发展较好，也比较文静；而在森林附近长大的孩子则坐不住，如会爬树、动作灵巧、性格开朗、身体健壮。这都是家庭居住环境影响的结果。中国古代"孟母三迁"的故事也说明孟母特别重视周围环境对孟子的直接影响，所以我们要设法为子女创设良好的家庭教育环境。

我国地域广大，各地区经济、文化、教育发展不平衡，导致家庭教育的观念、方式等都存在很大的差异。比如城市与农村父母在教育方式上就存在较大的区别。城市家长受教育水平、工作性质、经济收入相对占优势地位，表现在家庭教育上更自觉、更科学、更全面，对孩子投入的精力和物质更大些。农村地区，尤其是西部农村，父母虽然同样是望子成龙，但囿于自身文化素质、经济状况等各方面因素的限制，他们对子女的教育相对来说，还主要处于一种自发的、顺其自然的状态。

知识拓展

国外父母如何教孩子自立？

---

[1]　内容来源：深圳特区报，小学生一周上5个兴趣班 专家：警惕过度教育，中国新闻网（https://www.chinanews.com/edu/2011/05-31/3078615.shtml），2011 年 05 月 31 日。

[2]　[美] 黄全愈 . 孩子就是孩子：玩的教育在美国 [M]. 北京：中国人民大学出版社，2010：233-234.

单元小结

家庭教育是多种因素影响和制约的结果，如有内部因素、外部因素；有直接影响、间接影响；有的作用大，有的作用小。一般情况下家庭内部因素，如家长自身素质、家庭结构、家庭生活环境和方式等，对家庭教育效果的作用更直接、更重要。因为各种因素要发挥作用，都要靠家长运用自身素质，通过教育实践来实现。

思政要点

影响学前儿童家庭教育质量的因素是多方面、多层次的，既有家庭内部的主观因素也有外部环境的客观因素，学习者要了解世界家庭教育发展动态，以开放的心态汲取不同民族文化的家庭教育理念，初步具有跨文化交流的国际视野。

思考与实践

1. 你认为影响家庭教育最主要的因素是什么？为什么？
2. 你认为家长还应该具备哪些素质？阐述理由。
3. 结合实际谈谈家庭生活方式对儿童的影响。
4. 你认为家长应创造怎样的家庭氛围更有利于孩子的成长？
5. 讨论一下，还有哪些因素可能制约家庭教育。
6. 案例分析：

当众打骂孩子的"羞辱式教育"违法了

"依法带娃"时代开启之后，还有人当众打孩子让其下跪？据北京日报客户端报道，1月12日7时50分左右，一名女子在北京地铁7号线上狠狠地掐孩子的脸，还让孩子当众下跪，引得同车乘客纷纷侧目。

据同车乘客反映，该女子还拿手打掉了孩子的帽子，孩子连帽子都不敢去捡起来戴，接着该女子从孩子手里夺过手机，抬手又要打孩子。后来两人去了另外的车厢，女子让孩子跪了快一站地铁。地铁到站后，女子自己双手插兜走了，孩子连忙捡起书包站起来，背上后追着她跑……

当时车厢里有人劝这位女子，女子却蛮横回怼："我教训我的孩子，我想让他干啥就得干啥。"如此，怎配为人父母？笔者曾多次看到有家长不分场合地痛骂孩子，甚至在校门口接娃送娃时，当众打孩子耳光。

当众打骂孩子历来是教育之大忌。从孩子逆来顺受的表现来看，这样的"待遇"有可能不是第一次。如果经常施加这种"羞辱式教育"，将会给孩子造成怎样的心灵创伤？

请根据《中华人民共和国家庭教育促进法》等法律法规和相关理论分析这类家长的做法。

第三单元
学前儿童家庭教育的目的、任务与内容

单元课件

单元导读

本单元通过学前儿童家庭教育的目的、学前儿童家庭教育的任务和内容的学习，使学习者理解家庭教育与幼儿园教育一样，也有其特定的教育目的，要了解我国家庭教育目的和确立依据；学前儿童处于人生初期，具有奠基性和早期性，因此家庭教育承担着更为重要的教育任务和教育内容。在学习中，学习者可结合生活中具体实例分析实施学前儿童家庭教育的任务内容时可能会出现的问题以及应对策略。

学习目标

1. 了解学前儿童家庭教育目的的含义以及确立的依据。
2. 掌握学前儿童家庭教育目的及内涵。
3. 熟悉学前儿童家庭教育的各项任务、内容及其完成任务的要求。

内容结构

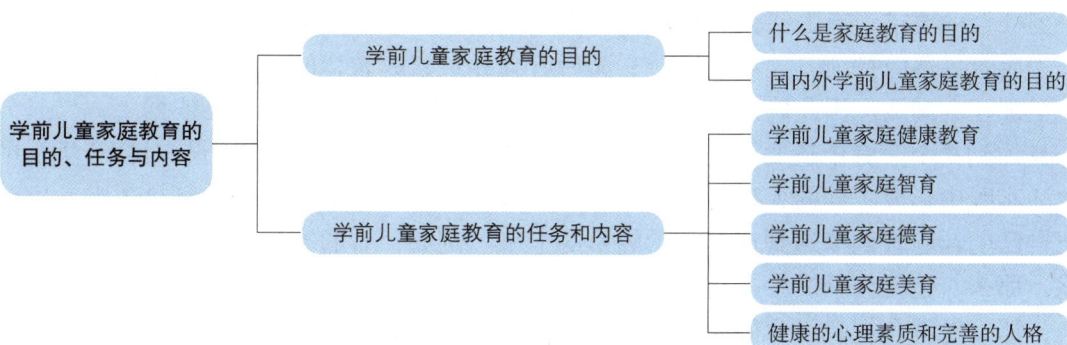

家庭教育的目的既是教育的出发点，也是教育过程的依据和最终的归宿。家庭教育的目的制约了家庭教育的方向，决定其总体效果，所以家庭教育的目的是家庭教育的核心，是决定家庭教育发展方向和成败的根本。一旦目的确定，具体教育的内容、方式才有可能选择。没有具体的教育目的，家庭教育的所有实践活动都是盲目杂乱的；而没有任务内容的具体实施，家庭教育的目的就会落空，无法实现。因此，研究、明确家庭教育的目的、任务和内容，是家庭教育成功的保证。

一、什么是家庭教育的目的

教育目的是教育者通过教育活动，希望受教育者达到的预期结果。家庭教育的目的就是要通过家庭教育活动和家庭教育的全过程，把受教育者（主要是孩子）培养成什么样的人。家庭教育是非正规教育，它不像学校教育那样有组织、有领导，有周密的计划和完整的体系，但它与学校教育一样，也有一定的目的，担负着一定的任务，有一定的教育内容。不管人们是否意识到，这些都是客观存在的，是不以人们的意志为转移的，只不过有的家长在一开始就有清晰的具体目标，有的家长则笼统模糊，没有明确的自觉意识。

有了明确、正确的目的，家长的教育活动就会更加自觉，教育效果当然会好。反之，教育目的不明确、不正确，教育孩子就会有极大的盲目性，效果自然不会太好。所以，家长在对子女实施教育之前，首先确定正确的教育目的是至关重要的。确定家庭教育目的的依据是多方面的，主要还是考虑社会发展和人的发展的需要。

首先，教育目的要受社会因素的制约。家庭是社会的细胞，任何家庭都生活在一定社会、一定时代，家长要把子女培养成什么样的人，不是家长脑子里固有的，也不是凭空想象出来的，它总是受到当时社会的政治、经济、文化、科学等各种因素的影响和制约，具有时代特征，只不过有的是正确、全面地反映了社会的要求，有的错误、片面地反映了社会的要求。如果是前者，就能促使家庭教育成功，子女长大后容易适应社会，立足于社会；而后者会导致家庭教育的失败，子女长大后很难适应现实社会，甚至被社会淘汰。因此确定具体教育目的时，必须以社会需要为首要依据。

其次，具体到每个家庭中还要受到多重家庭因素的影响。家长的社会经历、对社会生活的体验以及在社会生活实践中形成不同的人生哲学，不管他的人生经历是否平坦，成功还是失败，家长总会有意无意地把自己的经验教训渗透到培养孩子的目的上来。例如，有的家长认为自己人生失败的根源在于没有文化，那么，他就会下决心把孩子培养成有知识、有文化的人；有的家长认为自己生活平安在于不得罪人，那么他就会把自己"做人"的诀窍传给子女；还有些家长认为对人要厚道诚恳，不要斤斤计较，他就会努力培养孩子具备这种品德。另外，家长的思想文化素质决定了对社会生活认识的深刻程度，如家长的不同职业、不同的社会地位及不同的社会环境，都影响着人们形成不同的价值观，直接或间接制约家庭教育目的的确定。

第三，教育目的最终的实现要落实在每个儿童身上，而家庭中每个子女的个性特点和具体情况不尽相同，这是确定具体教育目的必须考虑的重要因素。例如，孩子的数量不同，对孩子的期望值也不同，因为独生子女作为唯一的孩子，寄托了全家人的希望，家长往往对独生子女的要求更高些，保护和照顾也更多。子女的性别、能力、兴趣爱好、性格特点及身体条件都是家长确定家庭教育目的时必须考虑的依据。

二、国内外学前儿童家庭教育的目的

学前儿童家庭教育的目的是指家庭对所要培养的孩子的质量规格的总设想或规定。换言之，就是人们希望通过家庭教育让学前儿童在身心诸方面发生一些什么样的变化，或产生怎样的结果。这一问题古今中外各个社会和阶级都非常重视，在全球化的今天更是如此。

（一）国际上学前儿童家庭教育的目的

国际21世纪教育委员会提出，为了适应不断变动的社会，新世纪教育的宗旨是使儿童"学会认知"，有正确的学习态度，善于学习的方法；"学会做事"，具有较强的发现问题、分析问题、解决问题的能力和冒险精神；"学会共同生活"，能够了解别人，尊重别人，参与别人的活动，与别人相互依存与合作；"学会生存"，充分发挥自己的人格特征，使自己的一切潜力：包括体力、记忆力、判断推理能力，自主性和责任感，美感和交往能力都得到发展。联合国第44届大会提出教育儿童的目的是：① 最充分地发展儿童的个性、才智和身心能力；② 培养对人权和基本自由以及《联合国宪章》所载各项原则的尊重；③ 培养对儿童的父母、儿童自身的文化认同、语言和价值观、儿童所居住国家的民族价值观、其原国籍以及不同于其本国的文明的尊重；④ 培养儿童本着各国人民、族裔、民族和宗教群体以及原为土著居民的人之间谅解、和平、宽容、男女平等和友好的精神，在自由社会里过有责任感的生活；⑤ 培养儿童对自然环境的尊重。

（二）我国学前儿童家庭教育的目的

我国政府也格外重视学前儿童家庭教育的目的这一核心问题，在不同的历史时期提出了不同的要求。

《中国儿童发展纲要（2001—2010年）》根据我国儿童发展的实际情况，以促进儿童发展为主题，以提高儿童身心素质为重点，以培养和造就21世纪社会主义现代化建设人才为目标，从儿童与健康、儿童与教育、儿童与法律保护、儿童与环境4个领域，提出了2001～2010年的总目标是：坚持"儿童优先"原则，保障儿童生存、发展、受保护和参与的权利，提高儿童整体素质，促进儿童身心健康发展。儿童健康的主要指标达到发展中国家的先进水平；儿童教育在基本普及九年义务教育的基础上，大中城市和经济发达地区有步骤地普及高中阶段教育；逐步完善保护儿童的法律、法规体系，依法保障儿童权益；优化儿童成长环境，使困境儿童受到特殊保护。

为了不断提高全民族的家庭教育水平，全国妇联和教育部于2002年5月颁发了《全国家庭教育工作"十五"计划》，确定了我国家庭教育的总体目标："十五"期间，家庭教育工作要坚持以邓小平理论和"三个代表"重要思想为指导，解放思想、实事求是、因地制宜、开拓创新。要围绕贯彻《中共中央国务院关于深化教育改革全面推进素质教育的决定》和《公民道德建设实施纲要》精神，认真落实《中国儿童发展纲要（2001—2010年）》中提出的家庭教育的目标，提高家庭教育质量，提高科学教育的水平和能力，使家庭教育与学校教育、社会教育紧密配合，形成合力，培养"四有"新人。要进一步提高家长的科学教育水平和能力，拓宽家庭教育知识传播渠道，广泛宣传优生、优育、优教的科学知识和教育子女的科学方法；构建家庭教育工作指导体系，加强家长学校、家庭教育指导队伍、家庭教育理论研究及家庭教育教材等基础建设；进一步推进家庭教育工作的科学化、社会化、法治化。

2021年9月8日国务院发布的《中国儿童发展纲要（2021—2030年）》提出：教育要"坚持对儿童发展的优先保障""坚持促进儿童全面发展""尊重儿童主体地位"。具体到家庭教育的主要目标是：① 发挥家庭立德树人第一所学校作用，培养儿童的好思想、好品行、好习惯。② 尊重儿童主体地位，保障儿童平等参与自身和家庭事务的权利。③ 教育引导父母或其他监护人落实抚养、教育、保护责任，树立科学育儿理念，掌握运用科学育儿方法。④ 培养儿童成为好家风的践行者和传承者。⑤ 增强亲子互动，建立平等和谐的亲子关系。⑥ 覆盖城乡的家庭教育指导服务体系基本建成，指导服务能力进一步提升。95%的城市社区和85%的农村社区（村）建立家长学校或家庭教育指导服务站点。⑦ 支持家庭生育养育教育的法律法规政策体系基本形成。⑧ 提升家庭领域理论和实践研究水平，促进成果转化应用。《3—6岁儿童学习与发展指南》指出："以为幼儿后继学习和终身发展奠定良好素质基础为目标，以促进幼儿体、智、德、美各方面的协调发展为核心，通过提出3～6岁各年龄段儿童学习与发展目标和相应的教育建议，帮助幼儿园教师和家长了解3～6岁幼儿学习与发展的基本规律和特点，建立对幼儿发展的合理期望，实施科学的保育和教育，让幼儿度过快乐而有意义的童年。实施过程中应把握以下几个方面：关注幼儿学习与发展的整体性；尊重幼儿发展的个体差异；理解幼儿的学习方式和特点；重视幼儿的学习品质。"2021年10月23日，十三届全国人大常委会第三十一次会议通过了《中华人民共和国家庭教育促进法》，这一法规对于发扬中华民族重视家庭教育的优良传统，引导全社会注重家庭、家教和家风，增进家庭幸福与社会和谐，培养德智体美劳全面发展的社会主义建设者和接班人具有重大意义。《中华人民共和国家庭教育促进法》明确指出，家庭教育是指父母或者其他监护人为促进未成年人全面健康成长，对其实施的道德品质、身体素质、生活技能、文化修养、行为习惯等方面的培育、引导和影响。

（三）主要省市的情况

我国各省市根据各自的具体情况，制定了符合实情、富有地方特色的学前儿童家庭教育大纲。例如，北京市制定了《北京市学前儿童家庭教育大纲（3～6岁）》规定：学前儿童教育要实行保教结合的原则，进行体、智、德、美全面发展的教育，促进孩子身心和谐发展。学前儿童家庭教育要通过家庭生活和家长的言传身教，着重于良好品德和行为习惯的培养。同时要充分考虑孩子的年龄特点与发展规律，注重科学性，有效地促进孩子身心健康成长。上海市颁发的《上海市0～18岁家庭教育指导内容大纲》坚持以社会主义核心价值体系为引领，加强家庭美德、职业道德、社会公德和个人品德建设，为孩子创设良好的家庭环境，使家庭教育符合孩子的身心发展特点，从而促进孩子勤奋学习、快乐生活、全面发展。家庭教育既要为孩子营造健康幸福的人生，促进和谐家庭的建设，同时也要培养社会主义事业建设者和接班人。家长应培养和提高孩子的思想道德素质、科学文化素质、劳动技能素质、审美素质和生理、心理素质，培养孩子的创新精神和实践能力，要加强对孩子的思想品德教育，引导其养成良好的行为习惯，提高孩子的文明素养和公民意识。

基于上述认识，学前儿童家庭教育的目的可以表述为：家长充分利用家庭优势和社区资源，创设了良好的家庭环境，对学前儿童施以多种影响，培养学前儿童良好的生活习惯和自理能力，增强体质，激发求知兴趣，提高认知能力，掌握社会规范，塑造良好个性品质，发展审美能力，促进学前儿童身心全面、和谐、健康发展。

第二节　学前儿童家庭教育的任务和内容

家庭作为子女的第一所"学校"，其任务和内容是多方面的。如中国古代奴隶主阶级家庭教育的内容主要有礼、乐、射、御、书、数等方面，西欧封建贵族家庭教育是"骑士七艺"训练，现代儿童教育家陈鹤琴把培养健全人格作为家庭教育的根本任务，包括健康教育、待人接物教育、良好习惯的培养、智力教育、情绪教育等内容。可见，从古至今家庭教育所承担的任务和内容都是多种多样的。

一、学前儿童家庭健康教育

（一）照料好孩子的饮食

1. 均衡全面的营养

合理的营养与膳食是学前儿童健康成长的重要条件。6岁前是身心发育最为迅速的时期，此时儿童生长发育迅速，新陈代谢旺盛，因而，每天必须从膳食中摄取足够的营养物质，才能满足机体生长发育和活动的需要。如果孩子获取的营养物质缺乏，会阻碍其身体的发展，出现体重过低、抵抗力下降、生长发育停滞等现象，甚至会影响其智力的发展。因此，家长必须了解儿童的营养需要，为孩子提供科学、合理的膳食，以促进他们正常生长发育和身心健康。

不同的食物所含的营养成分不完全相同，依照食物的性质和所含营养素的类别，可以将食物大致分为：水、谷类薯类、蔬菜与水果类、畜禽肉蛋鱼类、奶类大豆坚果类、油盐类。儿童膳食应贯彻食物多样性的原则，主食与副食搭配，粗粮与细粮结合，荤食与素食结合，尽可能保证每天摄取各类食物，以获得充足的营养。三餐之间的搭配应遵循以下的原则：早餐高质量，少而精；中餐高质量、高热量；晚餐清淡易消化。两餐之间以水果、点心、牛奶等加餐。具体内容可参见依据《中国居民膳食指南（2022）》，由中国营养学会妇幼营养分会绘制的图3-1和图3-2[1]。

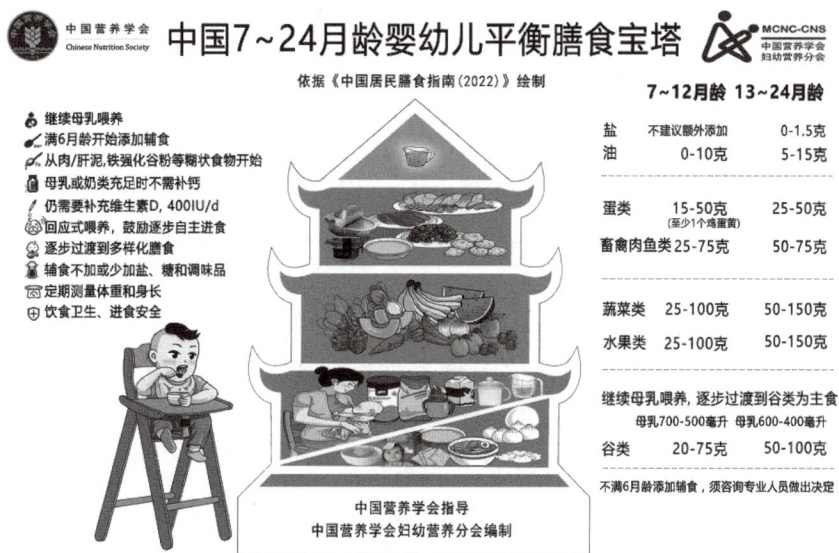

图3-1　中国7～24月龄婴幼儿平衡膳食宝塔

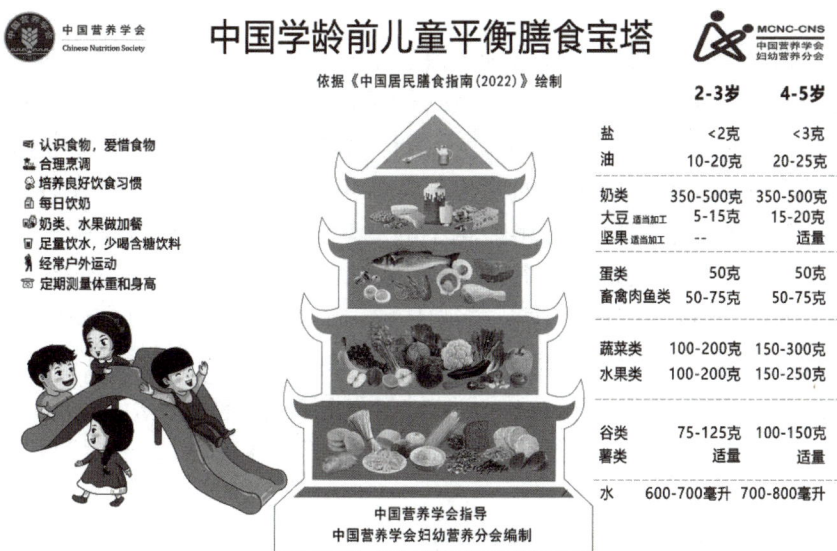

图3-2　中国学龄前儿童平衡膳食宝塔

---

[1]　图片由中国营养学会妇幼营养分会绘制。

2.讲究烹调技术和食品卫生

烹制方法应适合幼儿的年龄特点与喜好，烹调时在尽可能地保存营养素的同时，做到软烂细嫩，便于幼儿消化吸收。同时，还应做到色香味美，经常变换花样，以增进幼儿的食欲。

3.保证幼儿良好的食欲

①安静舒适的环境：干净的餐桌，漂亮的餐具会吸引孩子坐在餐桌前；②按时进餐：不吃零食，多做户外运动，使消化系统有规律、有节奏地活动，有饥饿感才有食欲；③积极愉快的情绪：大人不要在进餐过程中批评孩子，以免影响消化吸收；④注意进餐教育：饭前不吃零食，洗净双手，帮助父母准备碗筷，作好进食准备。进餐中应给孩子少盛多添，以免造成浪费。提醒孩子不暴饮暴食，食物进嘴后，要充分咀嚼后再咽下。不能遇到好吃的，一下子吃得太多，也不能偏食挑食。吃饭时要求孩子不随便离开餐桌，不大声说笑，不边吃边玩，免得食物呛入气管，造成严重的不良后果。

（二）合适的衣着

儿童生长快，新陈代谢旺盛，皮肤娇嫩，衣着是否合适直接影响儿童的健康和生长发育。如何为幼儿选择符合要求的衣着呢？

1.要选购既美观、舒适，又健康安全的服装

服装面料以全棉织物等天然纤维为最佳选择，纯棉织物柔软性、透气性和吸湿性较好，儿童穿着时会感到舒适。内衣应以浅色为主。另外要检查拉链、纽扣、各种装饰品，如：小珠子、亮片等是否符合质量要求；拉链若有毛刺，会损伤儿童皮肤；纽扣、装饰件是否牢固，以免脱落后被儿童误服口中。

2.服装要方便穿脱，适合孩子的身材

长时间穿着太紧身的衣服，会妨碍孩子血液循环和肌肉、骨骼的正常发育；宽松或裙摆过大的衣裙又会影响其活动，显得拖沓。因此，儿童服装以稍大又不妨碍动作为宜。另外，孩子的裤子应选择背带裤为宜，但背带须长短适中，其背带后的交叉处一定要缝牢，前面最好用纽扣，便于幼儿自己穿脱。鞋子要大小合适，年幼的孩子最好选择粘扣或有松紧带的鞋子。

3.注意衣着卫生，根据天气和季节随时增减衣服

许多家长怕孩子冻着，总是给孩子穿得过多、过厚，一是容易感冒；二是妨碍孩子奔跑玩耍；三是影响血液循环和呼吸。另外，孩子比成人更易出汗，衣服经常换洗保持清洁也很重要。

（三）充足的睡眠

睡眠是人体的自我保护，它能使大脑得到休息，使其不过度疲劳。在睡眠时，人体的大部分器官都在休息，只有充分休息，才能在整个白天有更好的精神和身体状况去工作和学习。对儿童来说，睡眠与儿童生长发育密切相关，婴幼儿在出生后相当长的时间内，大脑继续发育，这个过程离不开睡眠；且儿童在睡眠状态下生长速度增快，血浆生长激素可以连续数小时维持在较高水平。因此保证儿童充足的睡眠，即可以保证其生长发育。年龄越小的幼儿，需要睡眠的时间越长。

现实生活中孩子晚上睡眠不安的原因很多，大致有以下几种原因：①饥饿、口渴；②缺钙导致夜醒、夜惊、烦躁不安；③室内温度太热，盖得太厚；④睡前吃得过饱，难以消化，腹胀积食的孩子难以入睡；⑤尿湿或裤子勒得太紧，也会使孩子翻来覆去睡不安稳；⑥白天玩得太兴奋，或环境的变化、受到恐惧刺激；⑦出牙或生病；⑧大脑神经发育尚未成熟；⑨生物钟日夜规律颠倒，孩子尚未建立固定的作息时间表。家长应仔细观察判断孩子属于上述哪种情况，找寻原因，消除发生的因素（表3-1）。

（四）注意安全，防止意外伤害事故的发生

孩子是父母的"心头肉"，保护孩子，让孩子健康快乐地成长是每位家长的心愿。调查数据表明，我国每年0～14岁儿童因意外伤害而死亡的人数接近5万，因意外伤害致残的儿童比死亡人数高达上百倍。我国最近的一项调查资料显示，意外伤害已经成为儿童死亡的第一杀手，使许多家庭蒙受了永久的感情创伤和沉重的负担。这些"灾难"一半以上发生在家中。

表3-1　婴幼儿健康饮食和睡眠时间表

年　龄	饮　　　食		睡眠时间			
	次　数	间隔时间（小时）	白　　　天		夜间（小时）	共计（小时）
			次　数	持续时间（小时）		
2个月	6	3～3.5	4	1.5～2	10～11	17～18
3个月	5～6	3～3.5	3	2～2.5	10	16～18
6个月	5	4	2～3	2～2.5	10	14～15
1岁	5	4	2	1.5～2	10	12.5～13
1.5岁	4	4	1	2～2.5	10	12～13
3～7岁	4	4	1	2～2.5	10	12～12.5

　　在城市里，最常见的儿童意外伤害包括跌伤、碰伤、扭伤、刀割伤、锐器刺伤、交通事故、烧烫伤、中毒、触电、溺水、意外窒息和爆炸伤。在农村，除以上因素外，公路、井窖、坑洞、池塘、农药、动物咬伤、走失等也是不安全因素。可以从以下三方面防止家庭意外伤害事故。

　　1. 消除家中安全隐患，以保证环境设施的安全

　　据医院急诊科医生反映，在他们经常接触的儿童意外伤害案例中，不起眼的桌椅、沙发、热水瓶、果冻、笔帽……都会成为儿童意外伤害的"凶手"。儿童意外伤害存在于日常生活的方方面面。北方冬季生煤炉，婴幼儿时有烧、烫伤的发生，热水、热汤、热饭造成烫伤的案例也不少。火柴和打火机不要给孩子玩，以及注意不要让孩子摆弄电器和煤气开关。电器开关插头最好安装在孩子触摸不到的地方，或安装电源保护器，以防触电或引起火灾。刀、剪要在成人指导下使用，以防造成外伤。家里备用的各种药品要放到幼儿找不到的地方，以防其误服。有些成人药品不能随便给孩子服用，如麻黄碱、氨茶碱、萘甲唑啉（鼻眼净）等，应放在儿童不易接触到的地方，以免引起婴幼儿误食中毒。

　　2. 家长要有安全意识，并掌握简单的急救常识

　　年轻父母普遍缺乏护理孩子的经验，在养育孩子的过程中，一些人为和非人为的因素就会对孩子造成意外伤害。由于孩子还小，危险多来自父母的疏忽，防烫伤、防吞食异物、脱臼、跌伤、防触电、防溺水、防走失等都是家长必修的功课。为了确保孩子能在第一时间得到高质量的救助，父母和老师是接受急救培训的关键对象。在某些情况下，是否能够正确运用基本急救措施对孩子来说是生与死的差别。据中国疾病预防控制中心和强生家庭健康关爱计划，对上海、北京和广州的调查显示，只有46.5%的父母认为他们的孩子有可能受到意外伤害，其中只有16.4%的家长接受了有关如何处理儿童意外伤害的培训。作为父母，不要光顾着自己的工作和其他事情，而忘记了孩子的管理，一旦孩子有个三长两短，往往会留下无法补救的终身遗憾。一定要树立"孩子安全无小事，孩子健康无小事"的理念。

　　3. 对儿童进行安全教育和自我保护意识

　　对孩子来说，这个世界只有好奇而没有危险的概念，父母不但要为他们排解安全隐患还要积极灌输安全思想。1岁前以预防为主，有一个安全的环境已经足够；1岁后，他们的成长是飞跃的，对安全的需求面也扩大了，同时已经渐渐能听明白大人的一些简单语言，这时需要开始进行简单的引导。父母是孩子安全的第一责任人，许多家长对孩子倾注了全身心的爱，寸步不离孩子左右，无微不至地照顾他们。但有些意外事故的发生是家长始料不及的，因此要做个明智的家长，就要在日常生活中注意培养孩子应对意外事件发生的能力。具体来说有以下四个方面。

　　（1）认识常用工具、家电，知道水、电、火、气的危害。

（2）教育孩子不要轻信陌生人，并教给孩子简单的防护方法。面对各种突如其来的"诱惑"，年幼的孩子往往缺乏面对这些情况的经验，特别是性格活泼外向的孩子更容易受骗。家长们应从正面引导和提示，经过反复提醒、教育，才可以加深孩子的印象。看到动画片或电视节目的报道，要随时与孩子进行交流，告知孩子遇到这种情况该怎么办、在公共场所与大人走失该怎么办。通过反复的正面提示和教育，不断增强孩子的防骗意识。

（3）教育孩子玩耍时要注意安全，教会孩子各种游乐设施的正确使用方法。

（4）教会孩子掌握基本的交通安全知识和安全标志，保证他们安全过马路。

小知识

1. 磕伤 1～2岁的宝宝刚学会走路，跌跌撞撞的，却又不甘寂寞，喜欢到处走走，容易被桌子角、向内开的门或窗户等硬的角碰着，被与他身高差不多的家具磕着。

对策：使用安全角。在家具的边缘、有凸出部分的柜子、有尖角的窗户上加装防护设施，如圆弧角防护棉垫；给桌椅板凳的腿装上柔软材质的安全护角，如市场上卖的卡通护角；窗户最好改成推拉的，尽量将孩子活动的空间弄得空旷些，不要在地上设置"绊脚石"，让宝宝生活在"玩具垃圾"里。3岁以内的孩子身体的协调性还没发育好，就算他记得大人教过的事，身体动作尚不能协调配合。所以爸爸妈妈一定不能嫌麻烦，需一次次地现场指导，孩子才能真正记住。

2. 窒息 孩子有可能把珠子、扣子、干燥剂、花生米、枣核等放入嘴中"品尝"，结果误入气管；个别孩子吃东西时说话、笑、哭、跑等，均易造成气管异物吸入，引起窒息。

对策：应预防3岁以下的宝宝，把这些细小的东西或食物放入嘴中。如果发生意外，应立即使用海姆立克急救法让孩子将气管中的异物吐出。如稍有拖延，都有生命危险。小婴儿要防被枕头、被子等闷住口、鼻引起窒息，家长睡眠时要防止压到孩子。另外，要避免孩子把整个脑袋伸进塑料袋内，或将被子、床单等蒙在头上，一旦引起窒息可造成不良后果。告诉孩子，家中柜子、箱子不是藏身之地，否则躲进去出不来也会造成窒息，就再也见不到爸爸妈妈了。

（五）良好的生活卫生习惯

个人的生活卫生习惯，反映了这个人最基本的素质。生活卫生习惯直接影响着孩子的身体健康和文明素质。良好的习惯必须从小养成，幼儿期是独立意识形成的重要时期，这时培养孩子良好的生活习惯和独立性会使孩子终身受益。良好的生活习惯包括，保持个人身体和服装整洁的习惯，保持周围环境整洁的习惯，以及良好的睡眠习惯、饮食习惯、排便习惯等。

培养良好的生活习惯要从平常生活的点滴小事做起，如在给孩子做日常清洁卫生时，要逐渐地给他传授卫生和保健知识，告诉他什么是脏的、什么是干净的及为什么要洗手。教育孩子饭前、便后要洗手，不要吃脏东西、不要随地吐痰、不要吃手，以及不挖鼻孔、不抠耳朵，养成整洁卫生的习惯。父母还可以结合讲故事、看画册来教育孩子。这个时期孩子的手会到处乱摸，手指甲中会藏有很多污垢，需定期帮助孩子修剪指（趾）甲。

日常生活中练习和掌握自我服务技能。这一年龄段的孩子牙齿在逐渐出齐，父母要开始教会孩子刷牙。开始时，让孩子认识牙刷、牙膏，观察大人怎样刷牙，如果孩子对刷牙感兴趣，可以手把手地教他刷牙，逐渐地培养他自己来刷。如果孩子不愿意刷牙，也要让他饭后漱口，以保持口腔清洁。在给孩子洗脸、洗手时，可以开始教孩子自己来洗手，让他知道如何擦肥皂、如何洗手。孩子养成好习惯后，家长还要不断鼓励和督促，使他们保持和强化好的习惯，并养成自觉的行为。

（六）重视孩子体育锻炼

我国改革开放以来，社会在飞速发展，人们的生活水平日益提高，但是孩子的身体却在退化。我国青少年的速度、耐力、柔韧性、爆发力、肌力、肺活量等体能素质呈全面下降趋势，相伴随的情况是，"小胖墩""小眼镜""豆芽菜"们越来越多。造成青少年身体素质下降的原因是多方面的，根源在于重智育、轻体育的认识误区，其中家长对体育运动的认识不足也是重要原因之一。

生命在于运动。经常进行体育锻炼，可以改善人体的血液循环，增强身体对营养物质的吸收，提高骨细胞的生长能力，从而促使骨骼生长更加旺盛，骨骼更加粗壮和坚实。这样，孩子也就自然长高了。

体育活动不仅能增强儿童的体质，还可以宣泄消极情绪，减轻心理压力，舒缓紧张神经，能让积极情绪得到延续；体育运动能锻炼儿童吃苦耐劳的品质，培养坚韧不拔的毅力；体育运动使小朋友学会承受挫折，体验失败，还可以强化孩子的规则意识，帮助他们处理人际关系，增进社会化进程。从智力上讲，体育活动是孩子成长的一个重要生理刺激，对神经系统的生长发育具有重要作用。适合儿童身心特点的体育活动，虽然是以身体运动为主，但通过走、跑、跳、钻、爬、攀等活动方式，能够极大地促进儿童思维和视觉、听觉、触觉等协调动作的发展，是开发学前儿童智力、促进其心理健康发展的有效手段。所以，让孩子参与体育运动，是对孩子有百利而无一害的事。

1. 激发孩子喜欢运动的兴趣

孩子的天性是活泼好动，吃饱睡足后，他们蹦蹦跳跳、爬高钻低，放着平坦的路不走，偏要去走高低不平的道路；有的孩子还会扯烂衣服，甚至皮破血流。于是有的家长就下了种种禁令："不要弄脏衣服""别乱跑，小心跌倒""好好走路，不要跳""不许……"。孩子的运动被禁止，失去了勃勃生气。其实，越不爱运动的孩子走路越容易摔跤。家长应了解孩子，满足幼儿喜爱运动的愿望，引导孩子参加各种有益的体育活动。首先，身教胜于言教，家长要带头喜欢运动并积极参与。爱运动的父母是孩子的榜样，没有身体力行的父母，孩子很难对运动感兴趣。其次，帮助孩子找到适合他们个性的体育运动方式。通过观察，了解孩子的强项和弱项，以及孩子喜欢和讨厌的事物。让孩子尝试几种不同的运动方式，直到他找到一种适合他的运动。如孩子喜欢游泳，就要支持孩子的选择，同时也可以友善地鼓励他尝试一下其他形式的运动。0～6岁的儿童运动需要家长的引领，和爸爸一起游戏，儿童会放开来玩，更有活力。在西方国家，儿童阶段多是父亲带着孩子出去参加体育活动。改变孩子从改变父母做起，要想让孩子动起来，必须先让爸爸动起来，每天和孩子运动，讲优秀运动员的故事，带领孩子观看体育比赛，让儿童从小养成爱运动的好习惯。

2. 应循序渐进，进行科学的指导

根据孩子的年龄和身体素质状况，帮助孩子合理安排运动量。制订和选择体育运动，必须科学掌握运动量。如果运动量太小，对身体锻炼的效果不大；而运动量过大，又没有节奏，身体健康也会受到不良影响。在选择锻炼项目时，要以儿童的解剖特点、生理特点为基础，根据孩子的素质需求进行选择，对于不同体质的儿童，采用不同的锻炼方式。另外，要使身体得到全面锻炼，应采用多种多样的项目进行锻炼，如上下肢、左右侧、大小肌肉的运动锻炼要平衡，使身体得到全面、协调的发展。另外，要劳逸结合，注意孩子运动后的反应，如脸色、出汗、呼吸、脉搏，同时要注意场地器械的安全，教会孩子正确的运动方法等，这也是家长应该关注的。

3. 选择适宜的运动项目

学前儿童运动以身体练习（主动练习和被动练习）为基本手段，可供选择的运动项目很多，包括走、跑、跳、投掷、钻爬、平衡、攀登等动作练习；捉迷藏；跳舞、溜滑梯、打弹子、投沙包、荡秋千等传统游戏；郊游、拍球、跳绳、骑儿童车、游泳、体操等运动。所有这些都以增强体质，娱乐身心为目的。运动锻炼的项目很多，不同的运动项目可以产生不同的锻炼效果。如提高速度能力可选择跑、骑儿童车等；增强耐力，可选择奔跑的游戏、游泳、郊游、爬山、跳绳等；增加力量可选择跳、投等；提高灵敏协调能力，可选择跳舞、荡秋千、拍球等；提高柔韧能力可选择体操、按压等。不适宜学前儿童的运动有：① 长跑，因为此时他们的心肺功能及神经系统发育尚不完善；② 举重、拔河，关节易脱臼；③ 在坚硬地面上跳跃，因为髋骨未骨化，骨盆会错位等。

4.运动锻炼游戏化，自主化

体育锻炼如果像运动员那样枯燥、严肃、单调地训练，根本不符合孩子的心理特点，调动不了孩子的积极性。只有游戏化、娱乐化的运动才能吸引孩子的兴趣，让孩子积极地投入其中。很多生活环节，孩子自发、自主地运动，大人不要包办代替，更不要禁止，不要过于担心，应放手让孩子尝试，不放过任何一个锻炼的好机会。

二、学前儿童家庭智育

(一)通过活动获得粗浅的科学启蒙教育

科学主要是指关于事物本质与规律的知识。现代社会中无论是日常生活，还是各种职业都对人们的科学素养提出了越来越高的要求。如果不具备一定的科学素养，几乎是无法融入现代社会生活的，也无法成为一个现代人。

1.激发孩子对科学浓厚的兴趣

每一个孩子都是天生的科学家，他们有着与科学家一样的好奇心和探究欲望，他们生机勃勃、精力充沛，不知疲倦地探索周围的世界。应该积极鼓励和支持孩子依据自己的兴趣和爱好，收藏自然界的一些物品，如昆虫、鱼类、贝壳、岩石以及树叶等。理解和包容孩子的收集爱好，即使把家里搞得很脏、很乱，也要为他提供展示的空间。孩子发现和提出了问题，家长应当鼓励孩子充分大胆地想象和猜测。千万不要嘲笑和否定孩子幼稚可笑的言行，否则孩子创造想象的萌芽就会被扼杀。家长还可以带领孩子参观自然博物馆、海洋馆、科技馆等，与户外踏青相结合，就会使得儿童既能与自然亲密接触，又能产生理智的思考，对于他们的身心健康是很有意义的。孩子在好奇、观察的同时会提出很多问题，家长只有不断地充实自己，提高科学素质，才能满足孩子的求知欲，启发孩子进一步探索和思考。

2.通过多种感官来探索大千世界

儿童大多数知识经验并不是成人直接告诉和灌输给他们的，而是他们通过活动和探索后自己获得的。如看一看：观察春天来了的时候小草绿了，树叶长出来了，小鸟也飞回来了；听一听：鸟鸣声、流水声、风声、雨声；摸一摸：物体是光滑的，还是粗糙的、冷和热；闻一闻：饭菜的香味，花草的气味；学一学：小动物走路的姿势，蝴蝶怎么飞的。

3.鼓励儿童多动手、多操作，在操作中探究

儿童对物质世界的认识，还必须以具体的事物和材料为中介桥梁，在很大程度上借助于对物体的直接操作。如今许多高档电动玩具颇受家长和孩子的欢迎，却不利于孩子动手能力和思维能力的培养。一方面家长多给孩子提供需要动手操作的玩具，例如拼插、组装玩具；另一方面鼓励孩子走出家门，在自然界中操作和探索。如玩沙、玩水、玩雪、玩泥巴，这些天然材料可以让孩子发挥充分的想象空间，不必担心弄脏了衣服和小手，因为他们得到的快乐远比这些重要。除此之外，还有很多途径，如收集和整理大自然中自己喜欢的物品；在花盆里或院子里种一些花草或蔬菜，观察、探索植物生长的规律；养一种或几种小动物，如鱼、小猫、小狗、小兔子等，让孩子通过对小动物的精心呵护，观察并了解小动物的生活习性，慢慢体会生命生生不息的力量，从而萌发热爱自然、热爱生命的情感。另外，家长还应该鼓励孩子在允许的范围内做一些科学小实验。

4.培养儿童热爱大自然、保护大自然的精神和行为

人们发现，孩子最初所关心的"科学"问题大多与自然环境有关，他们的科学兴趣和实践也大多是从大自然开始的。一个漠视自然生命的人，不会从大自然中获取源源不断的灵感和启迪，不会发现大自然中的奥妙，更不会有无限的动力去探究和发现。家长要以身作则，引导孩子注意自己的言行举止，为保护大自然、爱护生态环境贡献自己的力量。孩子在亲近大自然，认识了解和探索大自然的同时，也渴望表现美丽而神奇的大自然。如学小鸟飞翔、学小鱼游泳，用画笔描绘五颜六色的花朵等，这些有助于增强幼儿对大自然的喜爱之情和欣赏的美感。

孩子的学习是在生活的点点滴滴中进行的，时时处处都是教育时机，以天地为课堂，以万物为教材，按照自己的教学大纲在学习。早期教育没有某种特定的形式和内容，以孩子的日常生活为中心，"遇物而诲"，随机向孩子讲述周围生活粗浅的知识和技能。

📅 案例 1

在动物园狮虎山有一只东北虎，虽为笼中兽却依然威风凛凛，浑身的皮毛色彩花纹，无一不透出森林之王的壮美和威慑的力量。我们可以想象它在大森林里百兽震恐的虎威。这时一位母亲大声念着关于"东北虎"的介绍，属什么科、产于何地、特点是什么。她拉过6岁的儿子说："你记一下，这也是知识。"儿子一脸不情愿，勉强望着牌子。

想一想：这位妈妈的做法对吗？说说你的看法。

（二）启迪儿童的智慧

现代脑科学研究发现，大脑的发育和智力发展的速度相一致，3岁以前大脑发展最快，以后逐渐减慢，5岁以前即完成整个人脑发育的80%，到7岁时大脑的结构和功能基本接近成人，故7岁以前是智力发展的关键期。美国著名心理学家芝加哥大学教授布鲁姆追踪1 000多名婴幼儿成长达20年，根据研究结果提出著名的"布鲁姆假说"：如果以17岁智力成熟作为100%的话，人的智力有50%是在4岁以前获得的，另外30%在8岁时形成，其余的20%在17岁时完成。尽管人们对布鲁姆的这个假设还有争议，但是对从出生到8岁这一时期是人的智力发展最快时期的论点、看法都是一致的。研究者认为婴幼儿期、童年期最容易接受外界刺激，最容易形成大脑神经联系。如果能对他们进行及时的教育和培养就可以取得事半功倍的效果。一方面，这个时期是智力发展最为迅速、最容易接受教育的时期；另一方面，如果不抓住这个关键期进行教育，将在人的智力发展上造成不可弥补的损失。

（三）激发儿童创造性和想象力

一位美国的母亲拿一个圆圈问自己的女儿：这是什么？已经上一年级的女儿非常肯定地回答：这是"O"（英文字母）。而在该女孩上一年级前，这位母亲问同样的问题时，女儿却回答：是太阳、是葡萄、是乒乓球……，各种各样的答案。那么是什么禁锢了孩子的思维？这位母亲毅然与学校对簿公堂，法院判决学校败诉。

创造性又称为创造力，是指个体产生新奇独特的、有社会价值产品的能力或特性。创造性由创造性意识、创造性思维和创造性活动三个部分组成。1996年国际青少年想象发明大赛上，中国除了一位孩子勉强获得三等奖外，几乎全军覆没。在题为"想象的翅膀飞得越高越好"的少年征文大赛中，8万多份主要出自大陆小作者的作品中，多数儿童缺乏科学想象力。所以，有人说：中国孩子的聪明和勤奋举世公认，但很多人因缺少独立创造的想象力，一生没有多大作为。现在的孩子是21世纪的主人，未来社会更需要创新型人才，幼儿时期是发展创造能力的关键期，如果能正确鼓励、引导，并加以不断培养和训练，形成一种习惯，将会让孩子在今后的学习和生活中受益匪浅。

每个孩子天生就具有创造性，他们的行为和做事情的方式是与众不同的，他们的创造力应该得到鼓励。我们可以从以下三个方面着手，来具体帮助孩子表现和发挥出他们的创造力。

1.创造宽松愉快的心理环境

提供安全的氛围是创造性形成的"土壤"和"气候"。这可以使孩子在表达自己的观点时不会受到打击和嘲笑，验证自己想法时不遭到孤立，能够在与周围环境不断交互作用中，显示出创造性的潜能。

2.激发孩子的好奇心和求知欲

鼓励孩子自由地思考，使他们无所顾忌地提出个人的问题和发表个人的见解，不管他们提出的问题多么幼稚可笑，他们的见解显得多么离奇，教师和家长都不应置之不理，或讥笑他们，而是应该满腔热情地对待儿童，然后再用浅显易懂的语言引导他们正确地分析问题和解决问题。这样才能做到不断激发儿童的求知欲，满足儿童的好奇心，鼓励儿童去寻求多种答案，使他们能对自己提出的答案进行比较，找出最适合这种情景的回答。

3. 善于捕捉孩子的创新火花

灵感是创新火花的闪现，在孩子们身上闪现的瞬间，创新火花会因为不当的教育方式被无情地扑灭。对于孩子创造性的表现，家长和教师要让幼儿认识到他们创造性的观点以及大胆、出奇的想象是受大人重视的。

案例 2

有一次，屋外哗啦啦下着雨，儿子打着雨伞站在雨中，将伞飞快地旋转着，甩得雨花四处乱溅。我没有批评他，而是躲到伞下，和他一起玩起来。

"航航，你为什么要转伞呀？"

"好玩。"儿子开心地回答。

"怎么个好玩法？"

"好多雨点被我甩出去了，你看！"

"噢，它是怎么甩出去的？"

儿子大概不明白我的意思，回答不上来。我启发他："它朝什么方向跑出去的？"这下，儿子认真地边转伞边琢磨起来了。过了一会儿，他指了指伞骨尖端："是从这儿斜着飞出去的。""你把伞停下来，看它又是怎么跑的？""当然是直的往下掉。""这说明了什么？"儿子想了想，终于说："转和不转，方向不一样。"

看着儿子兴趣正浓，我又和他一起聆听雨声，学习说象声词，我说一句"吧嗒吧嗒"，他说一句"滴答滴答"。接着又和他一起打着伞步行，观察雨点跌落到池塘里、石板上的情景，静听打在芭蕉叶上的声音……

分析：孩子的玩耍带有很大的盲目性和随意性。有时家长注意不到看似随意的玩耍中所蕴藏着的教育内容。如果能有意引导，让孩子专注地观察，学会深入思考，将有利于思维能力的培养。

4. 帮助孩子体会创造带来的快乐

要让儿童发现，自己能找到问题的答案、得到与众不同的结果是件有趣的事情。当孩子拼出一个新颖的图案，画出一幅得意的图画时，应该保留起来与孩子一起欣赏他们的"杰作"。

（四）培养良好的学习习惯

学习习惯是指孩子在一定的学习情景下自动地去进行某些活动的特殊倾向。也就是说到了一定时候，孩子会自动地学习。

好习惯的养成贵在长久坚持，有的孩子在学习、画画时总是坐不住，一会儿吃，一会儿玩，一会儿又看电视。这些孩子貌似学习，但效果不佳，既浪费了时间，又会养成做事心不在焉、磨磨蹭蹭的坏习惯。久而久之，会造成思维迟钝，注意紧张度降低，影响今后智力、学业的发展。所以在对孩子的要求上，不要只满足于孩子"一坐就是几个小时"，而要教育他们在规定时间内精神专注，高效率地完成学习任务。父母怎样培养孩子的学习行为习惯呢？以下六点经验供大家参考。

（1）平时有相对固定的学习时间。如每天吃完晚饭是家长阅读、孩子看书写作业时间，不能随意更改。听故事、画画时要求聚精会神，注意倾听。

（2）爱学习的父母是孩子最好的榜样。好的学习氛围能起到润物细无声的功效，家长首先养成爱学习的习惯。每当看到孩子专注地学习、玩耍时，不要打扰他们，而是事后赞赏他、鼓励他保持这种好的行为。

（3）营造安静整洁的环境。安静整洁的环境能够让孩子少受外界干扰，更好地保持注意力集中。如家中物品的摆放不杂乱，孩子的用品和玩具收放在固定的位置，每次不给孩子过多的玩具，成人在家里不大声说话和看电视，不做孩子的干扰源等。

（4）训练孩子正确的握笔和书写姿势。

（5）喜爱看书，珍惜书本，不撕毁、不折叠、不乱扔。

（6）学会整理学习用品，摆放整齐，有序，会分类。

一般说来，习惯可以在有目的、有计划的训练中形成，也可以在无意识的状态中形成。良好的学习习惯必须在有意识的训练中形成，不允许也不可能在无意识中自发地形成，这是学习习惯与一般习惯的根本区别。因为，相对于其他习惯而言，不良学习习惯形成以后，要改变它将是十分困难的，不利于孩子的成长。

三、学前儿童家庭德育

中国传统的教育要求人们"修身、养性、齐家、治国、平天下。"一切从修身开始，这是人生的最低目标。能力、专业、学识主要是帮助人们解决做事的问题，但不解决做人的问题。

（一）爱心和感恩教育

"人之初，性本善"，"尊人者，人敬之；爱人者，人爱之"，爱心，是人类最光辉灿烂的本性，是最崇高伟大的品德。仅仅吃饱穿暖是不够的，人类都渴望着亲情、爱抚。"爱"是很广博的：爱社会、爱人类、爱动物、爱大自然。孩子通过观察他们的父母，学会了与人交往，渐渐懂得人与人之间应该建立的感情联系，并学会如何去爱别人。

1. 父母要做一个有爱心的人

爱是人类一种基本的生理需要，因此父母需要用自己的行动给子女的心灵以爱的滋润。言传身教，榜样的力量是无穷的，也是最有效的。孝顺长辈、关心亲朋、邻里关系和睦，并且尽可能地尊重他的同情心。如对小动物、街上的乞丐有爱心，经常主动帮助社区中一些有困难的人。通过做这些事，可以让孩子一起参与，请他发表意见。家庭成员之间要互相关心，特别是夫妻之间相互恩爱、体贴，这对于培养孩子的爱心，能够起到潜移默化的作用。在餐桌上不仅给孩子夹菜，夫妻之间也互相关注对方爱吃的菜；出门前对爱人叮嘱；外出购物，在给孩子购物的同时，也不忘记与孩子商量给爸爸或妈妈买一样礼物；如有好吃的食物，应该一家人围在一起品尝，若一方不在，与孩子商量留一份给爸爸或妈妈。在气氛温馨的家庭中，孩子不仅感受到父母对他的爱，而且还感受到父母之间相互的爱。这样的孩子可以渐渐懂得人与人之间所应该建立的感情联系，并学会如何去爱别人。

2. 学会与人分享

当孩子诚心诚意请家长分享自己东西的时候，许多家长都会推辞：妈妈不吃，宝宝吃吧！更多的只是象征性地分享，谢绝孩子的一份好心。久而久之，孩子就会变得没有了谦让和与人分享之心了。因此，作为父母在培养孩子与人分享的同时，自己首先要学会坦然地与孩子分享，成为与孩子分享的伙伴。

3. 让孩子心存感激之情

作为父母，总是担心孩子吃苦受罪，担心孩子遭受挫折。尽管自己面临着许多生活的艰辛、曲折和坎坷，时常也有许多不快乐的情绪，但我们总是竭力在孩子面前保持平稳，好像生活没有风霜雨雪，总是一派艳阳高照，其实这样做是错误的。根据孩子的理解程度让孩子了解父母的生日、爱好、幼时趣闻、健康状况、工作情况等，在了解的过程中，父母还可以适当地讲一些往事，加深孩子对父母成长的了解，从而更深地体会到父母的艰辛。让孩子学着承担一些父母的喜、怒、哀、乐，也是培养孩子爱心的一种途径。一般来说，父母不应该刻意地去掩盖生活的另一面，让孩子从小学着和自己一起去分担生活的不容易。哪怕只是让孩子了解、理解一下生活的不易，这样也会促使他们学会懂得珍惜现在的生活，学会关心别人。孩子有了"被爱"的感觉，才会把爱心传递给别人。

（二）诚实教育

据《辞海》的解释，"诚"乃"真心实意"的意思，"实"乃"真实、真诚"的意思。因此，"诚实"指的是一个人言行与内心思想一致，不虚假。

诚实是立人之本，是最基本的人格修养。"诚信"是中华民族的传统美德，是中国人为人处世的基本之道。导致儿童产生不诚实的原因是多方面的。孩子年纪小，知识经验缺乏，对行为准则的认识还不十分清楚，辨别是非能力及控制能力都较弱，无法抵御他所喜欢的东西对他的诱惑。从心理学角度看，学龄前儿童会把现实与想象混淆，从而说出一些与事实不符的话。很多父母本身就不够诚信，在对孩子的教育上也经常用哄骗的方法，有时幼儿在接触其他社会成员或者事情的时候，不免看到和听到一些言而无信、口是心非等不诚实的表现，孩子当然也会模仿和学习。

因此，家长发现孩子说谎或把幼儿园、别人的东西拿回家时，既不能认为孩子小、不懂事、迁就他们，或听之任之，又不能大惊小怪。成人的态度一定要沉着冷静，找寻原因，不能把孩子的偶然过失和犯罪的行为相提并论，委屈了孩子，家长应重视从小事的点点滴滴抓起。要培养一个诚实的孩子，家长首先要做孩子的表率，许下的诺言一定要兑现，教给孩子诚实的价值观，就是给了孩子一份宝贵的财富。

（三）礼貌教育

什么是"礼貌"？礼貌是指人与人交往中，需要有一定的行为规范，并从语言和动作表现出来。其核心是有爱心、会关心和尊敬他人。讲文明、讲礼貌，是做人的起点。每个人来到世上，学习做人就是从讲文明、讲礼貌开始的。文明礼貌不仅给他人、给社会带来愉快和谐，也能创造充满爱心的环境，给自己带来快乐、带来温馨。在现代社会生活中，文明礼貌是一个人心灵程度的反映，也是社会文明进步的一种标志。一个缺乏文明礼貌教育，以自我为中心，不懂得如何交往及和平共处的人，在现代社会里往往不会被人们所接受和欢迎。

父母首先应做好榜样，当好孩子的第一任老师。父母对他人的态度和所作所为，常常影响孩子今后对他人的态度和行为举止。此外，父母对孩子的态度，也会影响孩子日后的为人。如父母粗鲁说脏话，孩子就往往不会文静，父母不尊重孩子，孩子往往也不会尊重他人。

日常交往是进行礼仪、礼貌教育的绝好机会。生活中的你来我往是必不可少的。当有客人来访，或到别人家做客时，家长就可以利用这种机会培养孩子的礼仪习惯。节假日是人们交往的密集期，也是对孩子进行礼仪教育的最佳期。

案例 3

妈妈带着女儿去赴宴。几个菜刚上桌，女儿就急不可耐地伸出了筷子吃了个遍，最后挑出自己喜欢吃的菜，放在跟前，旁若无人地吃起来。大家饭没吃完，她已经吃饱了便大声喊道："我吃饱了，我想回家！"搞得妈妈无地自容。

想一想：在家庭日常生活中怎样引导孩子讲礼貌？

（四）勇敢品质的培养

勇敢、自信是一种良好的心理品质，是人们出色完成工作和学习任务的巨大动力。一个人如果对所做的事充满信心，就会积极主动地去做，有始有终地去做，并能在做的过程中排除障碍，发挥创造性。勇敢自信的品质是激励人们自强不息、实现理想的内部动力，是成人、成才、成业所必备的良好心理素质和健康的个性品质。

在日常生活中经常遇到一些孩子，见生人就哭，不敢自己去做事，怕黑、怕小动物，不敢在人多的场合讲话，干什么事都要大人陪着；还有这样一些孩子，当老师或家长让他们当众表演或讲话时，不是哭闹不前，就是躲躲藏藏，表现出很胆小的样子，他的口头语是"我不会""我不敢""我害怕"。长此以往，会影响到孩子的个性发展，缺乏独立性和创造性，甚至会造成某些心理障碍及病态性格的产生。有些父母往往会在这种情况下训斥孩子，说孩子是"胆小鬼"，甚至给予处罚，这些都会对孩子的自尊心造成极大的伤害。这不仅改变不了孩子的胆小状况，反而可能使孩子的惧怕心理加重。其实，儿童产生惧怕心理的原因与成年人一样，关键的问题是成年人懂得如何去应对恐惧，而孩子们由于认知等原因还不知如何解决。这种胆小怯懦形成的原因是什么呢？

第一，孩子的生活范围过于狭小。有些孩子平素只生活在自己的小家庭里，特别是由祖辈亲人照看的孩子，很少接触外人，依赖性较强，不能独立地适应环境。这样的孩子一见生人就躲藏，生人一抱他就哭闹，如果上幼儿园、小学等新环境，适应起来更为困难。

第二，家长喜欢恐吓孩子。有些孩子在家里不听话、哭闹或不好好吃饭时，家长会用孩子害怕的语言来吓唬他，说：你再哭让妖怪把你抓走。还有的孩子不睡觉，家长藏在门后学老猫叫；有的孩子想玩泥沙，家长怕孩子弄脏衣服，则说"泥沙里面有虫子会咬你的手"，使用这些语言恐吓孩子，使其失去了安全感，从而变得胆小怯懦。

第三，家长在日常生活中对孩子限制过多。如玩耍时不让孩子去爬高，担心摔下来危险、出去玩耍怕受到小朋友欺负，只能将孩子关在家玩等。这种担心孩子受委屈、受伤害，剥夺了孩子从尝试与实践中获得知识经验的机会，也会造成胆小怯懦。

因此，父母应细心观察，找出孩子产生恐惧的原因，并帮助他们消除恐惧，从而培养自信心和勇敢的品质。应该从以下五个方面进行。

1. 父母要做孩子的榜样

孩子都是爱模仿的，父母的榜样作用对孩子影响极大。要培养孩子的勇敢品质，父母首先可以自己无所畏惧的形象来影响孩子，为孩子树立一个可供模仿的榜样。另外，父母还应该坦率地承认自己也曾害怕过某些东西，但现在已经不再害怕它们了。这样，孩子就会明白他并不是唯一害怕这些事物的人。从父母身上让他知道，这些事物并不那么可怕，是可以被征服的，这样恐惧心理便会逐渐克服。只有大胆放手让孩子去做事，在生活中接受锻炼，才能使孩子变得勇敢、坚强，成为一个富有勇敢精神的人。

2. 提高孩子对事物的认知

可以利用他熟悉的故事、卡通人物等作为素材，让孩子慢慢理解养成勇敢品质对自己的好处。一方面，从认识上帮助孩子区分勇敢与鲁莽；另一方面，从活动时所发生的小事故中分析原因，引导孩子找出避免事故发生的方法。给孩子讲故事，让孩子从故事里的人物身上学习勇敢精神；在与孩子看图书或影视节目时，当出现勇敢人物，父母应表示赞叹和钦佩，让孩子从成人的赞叹和钦佩中领会积极的东西。

3. 让孩子多进行户外活动

鼓励孩子参加体育活动，如爬高、跳跃、走平衡木等，在活动中有意加入一些碰撞性活动，使孩子在活动中既学会保护自己，又能争取胜利。对于害羞的孩子，鼓励他多和同龄小伙伴们一起玩耍，让孩子充分感受与其他同龄小朋友玩耍的乐趣，加强他的语言能力和人际交往能力。在超市、商场、公园、游乐场等公共场所，鼓励孩子多开口与陌生人交流，也可以帮助孩子克服胆小的心理。例如，孩子要买某个玩具时，让他自己对营业员说："阿姨，我想买这个玩具，请问多少钱？"如果孩子不愿开口，就不买玩具。开始，如孩子不好意思说，家长就先说一遍，让他学着再说一遍，不管孩子说得好不好，声音够不够大，都应该鼓励他，说得多了，孩子就习惯了。在鼓励孩子开口说话的同时，还可以教他正确使用礼貌用语，从而增加孩子开口说话的自信心。

4. 及时强化孩子的勇敢行为

让孩子知道父母很喜欢勇敢的孩子。当孩子独立做完某件事时，不管结果怎么样，都应给予鼓励，切忌讽刺嘲笑。在户外活动中难免磕磕碰碰，当孩子不慎受伤时，家长首先不要大惊小怪，可事后平静地与孩子分析为什么会受伤？受伤后应当如何处理？今后如何避免受伤？在培养孩子勇敢的同时，还应教会他们如何判断危险程度，学会避免危险及克服恐惧心理。当然，活动前清理场地，消除发生事故的隐患也是必要的。

5. 父母要正确对待孩子所害怕的事物

平时教给孩子关于某些事物的知识。如有的孩子害怕猫、狗等小动物，父母通过给孩子讲一些动物的小故事，告诉他们这些动物一般不会伤人，要学会与它们相处的方法。这样，就可以帮助孩子增强安全感，不要动不动就给孩子戴"胆小鬼"的帽子。

四、学前儿童家庭美育

案例 4

场景一：电视节目中正在播放"幼儿歌舞大赛"。表演的孩子不仅化着非常成熟的妆，而且衣饰也非常成人化，如小女孩穿着露背装、高跟鞋，看上去简直像一个微型的成年人。孩子们唱的也是成人"喜闻乐见"的流行歌曲。小选手们载歌载舞，评委打出高分，主持人盛赞他们是小帅哥、小美女，赛场下的家长和观众们非常满意地看着孩子们的表现，几乎没有人会产生这样的疑问：孩子们的表现美吗？

场景二：倩倩是个4岁的小女孩，非常健康可爱，可最近她总是嚷嚷着要减肥，饭也不好好吃，甚至要求妈妈给她买减肥茶。在幼儿园里，老师发现倩倩只吃很少的饭，水也不敢多喝，因此人变得很没精神，各种活动都不积极参加。老师将情况反映给家长后，家长虽然担心倩倩会因此生病，但她的妈妈竟然很"理解"地说"爱美之心人皆有之"。

想一想：你对以上做法和说法有什么想法？

以上镜头在生活中并不罕见，儿童、家长乃至整个社会普遍存在的审美偏差使得孩子们失去了健康和正确的审美标准，他们弄不清楚到底什么是美？如何才能使自己变得更美？因此，需要重视对孩子进行审美教育。

（一）和孩子一起营造美的家居环境

家长为孩子创设一个优美的生活环境，让他们潜移默化地受到熏陶，是对孩子进行审美教育的重要途径。家庭是孩子学习、生活的主要场所，一个家庭居室环境的整体设计及室内外装饰风格，不仅要考虑到成年人的审美构思，同时还要注意孩子对美的认识，有童趣特点。

有条件的家庭最好为孩子布置一间儿童室，或者家庭小艺术角。如在围墙上画出形态各异的动物画及卡通画，使孩子有生活在童话世界的感觉。其实美化居住环境并不一定要花费很多金钱，家长只要开动脑筋，可以说生活中处处存在着美。比如在孩子房间里挂上可爱的小动物图案的窗帘，告诉孩子爱护小动物、和小动物成为朋友是一件很美好的事。天花板上有蓝天、白云、星空的图案，给孩子以想象的空间。经常给孩子变换不同色彩的床单，告诉孩子冬天里用暖色调会让人感到温暖，而在炎热的夏天，冷色调会使人觉得清凉，在简单的生活细节中孩子学到了色彩知识。另外，也可让孩子参与美化家居布置，如挑选餐布、窗帘、插配鲜花、装饰画等都可以和孩子一起商量购置或者自制。

在美的环境中，孩子容易产生愉悦感，心情宁静放松，有利于他们身心健康。凯洛夫说："在儿童美育中，起着重大作用的是他们对周围环境的无知无觉。"这里所谓的"无知无觉"，其实就是指教育对孩子的潜移默化作用。家长对美的理解和追求直接或间接地影响着孩子的判断。如果家长在家里经常播放一些中外名曲，孩子长时间浸润其中，说不定会不知不觉地喜欢上音乐。

（二）学会欣赏大自然和现实生活的美

大自然是美育取之不尽、用之不竭的活源头。对大自然的聆听与欣赏本身就是一种美。带着孩子踏青、郊游，去公园、动物园、植物园，或者到野外远足，听听风声、雨声、鸟鸣，看看蓝天和白云，感受树叶飘落、花开花谢，让他们从美好的自然现象中受到启迪，让美好的事物不知不觉地熏陶感染孩子幼小的心灵，让他们从美育中学会对大自然的尊重和爱护。如带孩子们到郊外去看青青的河流、绿绿的小草、美丽的花蝴蝶及忙碌的小蜜蜂。告诉孩子，要爱护环境才能使河水保持清澈，要辛勤劳动才能创造甜蜜的生活。

父母除了把孩子带进大自然，城市生活中同样充满了美好的事物，只要善于细心观察，就会发现宽广的马路、壮观的立交桥、高耸的高楼大厦、琳琅满目的商场、变幻的霓虹灯等，都是提高儿童认识生活、培养美感和审美能力的丰富内容。选择其中能为孩子理解的事物加以引导，让孩子懂得观赏现代文明成果，可以促进他们对周围生活的理解和认同，使他们懂得学习、创造的重要意义并更加热爱生活。开阔自己的视野，多看、多读、多了解和艺术相关的知识，一起发现大千世界无处不在的美，让孩子有时间和空间找到自己感兴趣的东西，鼓励他们通过图画表达出来。

（三）欣赏和创造艺术美

在对学前儿童进行审美教育的问题上，幼教工作者和家长经常存在着误区，他们理解的审美教育比较片面，往往以专业技能训练替代综合审美能力的培养，忽略了美育首先应该培养孩子感受美和欣赏美的能力，并在此基础上发展儿童创造美、表现美的能力和技巧。因此，他们把音乐和美术教育视为培养高素质人才的工具，请家教、送孩子上特长班，单纯地学习乐器的演奏和绘画技巧，误认为美的修养通过上特长班会自然形成。其实，这是一种舍本逐末的行为观念。在特长班上孩子无论学习画画，还是乐器、舞蹈，如果不进行美的感受力、鉴赏力和创造力的启迪，使他们的情感得到升华，心灵得到净化，那么孩子所掌握的技巧就仅仅是技术，并非真正的审美能力。如经常在孩子学习一般美术知识的同时，忽略对孩子在审美意识上的培养，只强调孩子的画像不像所描绘的事物。幼儿美术教育不是以培养画家为教学目的，家长用成人的目光片面追求成熟的美，喜欢孩子画龙像龙、画虎像虎，而忽视了孩子心理特点和发展规律，没有把美育的重点放在培养孩子的艺术感受和良好的审美感觉上，这是对美育的误解，也是艺术特长班对学前儿童美育的严重误导。

审美教育是培养孩子的欣赏能力、对美好事物的领悟能力和评价能力。孩子们通过这方面能力的培养，不但可以敏感地捕捉到美的外在形式，而且善于透过有限的形式领悟其中深含的意蕴，从而达到回味无穷的、较高的审美境界。如让孩子欣赏音乐，提高他们的欣赏能力，就会帮助孩子领略到音乐的无穷奥妙。而如果让孩子通过特长班学习某一门乐器，把培养的重点放在提高孩子的演奏技巧上，他们就很难表现出对音乐具有良好的欣赏能力。现在不少家长常常为了让孩子能够考上艺术院校，或者作为艺术特长生考入理想的中学、大学，接受美术、音乐方面的教育。出于这些功利的目的，艺术特长班年年都红红火火，但是当家长发现上特长班达不到当初的目的时，就又轻易地让孩子放弃。他们没有意识到审美是一种精神活动，追求的是一种精神上的愉悦和满足。

美育的最大特点就是以情动人，良好的情感因素在美育过程中起到至关重要的作用。现在许多家长在对孩子进行"审美教育"的过程中常用压制、强迫、威胁的办法使之就范。如强迫孩子上特长班，逼迫孩子刻苦练习以获得某种技巧，甚至还存在着侮辱孩子人格的现象。这些做法常常致使孩子对艺术产生反感、厌恶、恐惧的心理，不能让儿童产生美好的情感体验，最终导致家庭美育失败，扼杀创造美的潜力。

（四）注重孩子内在美和外在美的统一

孩子面对纷繁的大千世界，对一切都觉得好奇。他们除了模仿成人的言行，还会模仿成人对事物的判断。成人表现出的审美倾向会潜移默化地影响到孩子。如果家长没有意识到在审美问题上成人与孩子应该区别对待，根据自己的喜好给小男孩留长发、给孩子染发、给小女孩涂脂抹粉，这也许是成人一时兴起觉得好玩，却无意中误导了孩子对美的理解。另外，家长如果不注意语言美、行为美方面的教育，对孩子唱格调低下的歌曲、待人接物出言不逊等，也容易造成孩子没有礼貌，不懂得尊重别人，小小年纪满口脏话，甚至用稚嫩的声音唱一些低俗的情歌。有些媒体为了迎合观众的口味，少儿节目成人化，推出所谓的小明星看上去就是"微缩版"的成人。多数孩子喜欢模仿小明星，究其原因，就是这些孩子误认为被成人肯定的形象、行为是美的。

"爱美之心人皆有之"，这一点谁也不可否认，小孩子显然不知道美为何物，促使他们识别美、丑、善、恶，追求真、善、美是家长以及社会应尽的义务。培养孩子健康的审美观念，让他们了解什么是真正的美，怎样才能使自己变美，采取简单粗暴的方法是行不通的。要加强审美教育，充分发挥美育功能，让孩子明白衡量一个人美不美，不能只看这个人是否有漂亮的外表，还应重在气质、重在心灵。另外，让孩子感到自己爱美的天性是好的，但更重要的是懂得什么是真正的美，从而逐渐提高孩子分辨美丑的能力，使他们的心灵在美的感染中升华。美育养性怡情，有助于净化心灵。

中国传统的教育实践已经证明，通过审美教育对道德规范、行为准则实现内心的认同，从而反映到被教育者的行为举止上，这是一条育人的捷径。重视审美的育人功能，并实施在教育实践中，用美育使孩子们的心灵得到净化，已经成为中华民族教育孩子的优良传统。因此，重视审美教育对孩子的教化功能，对于目前的素质教育而言，是一件刻不容缓的大事。

（五）避免艺术教育的误区

目前，有不少家长都希望孩子能够在接受正常教育的前提下，再接受一项或几项艺术方面的特长教育，以便于孩子掌握更多的技能，去迎接未来的挑战。于是，以培养孩子某些特殊能力为目的的各种特长教育应运而生，诸如书法班、绘画班、舞蹈班、音乐班等，应有尽有，不一而足。

由于某些家长在思想认识上的错误，致使特长教育进入了种种误区：其一，一手包办，一厢情愿。进培训班学习，对于许多孩子来说都不是心甘情愿的，更不是兴趣所在。其二，盲目跟风，贪多求全。一些家长认为多学总比少学好，今天学弹琴，明天学跳舞，过两天又改学书法，让孩子不堪重负，没有自由自在的玩乐时间。其三，急功近利，方法不当。孩子毕竟是孩子，贪玩是他们的天性，同时他们的兴趣与爱好都具有较大的可变性，今天喜欢的东西，明天也许就不再喜欢了。因此，家长要注意因势利导，激发孩子的学习兴趣和学习欲望。但事实上相当一部分家长却没有做到这一点，当孩子对学习生厌时，家长不是循循善诱地加以引导，而是采取强迫压制的办法逼着孩子去学，结果往往事与愿违，致使孩子对艺术产生反感、厌恶、恐惧的心理，甚至造成悲剧。

1. 慎重选班，方法得当

社会上的各种培训班多如牛毛，鱼龙混杂。因此，多比较、多咨询、认真选择是必要的。艺术教育不同于知识学习，它主要是培养孩子对某些技能学习的兴趣和欲望。因而在教育过程中应有张有弛，松紧有度，并给予孩子足够的自由活动时间和空间，使孩子在玩中求学、在学中能玩。如此，才能收到良好的教育效果。让孩子去学习才艺，家长应每天花点时间，抽空陪孩子分享在才艺班学习的成果，否则会打击孩子学习的积极性，影响进一步学习的动力。如果孩子不想练习，家长也不要以打骂的方式对待，更不能放任不管。可以慢慢诱导孩子，如每天练10～15分钟，然后逐渐延长练习时间。只要家长用心去陪伴孩子学习，久而久之，孩子就能体会到学习是他的责任，进而开始自发性的主动学习。

2. 不随波逐流

由于我国几千年的传统观念以及当今社会竞争的异常激烈，加之媒体对小童星的大肆宣传，不少家长刻意追求子女一夜成名的目标，盲目地希望孩子能够有一技之长、一鸣惊人、光宗耀祖。他们节衣缩食为孩子购置昂贵的乐器，希望自己的宝贝能成为当代的莫扎特、贝多芬，却忽视了孩子在探索周围世界时那种多元化、广泛性的正当需求。一些家长不以孩子的兴趣为先导，不了解孩子的爱好特长，看见人家孩子学音乐，自己孩子根本不想学，甚至五音都不全，却还要逼迫孩子去学习。许多琴童半途而废，花上万元购置的乐器成为摆设已不是个别现象。家长应当明白，对孩子进行艺术启蒙教育，如果脱离实际，将是失败的教育。同样，孩子缺乏愉悦，极不情愿地学习，不但学不到知识，甚至还会影响他们的身心健康。

3. 期望值不要过高

心理学研究认为，4岁左右的孩子才能开始进行艺术学习。应该从孩子无意识展现的一些爱好中为孩子选择一些特长，给孩子报有针对性的特长班。望子成龙是每个家长的正常心态，但是不要期望孩子能够通过兴趣班成为美术家、音乐家、舞蹈家，而是应该通过特长班，培养孩子的艺术情操和整体素质。孩子不同于大人，不能用对成年人的标准去要求孩子。让孩子接受特长教育，应该根据孩子的心理特点加以引导，只有这样才能达到家长所期望的效果。同时，家长还应该明白，儿童教育的内容极为广泛，特长教育只不过是其中技能教育的一个组成部分，家长不宜将其看得过重，应当将其看作对学校教育的一种补充，只能在孩子力所能及的情况下进行，以免造成喧宾夺主的不良后果。

五、健康的心理素质和完善的人格

传统健康观是"无病即健康"，现代人的健康观是"整体健康"。世界卫生组织提出"健康不仅是躯体没有疾病，还要具备心理健康、社会适应良好和有道德"。显然健康已经不只是身体健康那么简单了。心理问题如果积累多了也会形成严重的心理疾病，给孩子的成长带来巨大危害。

目前，在儿童中普遍存在着一些不同程度的心理健康问题，其中很大的原因是家长的过度保护造成的，一些家长试图不让孩子受一点伤，受一点打击。孩子心理健康问题主要表现在两个方面：① 挫折容忍度低，经不起磕磕碰碰，稍有不顺心就会哭闹、发脾气；② 缺乏与人交往和应对人际关系的能力。那么，如何培养幼儿的心理健康呢？

（一）挫折教育

挫折是人生道路上的常客，古人云：人生不如意十之八九。挫折，是个人从事有目的活动时，由于遇到障碍和干扰，其需要不能满足时的一种消极的情绪状态。家长总是渴望给孩子一个安宁的成长环境，因此不愿意让孩子在童年的时候吃太多的苦，但是这样的孩子长大后会因为不适应激烈竞争和复杂多变的社会而深感痛苦。

没有挫折的人生不能算是完美的人生，只有躲在壳里的蜗牛不会遇到外界的风雨，否则不管是鹰也好，鱼也好，都难逃各种劫难困厄。保护孩子只能保护一时，而如何让他们变得坚强，学会应对困境，才能让他们受用一世。对孩子所遇到的困难，我们要反应得"慢半拍"，要鼓励孩子依靠自己的力量解决问题。甚至，偶尔还可以"没有困难制造一些困难"，让孩子的生活中充满了难题，也充满了挑战。这样，他才能从弱不禁风的小蜗牛成长为处变不惊、应付自如、独当一面的勇士。进行挫折教育应注意以下三点。

1. 家长的鼓励和榜样作用

孩子的思维很直观，周围的人和事会对孩子有深刻的影响。在挫折教育中，家长的以身作则非常重要。当自己在工作、生活中遭遇挫折时，要从容对待，直面人生，让孩子感受到父母战胜困难的决心和坚强的意志，不妨当着孩子的面说一些给自己打气的话，如"没关系，大不了从头再来""一切都会过去的"。别小看这几句自我鼓励的话，孩子从父母身上能学到自信和平和的心态。当然，周围的熟人和亲友的励志故事同样可以为孩子起到示范作用。

2. 在日常生活的小事中进行挫折教育

生活中的许多挫折往往在不经意间出现，只有经受得住那些突然降临的挫折的考验，才能说是挫折教育的成功。因此，挫折教育应在日常生活中潜移默化地进行，而不能通过某些活动来突击实现。现在的家长对孩子太溺爱，过分保护是常见的现象，在人们生活中经常见到这样的情景：1岁多的孩子正在学走路，不小心摔倒了，奶奶马上跑过去扶起孩子，并心疼地说："都怪地不好，把我们宝宝绊了一跤。"随之用手拍打地面。这种做法只会让孩子把跌跤归于外因，不能正确面对挫折。生活中，孩子会遇到很多挫折，家长应该借机教育。如当孩子积木总是搭不高时，要引导他自己想办法、找规律；当他吃了一盒冷饮还想再吃时，父母应该制止，不能事事顺着他；当他因不会穿衣服而大哭时，家长应尽量给他做示范，而不是代替。孩子成长的过程从来都不缺乏挫折——想做某件事，但是能力达不到，因此需要依赖成人的帮助；与小伙伴玩耍，自己的玩具无端被更强势的孩子抢走；上幼儿园、上学后挨老师批评，或者某些事情做得很好，别的同学受到表扬，而自己却被老师冷落等，所有这一切都会给孩子带来挫败感。因此，挫折教育的机会比比皆是。孩子从一个稳定、有规律的生活中，从父母的爱中感受到支持和安全感，并建立自信心，这些是孩子勇敢面对挫折的基础。在对孩子的教育中，注重尊重孩子的自我发展、让孩子做力所能及的事情、对孩子自主活动给予支持、锻炼孩子的独立性、建立民主的家庭氛围等，这些都有助于孩子提升面对挫折的勇气和耐性。

3. 挫折教育要适度

遭受一些失败和挫折，并且依靠自己的能力去战胜它，就会为孩子以后克服更大的困难奠定基础。对于年幼的儿童来说，有些挫折在成人看来是微乎其微的，但对他们来说则是一种心理上的考验。如婴儿摔倒了之后让他自己爬起来，这对孩子来说就是一个磨炼的过程。但是事情都有它的两面性，如果孩子摔倒了，成人没有任何表示，那么他将来就有可能变得比较冷漠。因此，在遇到类似问题时，家长不一定要袖手旁观，而是需要通过恰当的方式传递给孩子摆脱困境、解决矛盾、克服困难的方法，如看到他摔倒后，应根据他摔倒的程度来断定是否需要去扶他一把，千万不可一概冷漠待之。有的时候，孩子不把摔跤当回事儿，家长也就不用去强调他摔倒了这件事。有的时候，当他明显摔痛了，家长不妨去扶他一把，帮他摸摸摔痛的地方。再比如，孩子因为某项要求没有被满足而伤心时，父母可以用简洁的语言表示理解，然后紧紧地抱着他，轻拍他的后背，冷静地等待他平息下来。这就相当于给了他一种心理能量，他的负面情绪也就很快平息下来了。这种帮助会带给孩子一种心理上的支持，他也因此从父母身上获得足够的心理安慰，将来就会更加勇敢地去面对各种挫折，并学会以同样的方式去关心他人。如果孩子能通过自己的力量完成一些活动，积累一些经验，就能够客观地认识自己的能力，从而产生自信心，养成积极的心态。这样，在经历挫折时，孩子就不会被所遇到的困难而吓倒。从另一个角度来说，挫折无论如何都是一种消极的情绪体验，过多的挫折，会使孩子失去自信心，变得自卑和软弱，产生严重的挫败感、恐惧感，甚至导致某些心理疾病。

（二）情商教育

情商（EQ）又称情绪情感智慧、情绪智力等，是指一个人感受、理解、控制、运用和表达自己及他人情感的能力。社会心理学家认为，高情商比高智商的人更容易获得成功。情商不像智商那样可通过测试计算出来，它是一种能力，一种自我管理情绪的能力，主要包括以下5个方面：了解自己的情感状态、控制自己的情感起伏、激励自己正确的情感走向、理解他人的情感波动、处理好与他人的情感关系。

由于遗传因素、教育环境的影响，儿童或多或少都会出现情商方面的问题。如不合群、不愿意与人相处；娇生惯养、霸道、事事以自我为中心；爱攻击人、说脏话，对他人缺乏起码的尊重；做事注意力不集中，活动时乱跑乱闹，自控能力极差；对他人漠不关心，做错事情不愿意承担责任；完成一件作品时，反反复复，缺乏自信心；孤独、爱哭，遇事承受能力差；看到其他小朋友犯错误时，不是劝告、帮助，而是去告状；看到老师批评或惩罚犯错误的小朋友时，表现出幸灾乐祸和解恨的情绪等。以上种种表现绝非个别现象，这说明孩子的情商教育刻不容缓。教育家认为，一个人情商的形成开始于婴幼儿期，形成于儿童期和少年期，成熟于青年期。所以说，情商教育能影响孩子的一生。要让孩子远离成长问题，父母必须转变教育观念，重视孩子的情商教育，这样我们的孩子才能健康成长。

拥有较高水平的情商，将有助于孩子创造力的发挥，它是所有学习行为的根本。国外一项研究显示，要预测孩子在幼儿园或学校里的表现标准，不是看小孩子积累了多少知识，而是看其情感与社会性的发展。例如是否具有足够的自信心、好奇心，是否知道何种行为较恰当，并能克制不当行为的冲动……这些都是情商的基本成分。一般来讲，高EQ的孩子都具有如下特点。

（1）自信心强。自信心是任何成功的必要条件，也是情商的重要内容。自信是不论在什么时候，目标如何，都相信通过自己的努力有决心和能力去达成。

（2）好奇心强。好奇心是对许多事物都感兴趣，想弄个明白。

（3）自制力强。自制力就是善于控制和支配自己行动的能力。有时是善于迫使自己去完成应当完成的任务，有时是善于抑制自己不当行为的发生。

（4）人际关系良好。能与别人友好相处，在与其他孩子相处时，积极的态度和体验（如关心、喜悦、爱护等）占主导地位，而消极的态度和体验（如厌恶、破坏等）很少。

（5）具有良好的情绪。高 EQ 的孩子活泼开朗，对人热情、诚恳，经常保持愉快的心情。许多研究与事实也表明，良好的情绪是影响人生成就的一大原因。

（6）同情心强。同情心是指能与别人在情感上发生共鸣。这是培养孩子爱人、爱物的基础。

情商是可以被培养、被改变的，而较高的情商在很大的程度上是一个人成功和幸福的关键所在。家庭是培养孩子情商的启蒙学校，家长责无旁贷的就是孩子的"情感教练"。如何才能培养孩子具有较高的情商呢？

1. 家长必须先有意识地培养和提高自己的情商

家长的家教方式对孩子情商的高低有着极大的影响，甚至会起决定性作用。了解自己的教育方式，能有意识地改进家教的方式方法，进而更有效地开发孩子的情商。如果夫妻两个经常当着孩子的面恶语相向，又如何指望孩子今后对他（她）的亲人和颜悦色呢？也不可想象他今后是否能平心静气地对待他周围的人和事。人对外界事物的反应，在一般情况下是由传入神经、神经元和传出神经共同组成的传导系统，很多问题还要经过上级神经元，甚至大脑皮质的分析、整理，然后发出指令。当发生紧急情况时，这个系统会出现"短路"现象。这种"短路"是较难控制的。但是，随着这突发的情绪激动之后，神经反射又回到了正常的传导环路。情商高者在这种状况下，通过大脑相关系统的一个"闸门"，可以及时意识到自己的情感状态，然后大脑发出指令控制自己的情感和与他人难以避免的争吵，从而使双方都更接近比较理智的交谈。显然，这种控制完全是可以培养的。家长如果能够以身作则地教会孩子如何控制自己的情感，这个孩子在今后成功和幸福的路上就已经走出了非常坚实的一步。

2. 培养孩子幽默乐观的性格

许多父母过于严肃，缺乏幽默感，让很多孩子觉得如《成长的烦恼》《家有儿女》等电视剧中的父母更出色，因为那些父母总是和孩子一起欢笑。中国的传统使很多父母觉得，在孩子面前就应该严肃，这样才有威严。其实，爱笑的父母会让孩子看到生活轻松和愉快的一面，让他们对生活充满信心。不要总是对孩子一本正经，笑声能让他们更加热爱生活。幽默感就是让心情恢复宁静的能力，它对一个人的作用，很像弹簧对汽车和飞机的作用，汽车有了减震装置，才能在坑坑洼洼的道路上行驶，上下震动不会过于剧烈。幽默感不管对自己、对别人都是一种润滑剂。当人沮丧时、悲观时，幽默感会平抚不良情绪，回到昔日的宁静。

3. 培养孩子自信、自尊的情感

自信心是情商的第一要素，是从事任何学习和工作的基础，是情商教育首先要学习的内容。有关心理学理论认为：6 岁前是培养一个人成就、自信的关键时期。做父母的如何能满足孩子的这个需要呢？其实并不难，就是要放心、放手让孩子们去做一些事情，不要因为怕他们会失败而代替他们，或给予太多的指导。每个人都需要成就一些事情，自信心、自尊心才会由此而建立起来。美国哲学家艾马松说："自信是成功的第一秘诀。"所以家长应当通过各种途径帮助孩子树立自信心。如当孩子有了别出心裁的想法、做法时，父母要及时给予表扬和赞赏；当孩子的活动遇到困难、挫折时要因势利导，帮助他想办法尽量去完成，使他体会到成功的乐趣。另外，还要鼓励他选择、探索新途径，逐渐增强孩子的自信心，帮助孩子树立正确的自我形象，教会孩子懂得欣赏自己、欣赏他人，愿意表现自己。只有有了自信心，孩子才更容易适应社会，并以更好的心态迎接竞争。使他感到"我真棒、我能行"，"每个人都不一样，我有我的强项，别人有别人的强项，我喜欢的东西别人也不一定非要喜欢，每个人都是独一无二的。"从而经得起摔打和挫折，敢想敢做、勇于进取。大人不要埋怨孩子的怯懦，不仅仅是孩子，每个人都会有自己害怕的东西。当然孩子害怕的东西会比大人更多一点，遇到一些特别胆小的孩子，如怕打雷、怕打针、怕小动物。这时家长要让孩子勇于面对恐惧，并与孩子一起战胜恐惧的心理。

4. 帮助孩子学会控制自己的欲望

自我控制能力是指个体为了实现预定的目的或目标，自觉地调控或制约自己认识、行为的一种能力。自制能力的高低直接影响着人的身心和情感发展水平。父母可以通过生活中的事例让孩子明白，一个人想实现自己的愿望必须要经过不懈的努力去克服种种困难，否则是不可能轻而易举取得成功的。

5. 乐于与人交往，学会做人、做事

怎样与自己相处、怎样与别人相处、怎样与环境相处，这是做人。事情要怎样进行才容易达到目标，这是做事。人和人在一起，无论做任何事情，都不免有冲突。什么时候坚持己见，什么时候让步，怎样让步、让多少，这是很难的决定。随着年龄的增长，做人、做事的问题会越来越困扰着孩子。此时父母应该帮助和教导孩子，学习做人、做事。儿童从"独生"到独立是一个从小家庭走向社会的过程，伙伴交往便是沟通两者之间的桥梁。这种平等交流，互相学习、互相促进，双向互动，取长补短，获得信息的伙伴教育是家庭、幼儿园教育无法替代的。尤其是伙伴之间常伴随的争吵、摩擦、打架、冲突，以及随之而来的委屈、恼怒、伤痛、愧疚、蒙受损失，甚至被伤害等，都是性格的磨炼、感情的磨炼，然后在吃一堑、长一智中变得聪明，提高能力。做父母的应设法为孩子创设交往的环境，创造学会合作的教育环境，及时地送孩子进幼儿园、带孩子走亲访友等，让他们有机会与小朋友接触、游戏、交流。在交往中，家长应指导孩子学会沟通和交流，学会谦让和礼仪，学会体察别人的情感，了解别人的需求，学会正确处理与他人的关系，学会接受别人，奉献自己，学会做人的准则，逐渐规范自己的言行。

知识拓展

陶行知的"六大解放"

📰 单元小结

学前儿童家庭教育的目的是家庭教育中的核心问题，具体表现在两个方面：一方面，表现为家庭教育要保证学前儿童全面和谐的发展；另一方面，表现为家庭教育要保证学前儿童的个性发展，家长在家庭教育中，既要注意孩子全面发展，还要注意培养孩子独特的个性，增强孩子的自主意识，形成孩子的创造才能。学前儿童家庭教育的任务和内容取决于家庭教育的目的，是实现家庭教育目的的必要条件。主要内容包括健康教育、认知教育、品行教育、审美教育和完善人格的培养等，完成每一项任务都有其具体的要求。

👥 思政要点

家庭是立德树人的第一所学校，与学校教育一样，也蕴含了全面发展的育人目标。应培养学生具有实现国家教育目标、完成教育任务、履行教育职责的社会责任感，在潜移默化的学习中树立专业认同感和使命感。

✏️ 思考与实践

1. 谈谈你对学前儿童家庭教育目的的理解。

2. 阐述学前儿童家庭教育的各项任务和内容。

3. 结合社会现实，分析实施学前儿童家庭教育的任务和内容应注意的问题。

4.案例分析：

不一样的心怡

这天，恰逢幼儿园家长开放日，心怡的妈妈看到小班里其他小朋友都在操场上尽情地玩耍，而心怡却站在身旁，小手拉着妈妈的衣角不放。尽管妈妈再三鼓励，她还是不肯跟大家一起游戏，她更喜欢在一旁静静观看。和老师交流后，老师也说心怡在幼儿园很少和小朋友玩，总是安静地一个人待着。可是在家里，心怡倒是爱唱爱跳，滔滔不绝地把幼儿园发生的事情说给家里人；拿起一本图画书，可以一个人编一段很长的故事。

为什么心怡在家里和在幼儿园里会不一样呢？怎样才能让她更自信、合群呢？请帮助心怡妈妈想想办法。

第四单元
学前儿童家庭教育的原则和方法

单元课件

单元导读

　　本单元通过分析学前儿童家庭教育的原则和方法，以期学习者明确在实施家庭教育时，为了不走弯路、少走弯路，必须遵循我国的教育目的、任务和学前儿童身心发展的特点及规律。家庭教育具有极强的实践性、操作性，家庭教育过程中的影响因素是错综复杂的，每个孩子的个性特点也千差万别。在学习中，应该通过大量案例学会思考、分析、判断，灵活科学地选择运用教育方法，并具有创造意识，才能做好家庭教育工作。

学习目标

　　1. 理解、掌握、熟悉、贯彻严爱适度原则、因材施教原则、统一连贯原则、言传身教原则、循序渐进原则的含义及基本要求。

　　2. 熟悉各种教育方法的含义及运用策略。

　　3. 能运用有关家庭教育的原则和方法，分析和评论具体实例。

内容结构

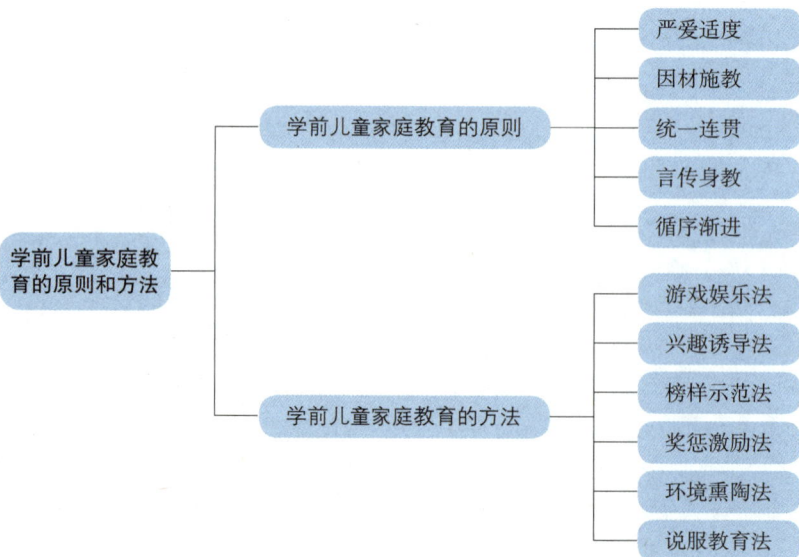

56

第一节　学前儿童家庭教育的原则

家庭教育的原则，即实施家庭教育时必须遵循的基本要求，是处理家庭教育过程中一些基本矛盾和关系的基本准则。家庭教育原则反映了家庭教育的规律和特点。在我国，由于培养人的目的、要求和指导思想的一致性，家庭教育和学校、社会教育在教育原则上既有共性，又有各自的特点。根据学前儿童的年龄特点，家庭教育应遵循以下原则。

一、严爱适度

科学家实验发现，关在实验室笼子里的小猴子，虽然会在饥饿的时候爬到冰凉的金属猴子身上吸吮乳汁（模拟乳头），但在吃饱以后，小猴子都会爬到另一只毛茸玩具猴子的身上，依偎在它的怀里。猴子尚且如此，人类更不必说。从生到死，每个人都渴望着父母、子女、朋友等的关爱和关注、体贴、肯定，有的时候还希望听到夸赞和美誉之辞。依此类推，每个人也就应当去爱自己的亲人和朋友，去爱周围的人们。

心理学家研究表明，爱是儿童健康成长的精神食粮之一，缺乏父母爱的孩子将产生不健康的心理状态。但是，家庭作为儿童教育过程中的特殊力量，父母的爱必须被赋予一定的社会意义。把爱与严格要求结合起来，这是家庭教育基本原则之一。

（一）善于表达对孩子的爱

爱子之心，人皆有之。爱孩子是人的天性，深沉含蓄是中国人的性格特征，相对于热情奔放的西方人来说，中国人对感情的表达更委婉一些，长辈都不愿意表达自己对孩子的爱，即使心里非常爱孩子、肯定孩子，却不轻易说出来。此外，家长做事追求完美，对孩子要求高，即使孩子已经做得很好，他也觉得是理所当然，没必要刻意表达爱意。可是，孩子需要父母把爱说出来、做出来。近年来，一直居高不下的离婚率、大量的留守家庭又让很多孩子孤苦无依，失去了完整亲情之爱，作为家长应该创造机会让孩子能尽量享受完整的爱。

日常生活中，家长要勤于表达自己的爱。爱的表达方式有很多种，除了言语之外，鼓励的眼神、温暖的拥抱、甜蜜的抚摸等都是很好的关爱方法。临睡前给孩子一个亲吻，说声"宝贝晚安，妈妈爱你"；孩子遇到困难时轻抚他们肩头，说几句鼓励的话；当孩子受到委屈时给一个温暖的怀抱；孩子外出回家时的一句亲切问候，都会使孩子得到莫大的满足。

孩子需要无条件的爱。现实生活中，许多家长的爱是有附加条件的。考试分数高、听话、达到父母的要求就爱，否则就不爱。这不是真正的爱。对孩子来说，父母的爱应该是无条件的包容，这种无条件的爱会使人感受到很深的"安全感"。人一旦有了安全感，自信、稳定、自在的感觉就会油然产生，才能无所畏惧，不怕困难。这种爱是人类最基本的需要。

在适当的时机向孩子直接表达自己的爱意，可以增强孩子的自信心和自尊感。在孩子的成长过程中，父母就像一面镜子，不断地反射出孩子的一切，当听到那些鼓励、赞许以及充满爱意的话时，孩子觉得自己得到了认可，他会感到骄傲，自信心也会增加。而那些长期得不到肯定的孩子，则会变得胆小、没主见，长大后习惯被安排做事情，缺乏创造性。因此，爱的表达让孩子更有自信心。

对于常年和孩子分开的父母来说，一定要善于用言语表达对孩子的爱。例如：每次打电话时告诉孩子，虽然爸爸妈妈没有办法陪在你身边，但我们非常爱你、每天都在想念你。也可以告诉孩子，爸爸妈妈很想抱抱你，看你长高、长胖了没有。孩子最害怕的就是被遗弃与遗忘，一句真挚的话就能抚慰他们的心灵。

同时，父母也要教导孩子适时地表达自己的感受，当父母和孩子在家里养成了对亲人互道爱意的习惯后，孩子走向社会，对周围的人也会敢于表达自己的友爱、关怀，创造出良好的人际环境。

小 故 事

美国成功学家拿破仑·希尔小时候是个淘气的孩子，他的父亲在向继母介绍他时说："这就是拿破仑，是希尔兄弟中最坏的一个。"但是，拿破仑的继母却温柔地说："这是最坏的孩子吗？完全不是。他恰好是这些孩子中最伶俐的一个。而我们所要做的一切，无非是把他所具有的伶俐品质发挥出来。"

后来，拿破仑·希尔在他的著作《人人都能成功》一书中写道："我的继母造就了我。因为她深厚的爱和不可动摇的信心激励着我努力成为她相信的，我能成为那种孩子。"

苏联学者捷尔任斯基说过："孩子最喜欢爱他的人……也只有爱才能培养他。当孩子看到并感觉到父母对自己的爱的时候，他会努力听话，不惹父母生气。"拿破仑的继母正是通过这种无条件接纳孩子的真爱让拿破仑建立了安全感和自信心，建立对他人和世界的信任感，从而慢慢走向成功。

（二）爱中有教，教中有爱

爱是孩子精神需要中最珍贵的部分，它是一种营养，是培育儿童美好心灵、高尚品德的源泉。然而，如果只有亲子之爱，而没有教育引导，容易演化成溺爱；只有说服教育而缺少爱心，则易滑向刻板的说教。只有把两者结合起来，才会使孩子既能感受、沐浴父母温馨的爱，又能懂得做人的基本道理和行为规范。

爱而不当，就成为溺爱。有的家长对孩子百依百顺，千方百计地满足孩子的需要，不能让孩子受一点委屈，造成娇气、蛮横、自私、无情、胆小懦弱、任性和缺乏自制力等不良性格，从而逐渐养成不珍惜物品、贪图享受、浪费金钱和不体贴他人的行为习惯，并且毫无忍耐和吃苦精神。例如，有个女孩因母亲给她买的衣服不合心意，二话没说，拿起剪刀就把衣服剪得乱七八糟。这位母亲不但没有批评，反而又去商店重新帮她买件新的。这样纵容孩子，其实是溺爱，会害了孩子和毁了孩子的前途。

正确的做法应把情感和道理融合起来，爱中有教，教中有爱。从孩子的衣、食、住、行，到品德修养和智力发展，都应坚持这一原则。老一代领导人刘少奇的孩子在上小学时，正值三年困难时期，学校伙食差，孩子身体渐渐瘦弱，保育员建议刘少奇把孩子接回家住，但被刘少奇拒绝了。他说："孩子只有留在艰苦的地方，才能受到锻炼和考验。"由此可见，老一辈革命家对孩子的爱，是一种深沉、理智的爱，一种真正的大爱。要教育好孩子，父母对孩子一定要做到把爱与教育结合起来，爱而不溺，爱得适当，爱得合理，爱中有教，教中有爱，这样才能使孩子得以健康成长。

（三）爱中有严，严而有度

父母想教育好子女，一定要真正地爱他们。没有爱，就没有教育。但爱孩子，不能是盲目的爱，也不应该是本能的爱，而应该是理智的爱。理智的爱能给孩子上进的动力，促进其健康成长。所谓理智的爱，就是有严格要求的爱。优秀的家长必须爱中有严，严中有爱。没有严格要求的爱，不是真爱，而是溺爱。没有爱的严格要求，不是真严，而是冷酷无情。要统一"爱"与"严"这一对矛盾，就要求家长做到爱而不溺，严而不酷，严中有度，严而有方。

以爱为前提和出发点，同时对孩子提出严格要求，促进他成才。"爱之深，责之切"就是说严格要求正是出于深切的爱，做父母的不应该受盲目爱的支配。有的父母不尊重孩子的人格，随意地对孩子进行讽刺、挖苦、辱骂甚至殴打，伤害了孩子的自尊心，从而使孩子对父母产生对抗情绪；有的父母对孩子的期望值过高、要求过严，当孩子不能满足自己的愿望时，就大发雷霆甚至打骂孩子；还有一些父母由于缺乏心理学知识，不按照孩子心理发展规律施教，遇事婆婆妈妈、唠唠叨叨，说话过头，爱摆长辈的架子。

孩子在幼儿园大都能自觉遵守各项规定和制度，听从老师的教导。但是，当他们回到家时，常常是另外一个样子。这是因为幼儿园有较完善的适合幼儿生理特点的作息时间，很容易养成习惯。而在家里就是另外一回事了，孩子知道大人都爱他，他的要求与爱他的程度成正比，他对爱他的人要求最多，也常会闹小脾气。所以，家长也要定一些简单、必要的规矩，让孩子从小在有规律的生活中自觉养成好的行为习惯，并学会自我控制。例如：可以根据孩子的年龄建立生活作息时间，并天天坚持；为孩子准备几个大纸箱和小书架，让他把自己的玩具、小书放在里面，懂得物归原处的道理；根据孩子的不同年龄，提出不同的、切合实际的礼貌待人要求，并形成习惯；让孩子参加力所能及的家务劳动和自我服务等。当然这些规矩，要符合孩子年龄特点，力所能及，一下子不可太多，多了也记不住。既有规定，就要坚持，习惯成自然，孩子乐于去做。不过，家长制订的规矩也应反省自己，要求孩子做到的，大人应该首先做到。父母的榜样往往是一本活的教材。

严而有度还要避免粗暴的棍棒教育。严格并不意味着打骂，而是以合理为前提，多些耐心，循循善诱。二维码案例中血的教训，让我们看到了缺乏爱的严，实质上是冷酷无情的。棍棒只能破坏家长和孩子心灵上的联系；打骂是压迫孩子意志的一种凶恶力量，决不能理解成为"严"。有人比喻得很恰当，家长对孩子的爱，应当是一种和风，它可以把孩子心灵中的美好火花吹得更加旺盛。然而，打骂会形成一阵飞沙走石的暴风，只能在孩子心目中增加一些丑恶的东西，还会把美好的火花吹灭。

不要打孩子，原因你知道吗？

（四）要理解尊重孩子

不少家长只知道爱孩子，却不懂得尊重孩子。孩子除了吃好穿好的需要外，还有渴望得到尊重、渴望独立自主及渴望自由创造的需要。孩子是一个独立的人，他属于社会，属于他自己。要尊重孩子，平等地对待孩子。孩子虽小，但同样有信任、独立、自尊、上进等多方面的需求。如果父母没有顾及和满足孩子这些需求，错待了孩子，就会影响孩子的发展。

尊重孩子就要平等相待。对孩子说话，首先要认真倾听，尽可能蹲下来，与孩子平视，用商量的口气，使孩子感到家长在尊重他，而不使他有"低人一等"的感觉。不要过多地干涉孩子的活动，要尊重他们"自己来"的尝试。尝试是孩子学着独立的开始。父母要多示范，多加鼓励，帮助他们成功。

在家庭中，父母应尊重孩子的意见、兴趣和自尊心，不能忽视孩子的地位，不能轻视、压制孩子的正确意见，更不能侮辱、体罚孩子，而应该把孩子作为家庭中的一员，并且与其探讨家里的各种琐事，对的就采纳，错则加以引导，使孩子乐于发表自己的见解。只有保持家庭成员的人格平等，彼此之间才不会产生心理隔阂。

尊重孩子就是不要在外人面前提及孩子的"隐私"。有些家长总是爱用自己孩子的缺点去比别人家孩子的优点，还有些家长总是在别人面前不分场合地过分指责和嘲笑孩子的错误，说自己孩子的不好，而不当众对孩子进行表扬。父母也不要随便侵犯孩子的"私人领地"。进入子女房间应该先敲门，移动或用孩子的东西应该得到他的允许，任何牵涉到孩子的决定应该先和他商谈。应该尊重孩子的所有权利，把他当一个成人一样尊重。不被尊重的人以后也不知道尊重别人，这种尊重的精神是我们现在大力提倡的，也是导致社会缺乏服务和尊重的观念的重要原因之一。

二、因材施教

小　故　事

有一次，孔子讲完课，回到自己的书房，学生公西华给他端上一杯水。这时，子路匆匆走进来，大声向老师讨教："先生，如果我听到一种正确的主张，可以立刻去做吗？"孔子看了子路一眼，慢条斯理地说："总要问一下父亲和兄长吧，怎么能听到就去做呢？"子路刚出去，另一个学生冉有悄悄走到孔子面前，恭敬地问："先生，我要是听到正确的主张应该立刻去做吗？"孔子马上回答："对，应该立刻实行。"冉有走后，公西华奇怪地问："先生，一样的问题你的回答怎么相反呢？"孔子笑了笑说："冉有性格谦逊，办事犹豫不决，所以我鼓励他临事果断。但子路逞强好胜，办事不周全，所以我就劝他遇事多听取别人意见，三思而行。"

因材施教就要根据孩子的年龄特征、个性差异及身心发展水平确定教育内容和要求。

世界上没有两片完全相同的树叶，也不会有两个相同的孩子，每个孩子都有自身的特点。由于受遗传因素和不同环境的影响，每个婴幼儿的性别、年龄、能力、个性发育程度各不相同，其生理和心理特征就有所不同，身心发展水平也存在差异，这是不容怀疑的客观事实。例如，有些孩子可能对音乐敏感，有些孩子则对语言敏感；有些孩子的记忆能力比较好，有些孩子肢体动作灵活、协调，有些孩子的观察能力就比较强。每个孩子在不同领域的能力是不一样的，要正视孩子间的差异。孩子间存在着一定的发展差异，这并不奇怪，可有些父母总喜欢拿自己的孩子与别人的孩子比。当自己的孩子比别人强时，就沾沾自喜，反之就不停地数落、讽刺、挖苦孩子，这样很容易使孩子消沉、迷惘。

家长应该认真研究自己的孩子，发现他们之间的差异，并且悦纳欣赏他们的特质。把每个孩子身上的特点罗列出来，然后告诉孩子他的独特之处。让他们感觉到自己不能代替别人，别人也无法取代他们，而且也觉得家长看到了他们身上与众不同之处。那么怎样根据孩子的个性气质特点进行教育呢？

为了使孩子的身心能健康成长，家长应了解儿童气质类型方面的知识，并根据自己孩子的气质特点，因材施教。通常将儿童气质类型分为4种，即困难型、易养型、缓慢型、中间型，对这些不同类型的孩子要因材施教。

（一）困难型

孩子在睡眠、进食、大小便等问题上较难形成规律，看见生人就害怕，对新事物采取拒绝态度，适应较慢；较难抚养，多为消极情绪，好哭、好动，遇到困难后大声哭叫。这种类型的孩子占群体孩子的10%。养育这类孩子需要父母付出极大的耐心和宽容。在抚育中应允许回避产生消极心境或退缩反应的场景，有计划地逐渐接触这些场景并预防这些场景产生的不良反应。不要为求安静而屈从孩子不合理的要求，但要支持合理的要求。应指导他们善于抑制自己，鼓励并培养其适应环境的能力以及平稳而镇静的作风。

（二）易养型

孩子在睡眠、进食、大小便等问题上容易形成规律。易接受新事物和陌生人，见人就笑，对人友好，主动大方。情绪积极，反应中等，适应快，较易抚养，容易得到父母的关爱，将来不易出现心理行为问题。这种类型孩子占群体孩子的40%。这种孩子应多鼓励，多分配任务，注重培养孩子踏实、专一、克服困难的精神。但是也要注意，这种孩子比较温顺，生病时容易因为孩子的温顺而低估病情，应警惕疼痛和身体不适表达的不充分。

（三）缓慢型

孩子对新事物和陌生人的最初反应呈安静、退缩的样子，往往逃避新刺激、新事物，适应性慢，需反复接触才能慢慢适应，反应强度低、活动水平低，无论是积极反应还是消极反应都很温和。这种类型孩子占群体孩子的15%。养育时要给孩子多一点预先熟悉的机会，尽快熟悉和适应新场景，并给他们留出充分考虑问题和作出反应的时间，要多寻找机会奖励其进步表现，促进孩子的应变能力。

（四）中间型

根据特点不同又分中间偏易养型，表现特点与易养型接近；中间偏难养型，表现特点与难养型接近。这种类型的孩子占全体孩子的35%。根据孩子的具体举动，采用不同的教育方式。

不同气质类型无好坏之分，也不决定孩子智力水平的高低，各种气质的人群中都会出现优秀人才，不论哪种气质类型都有积极和消极两面性。如易养型的儿童随和、适应性强、开朗，但不足的是行动轻率、感情不稳定；难养型的孩子优点是敏感、情感丰富，缺点是任性、适应性慢、易发脾气；启动缓慢型的儿童具有冷静、情感深沉、实干的特点，同时又有淡漠、缺乏自信心、孤僻的不足。气质类型的确能明显影响孩子的活动方式，且对性格形成起很大作用。如易养型中乐天派相对较多，独立而机敏，善于人际交流；难养型者趋向被动、违拗、倔强。教育的目的就是发扬积极的方面，克服消极的方面。一定要根据孩子的个性差异采取适当的方法，循序渐进地进行，要有充分的耐心，不可操之过急、急于求成，"恨铁不成钢"是主观主义的教育方法，要善于等待，承认事物有一个逐渐发展的过程。

三、统一连贯

统一连贯原则是指在对孩子进行家庭教育中，家庭成员要互相配合，协调一致，使孩子的品德和行为按照统一的要求发展。孩子的思想品德和行为习惯的形成既是一个长期发展的过程，又是一个连续完整的过程。因此，在早期教育中，应树立合力教育意识，遵循教育统一的原则。只有家庭成员对孩子的教育互相配合协调一致，有统一的认识和要求，才能取得良好的效果。如果不一致，会使教育成果大打折扣，甚至付诸东流。当孩子有缺点、错误时，有的主张批评教育，有的却要包庇护短，往往是父辈与祖辈家长的意见不统一，有的父母之间认识也不一致，家庭成员这种"各吹各的号，各唱各的调"的做法，必然会以不同的情绪、态度、做法暴露在孩子面前，孩子必然会喜欢祖护自己的一方，气恼批评自己的一方。这不仅影响了家庭和睦，而且不利于教育孩子，以致使孩子养成任性、是非不清、听不进正确批评及常常无理取闹等不良品德和行为。因此，在对孩子进行教育时，家庭成员应做到互相配合、步调一致，即使意见有分歧也不能在孩子面前暴露，否则会给孩子身心发展造成以下一些不良影响。

（一）导致是非观念模糊

孩子在教育中成长，父母的合力教育能使孩子成长得更好。如果做长辈的你这样教育，我那样教育，公说公有理，婆说婆有理，甚至当着孩子的面大吵起来，这样的教育会使孩子茫然不知所措，不知该听谁的。长此下去可造成孩子是非模糊，或我行我素。

（二）形成双重人格

有的孩子在父母之间"钻空子"，一出事就寻找保护伞，甚至产生两面行为，成为小小的"两面派"。

（三）学会撒谎

有些时候，教育"失效"，还造成了"负效应"。给了孩子零用钱的爷爷奶奶会悄悄地跟孩子说："不要告诉你爸爸妈妈啊！"于是，孩子也就乖巧地知道了，说实话没有好处。

（四）影响父母的权威性

父母教育意见不一致还会使父母的威信降低，破坏家庭和睦。孩子总认为大人的话就是正确的，尤其是在自己眼中有威信的人说的话就一定是正确的。当父母的教育意见不一致，尤其是在孩子面前发生争执，甚至彼此否定对方的时候，会使孩子对父母产生失望情绪，破坏了长辈在孩子眼中的形象，降低了他们的威信，从而影响教育效果。

孩子良好品德和行为习惯不是一朝一夕就能完成的，而是要经过多次练习不断强化和巩固而成的。家庭成员对孩子教育态度和要求一致，就会促使孩子对某些品德和行为进行多次练习，不断强化和巩固，从而形成良好品德和习惯。家庭教育必须坚持一贯一致，规则之间、前后之间不能相互矛盾，否则孩子无所适从，良好习惯就难以养成。

家庭教育还必须为孩子创造一个良好的教育环境，家庭成员之间要形成一种团结和睦、积极向上、热情温暖的气氛。更重要的是，给孩子制定的家规要求，家长必须身体力行，成为孩子学习的楷模。

对孩子进行教育时，家长还要主动与幼儿园老师沟通，做到家园之间协调一致，密切配合，前后连贯，绝不能各行其是、唱对台戏，或是前后矛盾、出尔反尔。

四、言传身教

小 故 事

一天，曾子的妻子要上街，他的小儿子哭闹着要跟着去，曾妻被闹得没办法，就对孩子说："好孩子，你留在家里，我回来给你杀猪吃。"孩子终于留在了家里。过了一会，妻子回来了，曾子去准备杀猪。他妻子连忙上去制止他说："我刚才是和孩子闹着玩的，你怎么真的要杀呢？"曾子认真地对她说："孩子是不能欺骗的，今天你说话不算数，骗了孩子，明天孩子学会了说谎话，糊弄你。再说了，母亲欺骗了孩子，孩子就会在心里觉得母亲的话不可靠，你以后再对他进行教育，他也许就不会听了。这样做，对我们的孩子是没有什么好处的。"最后，曾子还是坚持把猪杀了。

一句不经意的话语，一件看似不值得提的小事，也许会影响孩子的一生。在生活中，我们既然在某些事情上答应了孩子，就应该为他们遵守诺言，这不仅是为了我们自己，更重要的是为了我们的孩子以后有一颗诚实守信的心，在以后的社会和人际关系中有一个好的天地。

言传身教的含义就是用自己的语言教育人，用自己的行动带动人，用自己的做法感动人，用自己的表现启发人。告诉孩子怎样做是对的，怎样做是不对的，循循善诱，谆谆教诲，这就是言传。以身作则，用自己的良好行为影响孩子，这就是身教。列夫·托乐斯泰说过："全部教育，或者说千分之九百九十九的教育都归结到榜样上，归结到父母自己生活的端正和完美上。"年幼的孩子大都会以各种方式模仿他们最为崇拜的父母。父母的行为在很大程度上会左右孩子成长为一个什么样的人。因此，父母应该自孩子小的时候开始，努力让自己成为孩子模仿的榜样。

性格乐观开朗的父母，子女也会幽默爱笑；从事体力工作的父母，子女则会想象自己同样健壮；而假如父母事业有成，更易激励儿女积极进取。相反，如果父母经常指责打骂孩子，孩子就可能学会以相同的方式去攻击伙伴；如果父母经常挑剔彼此或他人的行为，孩子也可能会长成一个喜欢挑剔别人的人。不仅如此，若父母的行为令孩子骄傲，那么孩子在模仿父母行为的同时，还会从中获得安全感。然而一旦随着孩子年龄的增长逐渐感受到父母的行为令人生厌，那么父母的权威在孩子心目中的地位可就要大打折扣了。

所以，做父母的一定要切记自己在孩子心中的偶像身份，并努力地扮演好自己的偶像角色。请记住：若想让孩子成长为一个什么样的人，做父母的要让自己首先能够成为这样的人。

父母在教育孩子过程中，不仅要善于用说理的办法，同时也要以自己的行为给孩子做出榜样。也就是既重视言教，又要注意身教，将两者统一起来，使教育取得良好的效果。幼小的孩子无论生活经验还是社会知识都非常缺乏，不会明辨是非，时刻都需要父母的指点。家长应该给孩子讲清道理，告诉他这样做对或不对，应该怎样做，不应该怎样做，这些都是非常必要的。但是只讲道理还不够，也难以达到教育目的，因为给孩子讲道理，只能讲几分钟或更长一点时间，孩子接受这种说教也只能用耳朵听，听到的是空空洞洞的道理，然而父母的言行举止却是从早到晚，时刻都出现在孩子面前，孩子用眼睛看到的，是具体的、活生生的形象，两者相比，后者比前者更有影响力。

孩子是看着父母的背影长大的，所以孩子从小学做人的最直观的榜样就是父母。苏联教育家马尔库沙曾经说过："孩子的目光就像永不休息的雷达一样，一直在注视着你。"因此，父母在教育孩子时，不仅要重视对孩子的说理教育，更要重视身体力行，在思想品德和行为习惯方面都要为孩子作出表率，做到言行一致，以身作则，为孩子树立榜样。

父母的思想品德和行为习惯，对孩子起着潜移默化的作用，在家庭教育中，孩子不仅听父母的说理教育，更注意父母的一言一行、一举一动。若父母的品德行为高尚，待人接物文明礼貌，关心爱护孩子，孩子就会对父母欣赏和崇敬，并以父母为榜样模仿效法。如果父母给孩子讲得头头是道，而实际行动却是另一回事，自然孩子就不会信服，也难以达到教育的目的。例如，有的父母教育孩子不要说谎，可自己在生活中却对别人说谎，那么孩子对父母的教导就难以信服。孩子往往喜欢模仿成人，而父母与孩子接触时间最长、影响最大。在孩子的心目中，父母是最可信赖的人，父母言行、举止往往是孩子的行为准则和楷模。为此，做父母的要努力提高自身素质，为孩子做出榜样，把言教与身教统一起来，搞好家庭教育，使孩子从小养成高尚的思想品德和良好的行为习惯，把孩子培养成为德才兼备的社会主义现代化建设人才。

五、循序渐进

小 故 事

古时候宋国有个农夫，种了秧苗后希望能早早收成。一天天过去了，他总觉得秧苗长得太慢，他等得不耐烦了，心想：怎么样才能使秧苗长得高、长得快呢？想了又想，他终于想到了一个好办法。经过一番辛劳后，他把每株秧苗都拔高一截，还得意洋洋地回家告诉妻子和儿子："今天可把我累坏了，我帮助咱家的秧苗长高一大截！"他的儿子很不放心，赶快跑到地里去一看，发现秧苗全都枯死了。

拔苗助长的故事告诉我们：违反事物发展的客观规律，急于求成，反而坏了事。

循序渐进原则是指在家庭教育中必须根据孩子身心实际发展水平，由易到难、由浅入深、由少到多，逐步提高对孩子的要求，让孩子不断体验成功的快乐，最终达到身心健康发展的目标。这里的"循"即遵守、依照，"序"包含两层意思：一是儿童的年龄特征和实际水平，二是知识本身的发展顺序。

要使教育获得成功，首先要全面了解孩子身心发展的实际水平，遵循孩子生理和心理的发展规律，以此考虑教什么，怎么教。一个孩子从出生到长大成人，大致可分为6个阶段：乳儿期（0～1岁），婴儿期（1～3岁），幼儿期（3～6、7岁），童年期（6、7～11、12岁），少年期（11、12～14、15岁），青年初期（14、15～17、18岁）。每个年龄阶段的孩子，在身心各方面都表现出区别于其他阶段的一般的、典型的、本质的特征，并且这些特征具有一定的顺序性，相互衔接，前一阶段是后一阶段的基础，后一阶段是在前一阶段基础上发展的。家长在抚养和教育孩子时，如果不按他们身心发展规律，打乱了"秩序"，就会妨碍孩子的健康成长。如刚出生的小婴儿娇弱无能，身体各种器官都不成熟，毫无生活自理能力，时时刻刻需要关怀照顾，但出生后的头一年却是生长发育最快的阶段，身高、体重增加几倍，尤其大脑功能和脑重量发展惊人。

学龄前儿童是人一生发展的关键时期，在生理、心理方面发展非常迅速，独立生活能力和对周围事物的认识能力，以及语言的表达能力，都随着年龄的增长而发生变化，所以在早期教育时，既要有一定的难度，又要让孩子经过努力学习可以达到要求。如果父母不考虑孩子的实际水平，过难或过易都不能促进孩子的身心发展，无论是让孩子学做家务，还是让孩子养成某种习惯，都要从孩子实际情况出发，遵循从易到难的顺序进行，忽视了这一点就难以获得应有的效果。所谓"跳一跳，摘苹果"就是这个道理。要激励孩子学习某种知识，当这种知识与孩子已有的知识水平相差不大时，他不仅愿学，有能力学，而且也容易引发孩子学习的兴趣。如果相差很大，远远超过孩子的实际发展水平，他就不愿学，也学不懂，当然就提不起兴趣，甚至产生厌倦或抵触情绪。因此，在家庭教育中，父母一定要全面了解孩子身心发展水平和所学知识的实际水平。在此基础上选择合适的教育内容和有效的教育方法，才能达到理想的效果。

儿童身心发展有一定的规律及阶段性，而且知识本身也是由浅到深，由易到难，有系统、有规律、有逻辑顺序，前边的知识为后边的知识打基础，后边的知识是在已有知识经验的基础上获得的，先后顺序不能打乱。有的家长认为，按部就班地学知识太慢了。岂不知"欲速则不达"，表面上看好像慢了，可基础打得牢固，学得扎实，记忆深刻，不用反复学习，反而节省时间，实际是更快了。我国古代儒家经典学说指出"温故而知新""学不躐等"就是告诉我们，学习知识不能跳跃前进，要反复温习，一步一个台阶。有的父母望子成龙心切，不善于循序渐进地向孩子传授知识或不了解知识的逻辑规律，只从主观意愿出发，急于求成，让孩子长时间写字、识字、看书。有的孩子离园回家后，要学习1～2个小时，父母要求孩子写字、做算术题，使幼儿教育小学化，致使孩子难以接受，产生厌倦情绪。对此，父母一味埋怨孩子不理解父母的苦心，甚至打骂孩子，这样做的结果就像拔苗助长一样，不但不奏效，往往事与愿违，造成孩子厌学、恐学。只有从孩子的实际水平出发，循序渐进地启发孩子，才能达到教育目的。虽然学龄前儿童各方面都有很大发展和变化，但他们仍然属于没有发展成熟的孩子，在生理、心理上与小学生存在很大的差别，不能用小学生的思维方法和标准去对待和要求他们。

第二节 学前儿童家庭教育的方法

学前儿童家庭教育的方法是家长对子女实施教育时所采用的具体措施、手段和各种影响方式的总和。我国著名儿童教育家陈鹤琴告诫人们："父母不是容易做的，一般人以为结了婚、生了孩子就有做父母的资格了，其实不然。栽花的人，先要懂得栽花的方法，花才栽得好；养蜂的人，先要懂得养蜂的方法；教育孩子是一样的，为人父母者首先要负起为人父母的责任。"蒙台梭利也说："每种性格缺陷都是由儿童早期经受的某种错误对待造成的。"家长是否选择恰当的科学的教育方法，关系到家庭教育能否顺利进行，直接影响家庭教育的效果，决定着家庭教育的目标、任务的实现，对提高家庭教育质量具有重要的指导作用。

一、游戏娱乐法

小资料

1989年11月20日联合国大会通过《儿童权利公约》明确规定：缔约国确认孩子有权休息和闲暇，从事与孩子年龄相宜的游戏和娱乐活动，以及自由参加文化艺术活动。确认孩子不仅有发展权、受教育权，而且有享受游戏的权利。

游戏是儿童的主要活动，儿童是通过游戏来学习相关知识的。我国著名教育家陈鹤琴先生说过："小孩子生来是好动的，是以游戏为生命的。"亚里士多德曾经也说过："人类最早的功课就是通过模仿学习，孩子的游戏就是一种早期的功课。"确实，游戏对于婴幼儿期的孩子来说犹如生命那么重要，游戏是他们生活中最基本、最喜爱的活动。有快乐的游戏相伴而又教育无痕的童年，才是有情趣的、美好的童年。当然，在孩子成长的过程中，他们更需要父母来和他们共同享受玩的乐趣。

孩子的天性是爱玩的，世界上没有不玩的孩子。一个婴幼儿除了吃、睡，剩下的时间大都在玩；玩对孩子身体的强健，对性格、智力、本体感、肢体协调能力、团队协作精神都有好处，可以带来自信和自尊，使孩子受益终身。有心理学研究发现，在孩子成长过程中，各种体育活动、游戏活动（无论有组织或无组织），与严峻、凝重的学习气氛相比，游戏和玩耍给了孩子更为宽松的自我发育环境，孩子可以一次又一次地反复尝试，直到成功，找到"我能行"的自信的感觉。游戏能够帮助孩子社会化，使孩子拥有健康的情绪，游戏中的输赢，能让孩子经历一次次失败的打击或胜利的喜悦的情感磨砺，接受挫折教育，学会面对现实。在孩子还未投身于现实社会残酷激烈的生存竞争之前，玩是孩子进入社会的模拟训练场，玩的世界已经给他们创造了许多锻炼、培训的机会。因此，父母应尽可能地抽时间与孩子一起玩耍做游戏，尤其是学龄前儿童更为重要。当然，成人的参与一定是平等的玩伴关系，也是一种很好的亲情交流方式。

1.提供安全游戏空间

父母与孩子一起玩耍的场所，应注意空气流通，避免过冷或过热，以免影响孩子的精神状态，并除去一些可能绊倒孩子的障碍物。玩耍时间应选择在双方都精神饱满的时段，时间的长短则视孩子的精神状态而定。孩子吃得太饱或饥饿时，都不适合游戏。

2.提供适当的游戏材料，鼓励自制玩具

平时注意收集家里的废旧物品，如旧纸箱、小衣服、纸芯，家长和孩子一起动手，可以发展孩子的创造力和想象力。但是，不要一下子给孩子太多的刺激。因为这样做，容易分散孩子的注意力和持久力。最好是同样一件玩具，变化出不同的玩法，或者同一种游戏，采用不同的道具或玩具来进行。

3.适当地参与游戏

家长不做导师，做孩子的贴心玩伴与孩子一起玩游戏，是教育家普遍认同的最好的教育方法之一。研究分析结果显示，父母的高度参与、积极建议、恰当指导，会使游戏兴趣大增；想象力、认知力、角色扮演能力会得到提升；可使孩子获得精神上的支持，从而更加投入到游戏过程中，激发出更加丰富的想象力、创造力。美国有一个"The Floor-time"的说法，意即"坐在地板上与孩子同乐的时间"。提出这种方法的初衷，是为那些患有精神障碍症的儿童营造一个治疗环境。"地板时间"的主旨是指成人与孩子平等地玩耍。运用这种方法，不仅可使许多患有精神障碍的孩子得到治疗，而且还促进正常父母与子女的亲情发展，对营造民主和睦的家庭气氛更加有益。与孩子建立平等的玩伴关系是亲子游戏的最高境界，这样可以更好地调动他们参与游戏的积极性。

知识拓展

玩耍和游戏让孩子更聪明

孩子是天生的探索家，家长不能强求孩子按照自己的意图来玩耍，而应鼓励孩子自己去发现和摸索，应掌握鼓励而不指挥、参与而不干预的原则，允许孩子自由发挥。在玩的过程中，目光不要离开孩子，并注意观察孩子的反应，他是否喜欢这个游戏或玩具，内容是否适合孩子、动作是否太难、有无危险性等。在孩子完成一个动作或玩出新花样时，要及时给予赞扬。家长应放下架子，全身心地投入。

4.了解孩子的成长状况与需求，提供适当的玩具和游戏资源

为孩子提供各种各样的游戏材料，如小纸片、种子、泥土、小剪刀、积木、水、沙、颜料、空纸盒等，让他们开动脑筋去做游戏。研究显示，儿童游戏的质量可以通过家长参与得到提高。因此，家长的责任是使"皮球滚起来"。例如，一张旧床单蒙在大纸箱子上，就可以变成帐篷、城堡，几个小朋友躲进去，会非常开心。父母还可为孩子提供一些更有创意的点子，例如利用蔬菜、瓜果一起做艺术制作，或自制图书，全家一起参与卡拉OK唱歌比赛、跳绳比赛。当然，这些都要以孩子的需求和年龄特点来确定。

二、兴趣诱导法

学习的最高境界是自己想学，而达到这个境界只有一条途径，即兴趣。兴趣是什么？兴趣就是求知的天然欲望，就是好奇心，求知比获取知识更为重要。小孩子生来就有好奇心和探索精神，在他的活动中蕴藏着许多兴趣的亮点，如果成人多留个心，做个观察家，于平凡细微处洞察到孩子的探究倾向，抓住这个兴趣点，有意识地朝这个方向努力，就有可能培养出儿童在某方面的兴趣。

（一）细心捕捉孩子的兴趣

孩子兴趣的流露往往是不经意的，或许是在玩耍时，或许是在学习过程中，也有的可能是在交流、倾听、运动等日常生活中产生的。有的孩子对音乐、节奏等极为敏感，只要听到音乐声，哭闹、玩耍也会不由自主地安静和停下来，这表明他极有可能具有音乐潜能。还有的孩子对某一类事物特别偏爱，乐此不疲。例如，有的讲故事绘声绘色，有的对数字特敏感，有的喜欢在什么地方都涂一涂、画一画，有的模仿表演惟妙惟肖，有的喜欢研究昆虫和小动物；有的孩子为琢磨、探究某类事物的原理，常常拆卸拼装闹钟、玩具等，锲而不舍，不厌其烦；还有的孩子对家长交代的某项工作特别积极，如给花草浇水等，并干得非常出色。

（二）对孩子的兴趣进行强化培养

家长应善于发现他们的兴趣和天赋，因势利导，因材施教，使孩子的兴趣沿着积极、健康的方向发展。

小 故 事

世界著名数学家、物理学家高斯小时候是一个非常调皮、淘气的孩子，在一次偶然的机会，老师发现了这位数学天才。那天，老师出了一道算术题：$1+2+3+4+\cdots+50＝?$ 不到5分钟，高斯就举手说出了问题的答案，他表现出杰出的数学才能。从此，教师专门为高斯制订了培养计划，终于使他走上成功之路。

试想，如果当时老师对一贯调皮、淘气的高斯置之不理，另眼相看，其结果会怎么样呢？高斯又怎么会有以后的辉煌呢？采用爱屋及乌的方法，利用已有的兴趣，拓展诱导孩子新兴趣，培养一些新的兴趣点，引领其生命自发成长，是家长不可推卸的责任。

当孩子对某一事物感兴趣时，就要提供丰富的相关材料及环境进行引导、加深和拓宽，进行针对性的教育培养，进行"提升教育"。孩子喜欢运动，就给孩子提供场地、器械；孩子喜欢昆虫，就带孩子参观收集昆虫的标本、资料。没有父母支持付出，孩子不可能在兴趣、特长方面有所发展。孩子尚小，应以熏陶、鼓励为主，以指导、教育为辅。如孩子在画画时，家长千万不要因为孩子将衣服、房间弄得脏乱而大发雷霆，也不要因为画得技艺不高而不屑一顾，甚至嘲笑讥讽，而应给予肯定性评价，加以鼓励。另外，还应为孩子提供必要的绘画环境和工具，可以和孩子一起绘画，一起欣赏孩子的作品，甚至用孩子的绘画装饰、布置房间。这样可以增强孩子的自信心，激励他把画画得更好。久而久之，绘画就会成为孩子生活的一部分，当一名画家将成为他的梦想。

（三）不要把兴趣爱好过多地功利化

培养多种多样的兴趣，主要目的是提高孩子的整体素质。如今，几乎所有的孩子都为了"兴趣"而忙着赶场，如美术班、舞蹈班、钢琴班、武术班、轮滑班……数不胜数。参加各种"兴趣班"成了很多家长培养孩子一技之长而普遍选择的一种途径。

通过激发兴趣让孩子爱上学习，并通过学习让孩子具备一技之长，这是每个家长的愿望。可孩子真的有兴趣参加这些班吗？有调查显示，在所有受访的孩子当中有52.5%的孩子正在学习或曾经学习过钢琴等乐器，其中表示"非常喜欢"演奏乐器的仅为11.5%，有30.1%的孩子明确表示"不喜欢"和"一般喜欢"。也就是说，这些培养孩子兴趣的课余活动，孩子并不是"非常喜欢"，出于自愿，大都是以父母的兴趣、意愿代替孩子的兴趣、意愿。在这样的学习过程中，不仅孩子没有感受到快乐，家长们也一点儿都不轻松。

教育中只要有功利色彩，教育者就会不由自主地进行攀比、催逼，心态容易失衡。导致强行塑造、过度教育，把兴趣变成负担，把快乐变为痛苦，压抑孩子的个性与心灵，使孩子创造性发展受阻，使快乐远离孩子的童年，导致孩子情感不健康、人格不健全。如果能顺着孩子的兴趣去培养孩子，发展这种兴趣，孩子也许会大有作为。

三、榜样示范法

案　例

　　场景一：孩子在搭积木，要求一旁搓麻将的妈妈陪他一起玩。妈妈嫌烦，掏出10元钱，让孩子自己去买东西吃。孩子却在一边用积木排起"长城"，呼起"三筒""五索"来。显然，孩子模仿的是妈妈的行为。

　　场景二：孩子画画时，把铅笔放进嘴里作吸烟状。爸爸耐心地开导："铅笔芯里含铅，是有毒的，快吐出来！"孩子不听，反问爸爸："老师说香烟里含有尼古丁，尼古丁有毒，爸爸不是还在抽吗！"显然，孩子不接受爸爸的劝告是有"依据"的。

　　想一想：这两位家长应当怎样做？

　　榜样示范法，是以他人的好思想、好品德、好行为去影响教育孩子的一种教育方法。榜样的力量是无穷的，它对孩子可产生巨大的感染力和说服力。它的具体、生动、形象，孩子易于领会和模仿。

（一）针对实际，为孩子选择合适的榜样

　　运用榜样教育孩子，要选择好典型，选择那些有教育意义、切合孩子的实际、足以让孩子仿效的人物。榜样的选择应是多层次、多类型、多方面的，即可以是现实生活中的英雄模范人物，也可以是亲友邻居，孩子的同学、同伴；可以是历史故事中的人物，也可以是电影、电视、文艺作品中的艺术形象。

（二）让孩子认识榜样的真正价值

　　要让孩子对榜样有足够的认识。家长给孩子讲故事，提供学习资料，让孩子感知榜样的先进事迹，并从中提高认识。比如有位家长发现自己的孩子学习不能专心致志，于是就讲述了几个科学家的故事：数学家陈景润从小就爱学习，学习起来，常常忘记了吃饭、睡觉。一次，他边思考问题边走路，撞到一棵树干上，头也不抬地给大树道歉："对不起！对不起！"说完继续思考。再比如，法国大物理学家安培的故事：安培为了使自己的研究不受干扰，就写了一张"安培不在家"的纸条贴在门上，然后锁上门，自己在家里专心研究。一天，安培外出办事回家，由于他完全沉浸在实验室里的工作中，以至于当他发现门上的字时，掉头就走，自言自语道："安培不在家，我改日再来。"这些有趣的故事可以引起孩子极大的兴趣，并从中受到深刻的教育。

（三）引导孩子把认识转化为学习榜样的信念与行为品质

　　学习榜样不能只停留在认识上，家长要引导孩子把从榜样那里学来的思想、行为用于实际，通过实践把认识内化为理想信念与行为习惯。这样，孩子从知到行，获得直接经验与积极的行为，就会产生一个质的飞跃，就会像榜样那样学习与生活，甚至青出于蓝而胜于蓝。

（四）注重父母自身的率先垂范

　　父母是孩子的镜子，孩子是父母的影子。教育就这么简单，父母常看书，孩子就喜欢阅读；父母爱看电视，孩子可能也会成为"沙发土豆"。所以，对孩子进行榜样教育，家长应该首先以身作则，为孩子树立楷模，谨言慎行，凡是要求孩子做到的，自己首先要做到。诚然，人非圣贤，孰能无过？即使家长有不足之处，难免犯这样那样的错误，但知错就改，敢于给孩子道歉，这本身就是一种优秀品质，就是为孩子树立榜样。

四、奖惩激励法

学前儿童的认识水平和心理发展还处于较低的发展阶段，他们常常通过别人的评价来调整自己的行为——如果行为得到成人的肯定与赞许，他们以后还会作出相应行为，且这些行为会因为积极愉悦的情感体验而得到巩固；如果行为受到成人的否定甚至惩罚等，就会逐渐减少。因此，家长要善于科学地运用强化评价法以促进孩子亲社会行为的养成。所谓"强化评价法"，是指孩子在社会性学习中通过成人和同伴的强化、评价，把别人肯定、认可的行为保留下来并发扬光大，把别人否定、批评的行为逐渐抑制，最后消退的方法。

根据加强行为结果的不同，可以将强化分为正强化和负强化。一般来说，表扬、奖励属于正强化，批评、惩罚属于负强化。奖励有强化行为的作用，如果孩子因为某一行为（如自己吃饭）得到某种奖励，那这种行为就得到了强化，以后会更容易发生。惩罚可以使某种行为消退，因为惩罚能使儿童把这种行为和不愉快的体验联系在一起，对于促进儿童社会化具有重要的教育价值。

（一）表扬鼓励为主

表扬和鼓励是一种强化良好行为表现的方法。我们常常通过表扬使某个人习得我们希望他具有的行为，增加良好行为的出现频率。父母怎样合理地运用表扬使孩子获得良好的行为规范呢？以下三种方法供大家参考。

1. 对良好行为的表扬应该及时

当孩子第一次出现良好的行为时，必须及时表扬，并说明理由。以后有任何微小的进步，就要给予奖励，这样可以使这些行为得到强化，在儿童的头脑中巩固下来。

针对孩子的弱点，有意识地为他创造改进的机会。如当特别好动的孩子，安静且专注地完成一幅绘画时，父母应立即对他进行夸奖："真棒！你画得太好了，我也想要一幅你画的画。"当孩子受到鼓励时，他会努力去做。所以，如果孩子表现出家长所希望的行为，如有礼貌、自己穿衣服、吃饭等，都要给予奖励。

不要吝啬表扬。例如，孩子主动打扫房间，但扫得不彻底，应该对他爱劳动的行为做出肯定，并指出，如果他扫地时注意房间的转角会更好。千万不要因为不完美而只指出不足却忘记了表扬。

2. 采取合适的表扬方式

表扬要激发孩子的自豪感，使孩子对自己的行为有内在的肯定感，知道什么是对的、是有价值的。触发孩子做出相似良好行为的内在动力，明确地界定良好的、受欢迎的行为，给孩子一个清晰的概念。父母向孩子传达"你是有能力的""做得好""我们爱你""我很满意"等信息，让孩子感到自己的行为是受欢迎的。鼓励可以是多种方式，如微笑、拥抱、拍肩、鼓掌、亲吻、抚摸头部等，肢体语言同样可以传达表扬的意思。还有一个小贴画、一朵小红花、孩子喜欢的一本书、一个玩具等，都可以起到奖励的作用。表扬具体行为而非笼统地说"你真棒""真是个好孩子"。如对孩子说"宝宝今天主动向爷爷问好，真有礼貌"，而不是"你表现真好"。家庭教育中，表扬鼓励时最好能同时提出进一步要求，指出怎样可以做得更好，使孩子有更上一层楼的目标。

3. 表扬可以和物质奖励结合

但注意不要把物质奖励作为唯一的奖励手段，避免孩子把自己的行为只和外在的强化物相联系。例如，孩子取得好成绩，父母给他买玩具只是奖励的一种方式，不要让孩子以为好成绩是玩具的交换物。

实践证明，学前儿童运用计点制度往往可以将精神鼓励和物质奖励相结合，并取得较好效果。在墙上建立一个表扬区，家长可以在表格上记一些点数，或给小红花奖励。孩子累积一些点数或红花时，可以从父母这里得到小玩具、额外的特权，或外出游玩等奖赏。这种简单明确的奖励制度会帮助孩子建立自信心，促进他养成更好的生活习惯，养成做事情有目标的习惯，学会克制自己的欲望，可以达到事半功倍的效果。

（二）批评、惩罚要慎重

批评、惩罚对于戒除孩子的不良行为是一种较为有效的教育辅助手段。惩罚的目的是把孩子的错误行为与其应受的相应痛苦联系起来，从而引起他们不愉快的内心体验，令其内疚、痛苦、悔恨，达到使孩子改正错误的目的。惩罚教育使用得当，不但可使孩子明是非、辨善恶，还可促使其学会用意志去战胜"心魔"，并对未来复杂的社会中遇到的挫折有心理准备。惩罚是消极的教育手段，不到万不得已不要采用惩罚的手段，而提倡采用正强化，来消除和减弱不合乎希望的行为。

1. 惩罚要适时

惩罚必须是即时性和恒常性的。学前儿童善于记忆，同时也善于遗忘。因此，如果犯了错误要及时惩罚，以免孩子受到惩罚时不清楚，甚至忘记了为什么受罚。针对性强、时效性强的惩罚才能给他们留下深刻记忆。罚过之后，不算老账，不影响孩子的其他"待遇"。家长要学会控制自己的情绪，情绪激动时处罚孩子容易引起过度惩罚，造成不良后果。

2. 惩罚教育必须讲究方式

批评指责是一种否定的"强化"，可以用摇头、不高兴的态度、否定的口吻、斥责的眼光等表示对某种行为的反对，使孩子知道自己错了，并迅速改正。批评时态度要严肃，要使孩子感到羞愧、不安。

惩罚的目的是使不符合要求的行为减少。生活实践中，家长应视孩子的年龄、不良行为的程度与后果，分别处以不同的惩罚，如2岁以下的婴儿想接近家长禁止的"雷区"时，可转移其注意力，对他说"快过来，看这儿有什么？"；年龄稍大的孩子，可以通过批评、面部表情、减少买玩具、停止讲故事、剥夺孩子的某种权利、没收心爱的玩具、暂时隔离、计时面壁等对其进行惩罚。对性格淘气、外向、心理承受能力强的孩子，批评、惩罚可以稍重。对胆小孤僻、沉默内向的孩子，惩罚一定要多加小心，宜采用沉默、注视、打手势动作或表情等方式，以免造成不良后果。

小故事

美国有个小男孩，踢足球时踢破了邻居的玻璃窗，邻居索赔12.5美元。男孩向父亲认错后，父亲让他对自己的过失负责。他为难地说："我没有钱赔。"父亲说："这12.5美元借给你，先拿去赔给人家，一年后还给我。"从此，这个男孩每逢周末、节假日便外出打工。经过半年的努力，他终于挣足12.5美元还给了父亲。

这个男孩就是后来成为美国总统的里根。

里根的父亲就是运用"自然后果法"对孩子进行教育。当孩子在行为上发生过失或者犯了错误时，父母不要给予过多的批评，而是让孩子承受自己造成的后果，体验内心的不快与痛苦，从而迫使其改正错误、纠正过失。如孩子不好好吃饭，可以收起饭菜，让他从中体验到饥饿的不快与痛苦，这样就很自然地对孩子进行了惩罚。

当孩子有不良行为时，不能在大庭广众下伤其自尊心。否则，容易激起孩子的逆反情绪，故意与家长对抗。孩子在商场、游乐园、亲友聚会等公共场合犯了错误，最好采用皱眉、打手势等暗示性的动作或表情，这会使孩子较易接受家长的要求。若不起作用，先把孩子拉到一边，然后再批评孩子。当众批评、责骂孩子应绝对避免。"表扬要让大家都知道，批评只让本人知道就好"，这句话同样适用于儿童。

3. 惩罚、教育必须与说理教育相结合

惩罚一定要与说理教育结合起来。否则，孩子越受惩罚，不良行为反而越多，这就与教育的出发点背道而驰了。惩罚的目的在于抑制并消除不良行为，因此，在对孩子进行惩罚时，应向孩子讲明为什么要罚他，使其心悦诚服，同时和他讨论或向他提出要求，下一步应该如何改正错误、如何努力。

家长千万不能含糊其词，甚至让孩子"自己去想想为什么错了？"由于年龄小经验少，当孩子做错事情时，家长要告诉他修正错误的具体方法，给孩子指明"出路"，让孩子有明确的目标改错，效果才更明显。孩子经历对自己不当行为的反思之后，通过改错重新恢复原来的自信心，当孩子以后再犯错误做了后悔的事情时，他就会想办法把过失弥补回来。

孩子最烦的就是父母的唠叨，它会让孩子产生"永无出头之日"的绝望；更不能不分青红皂白一通粗暴指责，让孩子摸不着头脑，其结果是父母滔滔不绝地说了很多，孩子却不知道自己到底错在哪里。更可笑的是，有些家长说着说着就停下来了，原来他自己都忘记该说什么了，只好自我解嘲地说道："哼，看看你，把我都气糊涂了！"

4. 惩罚教育必须考虑动机

心理学研究表明，人的行为受动机支配，动机不同产生的行为后果不同。孩子也是如此，由于他们身心均未成熟、思考问题不全面、动作笨拙，因此可能会出现"好心办坏事"的情况。如有的孩子想"自己的事自己做"，去倒水时烫了手又摔坏了杯子。又如，孩子与人打架，其原因可能是保护弱小，制止他人，也有可能是为保护自己的利益又不会辩解而打人。

因此，家长在惩罚孩子时，一定要考虑孩子是在什么情况下产生不良行为的。不分青红皂白的惩罚，极有可能挫伤孩子的积极性。要先表扬孩子的"好心"，然后再帮助他分析做"坏事"的后果，告诉他以后怎样去做才能好心办好事，这样才会收到较好的效果。

五、环境熏陶法

环境熏陶法是指在家庭教育中，家长有意识地创设一个和谐的家庭生活环境，使孩子通过家庭环境的各种教育因素受到耳濡目染、潜移默化的影响，以培养孩子良好行为习惯和道德品质的一种方法。

环境包括物质环境和精神环境。物质环境如绿化、干净的街道，整洁有序的家居布置等，它标志着人们的文明程度。生活在花园式的环境中，使人精神愉悦，可以提高学习和工作质量。物质环境还可以约束孩子的行为，如一个爱随地乱扔东西的孩子，进入一个一尘不染的房间，他还好意思随便乱扔东西吗？精神环境主要是指家庭中的人际交往环境、情感环境、道德环境、语言环境等，它对孩子的影响更大。如家长的思想品德、行为规范，家庭成员之间的关系，兴趣爱好和理想追求等，都时时刻刻潜移默化熏染着孩子，对他们的成长起着很重要的作用，甚至影响他们的一生。

环境对孩子的影响是渗透性、隐蔽性、非强制性的，可以让人无意识地受到影响，不知不觉地改变自己。它不像说理教育那样立竿见影，需要较长时间的熏陶，才会形成比较明显的效果，但它的影响却是深远的，家长要有耐心。运用环境熏陶法要注意以下三点。

（一）建立融洽的人际关系

联合国《儿童权利公约》指出："为了充分而和谐地发展个性，应让儿童在家庭环境里，在幸福、亲爱和谅解的气氛中成长。"良好的人际关系有着陶冶性情的作用，家庭成员之间应该和睦相处、互相关心、互相爱护，营造和谐的夫妻、婆媳和亲子关系，形成团结、平等、民主的家庭氛围，用良好的家风影响孩子。尤其是父母之间要相敬如宾，相亲相爱，以形成教育孩子的最重要的精神力量。父母要注重亲子沟通的态度和行为方式，通过和孩子一起游戏、学习，以自身健康向上的个性品质、积极热情的思想感情感染孩子，使孩子受到良好影响。其次对孩子要民主、要尊重理解孩子，遇事可以和孩子商量，主动倾听他们的意见，并给他们一定的自主权来决定和选择一些事情。总之，和谐温暖的家庭能使孩子、大人的情绪得到调节，体会到天伦之乐，提高家庭的内聚力。孩子生活在这样的氛围里受到积极健康的精神影响，心情是愉快的，精神是饱满的，行为习惯自然受到良好熏陶。

（二）追求高尚的精神情趣

有些家长不注意生活情趣，让低级趣味充斥家庭，这是非常有害的。家长要不断提高自身的文化修养，追求高尚的精神情趣，把家里的精神生活搞得充实、丰富、高雅、有声有色，平时多看书、多读报，创造一种积极进取的家庭氛围。现代儿童多数是在电视机前度过童年的，舆论普遍认为电视媒体会造成孩子早熟、过度消费、崇尚暴力、价值观混乱等不良影响。例如，许多孩子特别喜欢模仿奥特曼、蜡笔小新、灰太狼等电视人物的言行举止。家长应通过和孩子一起观看，帮助孩子选择适宜的内容，积极利用媒体对孩子施加健康的影响，避免负面影响。除了积极利用电视媒体相关节目，家长还可以利用艺术作品、开展艺术活动来增强孩子的美感，培养孩子欣赏美创造美的能力。如对孩子进行适当的音乐熏陶，根据起床、吃饭、游戏等不同情景选择相宜的音乐让孩子听，或者带孩子去听音乐会。家里还可以挂一些格调高雅的字画，放置一些富有艺术性的居室饰物，给孩子提供一个充满艺术情趣的居住环境；也可以带孩子参观画展，让孩子欣赏中外名画、名作，让孩子从小接触艺术精品、文学佳作，为孩子成长创设良好的家庭文化环境。

（三）注意美化居室环境

家长要和孩子一起搞好家庭环境卫生，根据审美情趣把家里布置得色调和谐、优雅大方、整洁清新，一个安静舒适的学习环境和生活环境，会使人产生热爱生活、奋发向上的心理状态。家长还应与幼儿一起创造一个充满童趣的儿童小天地，如有放置玩具的地方、有做手工的废旧材料、有供孩子涂鸦的小黑板、有小书架及小书桌，还可以饲养小动物，给孩子更多自由活动的时间和空间，让孩子在平等、自主、宽松的环境中，根据自己的兴趣选择活动内容，主动愉快地学习。同时，还要鼓励孩子邀请小伙伴一起玩耍，在与同伴的交往中，不仅能锻炼和发展孩子的语言表达能力，丰富知识、增强求知欲，学会对别人的关心，还可以使一些原本任性、急躁的性格逐渐变得平和、自制。这些为孩子特别创造的、与儿童年龄特点和个性特点相适应的物质环境，有助于孩子的健康发展，更具有教育的价值。

六、说服教育法

说服教育法就是通过摆事实、讲道理，使孩子明辨是非、善恶，从而形成正确的品行的一种方法。这种方法强调从正面进行教育，从提高道德认识入手，以理服人，启发自觉，调动内在的积极因素，引导子女不断进步。它是家长教育子女时最常用的基本方法之一。

说服教育法的前提条件是首先应全面了解孩子，耐心倾听，听出孩子内心深处真实的想法；其次，家长应情绪稳定，充分尊重和信任孩子，以理服人，以情动人，情理相通。另外，根据孩子的年龄特点、理解能力和具体问题，采用讲解、谈话或讨论的方式。讲解是家长运用口头语言阐述观点、解释道理或知识，优点是可以充分发挥家长的主导作用，控制教育过程，使孩子在短时间内获得大量信息，提高明辨是非的能力。谈话的方式不受时间、地点、环境的限制，简便易行，便于从孩子的具体情况出发，深入细致地交谈，具有灵活性、针对性、启发性和具体形象性的特点。讨论可以是在孩子对某个问题产生片面、模糊的认识时，或家长认为有必要就某个问题与孩子进一步沟通、澄清观念时，采用讨论的方式有利于使孩子明辨是非、加深理解、提高认识，并留下深刻的印象。

说服教育法是家长用得最多的一种方法，但也最容易出错。家长苦口婆心，教育效果却令人很不满意，主要原因还是说服水平有限。运用说服教育法要注意以下三点。

（一）讲解时要深入浅出，具有启发性

讲解的特点是家长讲、孩子听，在讲和听的过程中，家长处于主动地位，孩子是倾听者，处于被动地位。因此，家长一定要联系孩子的实际，在内容的深度广度上和时间的长短上，要符合孩子的年龄特点、认识水平和接受能力，语言要具体形象、准确生动、通俗易懂，富有感染力，具有吸引力、说服力和启发性，要让他听得懂。对孩子讲解行为准则时，不但让他知道怎样做，还要使他知道为什么要这样做。家长要有耐心，孩子在太兴奋和激动时，往往是听不进道理的，应该等他冷静下来后，再用亲切的口吻说道理。讲解时家长可以巧妙地借鉴一些故事、笑话、生活实例等来说明道理。

小故事

古时孟母断机教子就是借物明理最好的例证和模范。传说孟子刚上学时对学习很有兴趣，时间一长就厌烦了，经常背着母亲不去读书。孟母知道后非常生气。一天，孟母正在织布，看到儿子逃学回来，就拿起刀子当着儿子的面把织布机上的经线割断，并怒斥地说："我织布供你读书很不容易，这织布机上的布是一丝一线织起来的，现在割断了就无法织成，学问也是点点滴滴积累起来的，你学习和我织布是一样的道理，经常逃学怎么能成为有用之才呢？"经过孟母断机施教，孟子受到了深刻的教育和启发，铭记心中，从此废寝忘食，刻苦勤学，最终成为我国历史上著名的儒学大师。

由此可见，在说服孩子的过程中，家长如果能借用事物来说明道理，就可以避免说大话、空话，联系实际把道理讲清楚。

（二）谈话时要做好充分的准备，情理交融

谈话是家长就某个问题和孩子交换意见，使孩子明白一个道理，掌握一个行为标准。说理不是说教，要循循善诱，以理服人，不能以势压人，家长在与孩子谈话时，态度要温和，要以平等的身份与孩子交谈，不要以居高临下的姿态，板着面孔训人，更不能威胁恐吓，要正面告诉孩子应该做什么，而不是不该做什么，不要总是对孩子说"不准打人""不准在沙发上吃东西""你再不……我就……"等，这种负面的口气只会将孩子注意力引向并集中于负面的行为，而孩子仍然不知道好的行为是什么，自己应该做什么。孩子再小也是有自尊心的，要避免讽刺挖苦，诸如"真笨，这你都不会""你看谁家的孩子就比你强""告诉你多少遍了，就是记不住"。这些话不但起不到应有的教育作用，还会让孩子产生敌对情绪，甚至形成"抗药性"，以后无论家长如何耐心说服、谆谆诱导，孩子都当耳旁风，听不进去。家长对孩子应多引导少训斥，与孩子说话多用"我觉得……会好些""你愿意听听我的看法吗"等，这样的谈话会启发孩子思考，在思考的基础上再做出判断。和孩子谈话时，还要做到以心换心，家长既要站在孩子的角度想问题，也要让孩子站在别人的角度设身处地地体验别人的感受，长篇大论的道理，对年幼的孩子不一定听得懂，但角色互换，孩子就容易明白。和孩子谈话的过程中，还要以情动人，情理交融，与孩子同喜、同乐，共同承担烦恼和痛苦，使孩子感受到父母的关爱，会达到事半功倍的效果。

（三）讨论时要民主平等

对于年龄稍长的、理解能力较强的孩子，可以采用讨论的方式明辨是非。家长和孩子共同探讨一个问题，可以使孩子活跃思想，培养敢于坚持真理、修正错误的科学态度，以及分析、解决问题的能力。讨论中家长要放下架子，以真诚、民主、平等的姿态，让孩子充分发表意见；孩子讲话时家长应认真倾听，哪怕是错误的意见，也要让孩子把话说完，然后再加以引导。允许并鼓励孩子反驳家长的意见，如果说得有理，家长要虚心接受；如果说不服家长，也允许孩子保留自己的看法。在追求民主平等的现代社会，经常运用讨论法可以使孩子认识到自身的价值，增强自信心，培养民主意识，提高主人翁的责任感，对于长大以后适应社会生活极为有利。因此，家长千万不要总想以自己的认识下结论，逼孩子接受；更不要一听到不同意见，就摆起架子，压制、训斥孩子。

知识拓展

韩国人重"食育"
餐桌犹如课桌

单元小结

教育是一门艺术，家庭教育也是一门艺术，学前儿童家长在对儿童教育的过程中，不仅需要家

庭教育的基本原则做指导，而且必须通过科学的家庭教育方法去实施，才能保证学前儿童家庭教育目的、任务的实现。具体的教育方法灵活多样，家长可以综合运用多种教育方法，也可以有选择、有侧重地采用其中的一二种，到底使用哪几种家庭教育方法？到底如何使用？必须考虑孩子的年龄特征、心理发展水平和个性差异等因素才能确定。

思政要点

我国家庭教育文化源远流长，其教育原则、教育方法至今仍有重要价值。在奉行社会主义核心价值观的同时，应深刻理解中华传统教育文化中的思想精华和时代价值，成为中华优秀文化的践行者和传承者。

思考与实践

1.学前儿童家庭教育的原则有哪些？结合具体事例谈谈怎样遵循这些原则。

2.学前儿童家庭教育的方法有哪几种？在实际中应如何运用这些方法？

3.经常听家长说："小孩子懂什么，一边玩去。"请分析这种家长的心态以及教育效果。

4.案例分析：

"冷漠"的晓晓

晓晓快4岁了，爸爸妈妈都很重视孩子的家庭教育，经常阅读浏览有关家庭教育的书籍和专家的文章、视频，并把好的教育方法运用到孩子的教育中。比如，许多幼教专家建议，小孩子摔倒时不应该大惊小怪，而是让孩子自己爬起来。晓晓的爸爸妈妈认为很有道理，就照着去做。当晓晓摔倒时，爸爸妈妈就鼓励说：没关系，勇敢点儿，自己起来。果然，经过几次后，晓晓再摔倒就会自己爬起来。有一次，一家人在街上玩耍，看到一位老奶奶摔倒了，爸爸让晓晓和自己一起去帮忙搀扶，晓晓却说：我不管，奶奶要自己爬起来。说完，接着跑去玩了。

晓晓的"冷漠"让爸爸妈妈很困惑。你认为晓晓为什么"冷漠"呢？孩子摔倒了家长该怎样做呢？

第五单元
不同年龄阶段学前儿童的家庭教育

单元课件

单元导读

　　本单元阐述了不同年龄阶段学前儿童的家庭教育，如胎儿期的胎教和优生、新生儿期的特点和训练、学步儿期的特点和教育、入园期前后的教育准备、入学期前后准备工作等。通过这几个阶段的探讨，使学习者充分认识到各个年龄阶段对儿童发展的重要价值、年龄特点及不同的教育重点。作为未来的幼儿教师尤其要了解入园期、入学期前后学前儿童的家庭教育，可通过与幼儿教师、小学教师、家长访谈交流等方式，达成家园合作的目的。

学习目标

1. 理解和掌握胎教的含义与胎教方法。
2. 理解新生儿教育的意义及训练方法。
3. 掌握学步儿的年龄特点及教育对策。
4. 掌握入园前后的幼儿家庭教育内容与方法。
5. 掌握入学期幼儿准备工作的内容与方法。

内容结构

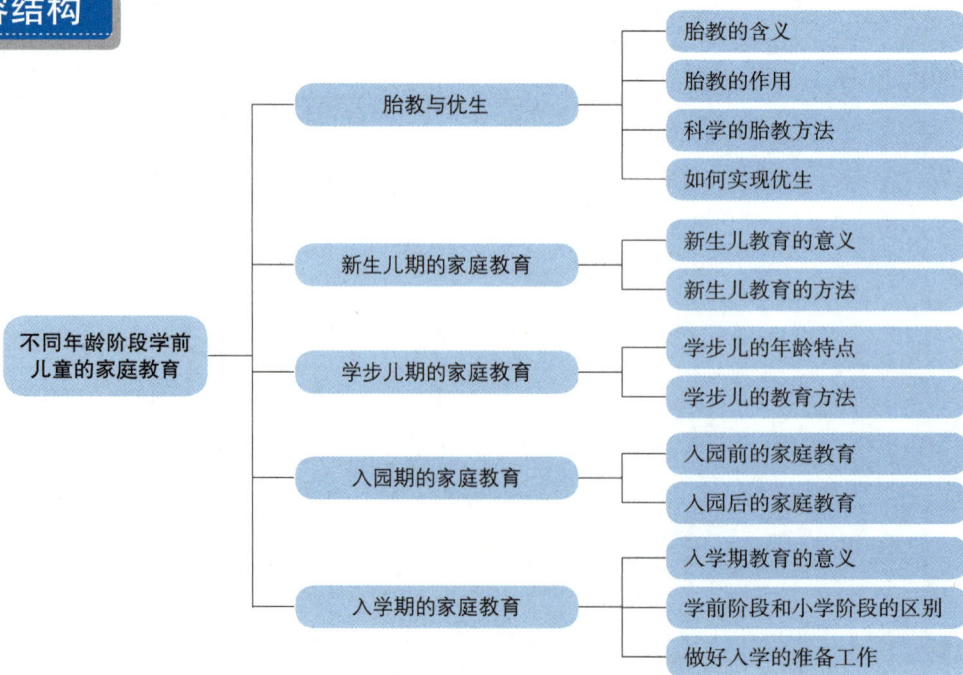

第一节　胎教与优生

一、胎教的含义

胎教是有目的、有计划地创设和控制母体内外环境，依据胎儿身心特点，对胎儿实施各种有益刺激，以促进胎儿身心健康发展的科学理论和方法。

我国胎教思想源远流长，最早关于胎教的记载散见于文学、哲学、史学、医学、教育学等诸多学科的典籍中，至汉代，古代胎教学说雏形初步形成。据史籍《列女传》记载，早在3 000年前，周文王的母亲在妊娠期间，坚持做到"目不视恶色，耳不听淫声，口不出敖言，能以胎教。"汉代贾谊著《新书·胎教》认为，胎教是"慎始"的教育，目的在于"正礼"，就是孕妇一切的活动都应以"礼"为规范，因为世界万事万物只有好的开始才会有好的结果。

中国古代胎教学说的理论基础是中医的"外象内感"理论，其科学内涵是强调孕妇的精神品德修养对胎儿的影响，这是其特点之一。胎教学说的另一个特点是，重视孕期保健，将胎教与养胎、护胎有机地融为一体。中国古代胎教方法主要有合理营养、调和情志、谨避寒暑、适度劳逸、慎施药治等。重视孕期保健、孕妇的身心健康，不但可预防妊娠疾病，还能使后代优生、优形、聪慧。

现代的科学胎教理论，继承了前人胎教思想的精髓。经过国内外大量实证研究，表明了胎教的科学性和可行性，并开发了语言胎教、音乐胎教、抚摩胎教等方法，随着胎教理论的不断完善，正逐渐发展成为一门系统的科学。

二、胎教的作用

胎教是人接受最早的教育。从现代科学的研究可知，在怀孕16周胎儿就有触觉、味觉、嗅觉；18周左右时胎儿就有视觉、听觉；26周时胎儿就有潜意识、意识与人格；在30周时胎儿就有学习、记忆与做梦的能力；到36周，胎儿的大脑皮质已发育完全。

研究发现同卵双生儿智商惊人地相似，不完全是由于他们遗传基因以及后天生活环境相同的缘故，也因为胎儿期共有母体的"子宫环境"。在同一子宫中，大脑取得了实质的生长发育。由此可知，胎儿是有敏锐的感受力和学习力的。不仅外界人、事、物可能在胎儿脑中留下潜在印象，母亲的行为与心理对胎儿更有深远的影响，所以胎儿早在母亲腹中就已经开始学习了。

胎儿在母亲腹内是有意识的、能反应的小生命。嘈杂的噪声会使他烦躁不安，优美的轻音乐会使他欣慰。当母亲疲劳过度，情绪激动或受惊吓时，胎儿也会惊动；母亲情绪良好、安然入睡，胎儿也感到愉快。有人发现，孕妇能把所见、所闻、所想，变成思维信息，不知不觉地传给胎儿，使胎儿具有某种天资。调查显示，勤奋好学的孕妇，生下的孩子便于教养。孕妇长期焦虑、抑郁，对孩子智力发育有不利影响，特别是在怀孕头3个月更为严重，可使胎儿成为低体重儿，表现为爱哭闹、进食不佳等。

总之，胎教的目的，无非是想通过外界的刺激，促使胎儿接受更多的优良信息，让其发育得更好、更聪明、更健康。那么只要是对胎儿有益的事情都可以归入胎教的范畴。大到怀孕前的准备、环境的改善、情绪的调节，小到听音乐、散步、和宝宝说悄悄话等，都是胎教的内容。

三、科学的胎教方法

（一）营养胎教

怀孕早期（1～3个月）饮食有规律，一日三餐不可缺。营养均衡多样化，多吃一些新鲜水果和蔬菜。怀孕最初的1～2个月，胎儿细胞仍在分裂、着床、初步发育等阶段，此时期并不需要刻意针对胎儿增加太多营养摄取或饮食的含量，只要母亲维持正常的饮食对胎儿来说就足够了。如果孕妇出现呕吐的困扰，可暂时改变饮食的方式，如少量多餐、少吃油腻和不易消化的食物、多吃新鲜蔬果。此外，多摄取肝脏类、马铃薯、燕麦、糙米、花生、小麦胚芽、蜂蜜等含有维生素B_6的食物，对于减轻早孕反应也有帮助。

到了怀孕中、晚期，是胎儿快速发育的重要阶段，这时饮食尽量做到均衡、不挑食，同时可多食富含蛋白质、水分、矿物质等的蔬菜、豆类制品等有益健康的食物。比如牛奶或奶制品、小鱼干、豆浆等食物，可以提供胎儿及母亲需要的钙质。此外，摄取适量的铁质，能预防孕妇贫血的问题，以免间接造成胎儿体重太轻。所以，怀孕中期开始建议多吃肉类、蛤类、动物内脏、菠菜和黑芝麻等，皆含有丰富铁质。另外，多摄取含有维生素C的食物对于铁的吸收也有帮助。

（二）情绪胎教

胎儿孕育在母体中，最早接触的声音就是妈妈的心跳和脉搏，从心跳的频率当中，胎儿直接能感受到妈妈的喜、怒、哀、乐。因此控制情绪，保持心境平和应该是准妈妈进行胎教的第一步。孕妇的情绪对胎儿会产生直接影响，如焦虑可能使胎儿多动、易怒、好哭，早期孕妇紧张、恐惧不安，可能会导致胎儿发生腭裂或引起早产，巨大的恐惧还可能导致死胎，或胎儿体重过低。所以孕妇的情绪、修养、仪表、心态，决定着胎儿的身心健康。孕妇要避免孤独、精神紧张等不良刺激，减少自我封闭，要稳定情绪，保持精神愉快，多在环境优美、空气新鲜处散步等。同时还要多做户外运动，在大自然的山水中将自己的心灵稳定到安静、平实状态。此时，家人的关心和体贴显得格外重要。父爱像阳光雨露，滋润着孕期的母子，孕育着生命的宫内展现着无限的生机和希望，母亲就像是大地提供足够的养分。没有了阳光、雨露的滋润，缺乏了爱的呵护，胎儿的心灵将是孤独、寂寞、痛苦的。情绪胎教可以加深孩子出生后与父母的感情，有利于培养孩子健全的人格，提高孩子的情商。

（三）语言胎教

对胎儿进行语言训练是一种行之有效的胎教方法。法国学者曾经对一些婴儿进行过法语和俄语的选择试验，结果发现他们对法语的发音反应更为强烈。美国"胎儿大学"的一个"小学生"在妈妈的子宫里经过"胎儿大学"的语言学习后，出生仅仅9周居然能对录像机放映的节目说"哈罗"。这个实例说明了这样一个问题，一个小生命在胎儿期就已经具备了语言学习的能力。

根据胎儿这种潜在的能力，只要孕妇不失时机对胎儿进行认真的、耐心的语言训练，那么等到胎儿出生后在听力、记忆力、观察力、思维能力和语言表达能力方面将会大大超过未经过语言训练的孩子。

从怀孕5个月起，就可以进行语言胎教了。与胎儿对话时最好给他取个乳名。语言要简洁、亲切，多次重复，以加深胎儿印象。当胎儿活动时，母亲轻轻地抚摩腹壁和他说话，刚开始胎儿可能不习惯反而躁动起来（表现为胎动增加），但对话的次数多了，胎儿就会变得安静，而且一听到妈妈的呼唤，就会在妈妈抚摩的地方蠕动几下，表示很高兴听妈妈说话。另有报道说，对话由父亲实施要比母亲实施的效果好，因为胎儿更喜欢听到父亲低沉的声音。父亲和母亲同时对胎儿进行胎教，既可以增进母子、父子间的感情，也能让孩子同时感受到父亲的阳刚之气和母亲的温柔之美，对于培养孩子良好的性格是非常有利的。

孕妇也可选购一些儿童画册，朗读一些温馨有趣的内容，如诗词、散文、童话故事等，只要适合胎儿成长的主题都可以采用。语言讲解要视觉化，不仅仅是朗读，以便更具体地传递给胎儿。

（四）音乐胎教

在生活中，人们常常把那些适合于母亲和胎儿听的音乐称为胎教音乐。准妈妈在自己的歌声中陶冶性情，是一种情绪的宣泄，舒缓紧张神经，使自己身心和谐愉快，获得良好的胎教心境，促进胎儿大脑发育，提前启动音乐智能。毫无疑问，音乐胎教对于促进孕妇和胎儿的身心健康具有不可低估的影响。

美妙的音乐可以促进脑神经元的发展与沟通，不仅对胎儿有好处，就连妈妈也能在音乐中放松自己的情绪。对胎儿进行音乐胎教可以通过心理和生理这两个途径来实现。① 心理作用：悠扬的音乐能使孕妇心旷神怡、浮想联翩，从而使其情绪达到最佳状态，并通过神经系统将这一信息传递给腹中的胎儿，使其深受感染。同时，舒缓的音乐节奏可以给胎儿创造一个平静的环境，使他朦胧地意识到世界是多么和谐、多么美好。② 生理作用：悦耳动人的音乐能激起母亲自主神经系统的活动，由于自主神经系统控制内分泌腺，使其内分泌激素分泌增多，这些激素经过血液循环进入胎盘，使胎盘的血液成分发生变化，有利于胎儿健康的化学成分增多，从而激发胎儿大脑及各系统的功能活动。准妈妈可以哼唱摇篮曲、儿歌和童谣，也可以挑选一些中外经典名曲，如《春江花月夜》、《江南好》、《春天来了》、《花好月圆》、莫扎特的小夜曲等，孕妇欣赏的同时，也是给胎儿传达一份喜悦。

（五）抚摩胎教

根据国外的研究，胎儿如果很少被触摸、爱抚，容易出现心理疾患及胎儿宫内生长发育迟缓（IUGR）。如果从胎儿期便经常充满爱意地触摸、按摩，将能有效促进养成孩子良好的性格和迅捷的反应能力。因此，抚摩是促进胎儿智力发育、加深父母与胎儿之间情感联系的有效方法。首先，抚摩及按压时动作一定要轻柔，以免用力过度引起意外。其次，有的孕妇在怀孕中后期经常出现一阵阵的腹壁变硬，即为不规则子宫收缩，此时不能进行抚摩胎教，以免引起早产。另外，还需注意的是，孕妇如果有不良生产史，则不宜使用抚摩胎教。开始抚摩时，有的胎儿能立即做出反应，有的则要过一阵才有反应。如果此时胎儿不高兴，他会用力挣脱，表现为蹬腿反应，遇到这种情况时，应立刻停止。数天后，胎儿对母亲的手法习惯了，母亲用手按压、抚摸，胎儿就会主动迎上去。妊娠6～7个月，母亲已能分辨出胎儿的头背时，就可以轻轻推着胎儿在子宫中"散步"了，这时应配合着轻快的乐曲，使胎儿"做操"。

准妈妈对胎儿的间接抚触，不仅能传达对胎儿的关爱，还能使孕妇本身处在一种身心放松的状态，达到安抚胎儿与舒缓母亲情绪的双重功效。

（六）环境胎教

家居环境应舒适、整洁，空气清新，可种植一些花草，墙上可装饰风景优美的图片或可爱的婴儿照片。经常到风景宜人的公园、树林等大自然中去散步，有益于孕妇心情舒畅、安宁、平和。

怀孕后，胎儿对有害刺激的抵抗力非常微弱，因此，避免有害致畸的因素，如射线和辐射、化学污染、噪声、药物、病毒感染等对孕妇非常重要。研究证明，以下药物对胎儿是有害的，孕妇应尽量避免使用（见表5-1）。

表5-1　对胎儿有害的药物

类　别	药　物　名　称	引发的病变
抗生素	四环素	牙齿发黄、短肢、肝脏受损、骨骼发育不良
抗菌剂	磺胺素	黄疸、溶血病
镇静剂	甲丙氨酯（眠尔通）、氯氮（利眠宁）、氯丙嗪	胎儿宫内发育迟缓、无肢、短肢、无耳、腭裂、食管闭锁等
性激素	雌激素、雄激素、黄体酮	女胎男性化、畸形等
激素	甾体避孕药、可的松、泼尼松	染色体断裂、兔唇、腭裂

类　　别	药　物　名　称	引发的病变
过量维生素	大剂量维生素A、维生素K、维生素B、维生素D和大剂量维生素B_6	黄疸、贫血、高钙血症、智力低下、新生儿维生素B_6依赖症
抗肿瘤药	放射性碘、抗癌药	损害甲状腺、胚胎死亡
抗抑郁药	丙味嗪	四肢畸形

四、如何实现优生

优生是指运用现代生物学、医学、遗传学、社会学等多方面的科学知识和一系列措施，避免不良因素的影响，使胎儿在母体发育和出生时都能得到很好的照顾，生育出身心健康的后代。

"优生"一词由英国人类遗传学家高尔顿于1883年首次提出，其原意是"健康的遗传"。他主张通过选择性的婚配，来减少不良遗传素质的扩散和劣质个体的出生，从而达到逐步改善和提高人群遗传素质的目的。我国古代医学家对优生早有论述，如两千多年前《列子》就提出"有生者，有生生者；有形者，有形形者"，即指亲代的形体、性格、行为，甚至声音等特征，都会遗传给子孙后代。优生对于个人、家庭、民族乃至整个人类社会，都有着极为现实和深远的影响。

由遗传性疾病、先天性疾病所造成的生理缺陷是相当惊人的，已知常见的遗传病有3000余种。据调查，先天性畸形是造成新生儿死亡的首要因素。《中国妇幼健康事业发展报告（2019）》相关数据显示：我国是人口大国，也是出生缺陷高发国家。经过近十年的努力，我国在2017年出生缺陷导致5岁以下儿童死亡率由3.5‰降至1.6‰，出生缺陷防治成效显著。但不可忽视的是，我国防治出生缺陷问题仍面临很多挑战。所以说，优生的目的就是"生优"，即采取一系列措施保证诞生的后代是优秀的。那么如何做到优生呢？实现优生的基本条件，可以从以下三个环节着手。

（一）婚前咨询和检查

婚前咨询检查和卫生指导是防止出生缺陷的第一站。医生通过检查和调查病史，确定有无影响婚育的严重疾病、先天性畸形、遗传性疾病或感染性疾病等，从而提出对结婚、生育的具体指导意见，避免给婚姻、家庭和后代带来不幸和伤害。有资料表明，近亲结婚后代患隐性遗传病的几率是非近亲结婚的150倍，各种遗传病发病率、畸形率、死亡率等也都提高数倍。

（二）孕前咨询和准备

如同种子的质量和土壤的好坏决定了农作物的收成一样，人类生命的健康程度也取决于卵子和精子的质量及胎儿成长的营养环境。在充分准备下有计划地妊娠，可以在最大程度上减少出生缺陷，促进优生。最好在合适的年龄孕育，年龄越大，胎儿畸形率越高；双方进行健康检查，评估妊娠风险，提前查因并针对病因进行治疗和干预；避免接触有毒有害物质及不良环境，尽量少去人员聚集的公共场所，以免病毒感染；避免使用可能影响生殖细胞质量及胚胎发育的药物。

（三）重视孕期保健和监护

胎儿在母体发育的十个月是一个人一生中至关重要的时期。母亲和胎儿血肉相连，息息相关，母亲的健康营养状况、心态情绪的好坏等直接关系到胎儿的生长发育以及出生后婴儿乃至成人以后的健康。因此孕期除了定期检查、均衡饮食营养、谨慎用药外，还应调整身心状态，医护人员和孕妇家庭也要共同努力，营造一种轻松温馨的氛围，帮助孕妇减压和适应孕期各种变化带来的不适，使胎儿有一个良好安全的生长环境。

总之，我国是一个人口大国，提高人口质量，减少和预防出生缺陷，提倡优生，重视胎教，开展优生优育的研究，已成为我国优化人口政策的一项重要内容。

第二节　新生儿期的家庭教育

一、新生儿教育的意义

新生儿是指出生至满月的婴儿。人们常常认为新生儿是无能的、被动的个体。现代科学研究证明，新生儿从出生之日起就具有主动探索外部世界的潜在能力，而且还具有相当惊人的反应和学习能力。刚出生的婴儿，其大脑具有惊人的吸收知识的能力。以创立"儿童之家"而闻名于世的著名幼儿教育家蒙台梭利女士，将它称为"胎生的吸收精神"。越是接近0岁，这种吸收能力就越强。0～2岁孩子的大脑，是任何成人也无法与之相提并论的。不论难易，他们都能够对教育性刺激表现为理解、接受，并且这一时期所记忆的图像、输入的信息将进入到深层意识——潜在意识中。

二、新生儿教育的方法

（一）视觉训练

被人们称为"智慧之窗"的眼睛能获得外界80%的信息，充分发挥这方面的潜在能力，将有利于智力发展。新生儿出生15小时，就能区分母亲与其他女性的脸；新生儿对人的面孔很有兴趣，具有很强的美、丑辨别能力；喜欢色彩鲜艳、形状多样的东西，并会随之转移目光。遗憾的是有些家长认为"月子里的孩子怕光"，常常白天用窗帘遮光，晚上把灯调暗，这样会限制婴儿视觉的发展。若是让婴儿感觉到白天亮、晚上暗、开灯亮、关灯暗，就能刺激婴儿视觉的发展，并建立条件反射，使婴儿学习到天暗了、关灯了要睡觉，天亮了可睁开眼看看、玩玩。

（二）听觉训练

新生儿的听觉与生俱来，对声音的来源很敏锐，听到并会用眼睛去寻找。同时对声音有自己的喜好，如听到比较尖锐的噪声，会表现出烦躁的神态。用摇鼓或铃铛在婴儿耳边轻轻摇动，婴儿听到铃声会转向铃声方向。另外，要经常和婴儿讲话、唱歌，虽然他听不懂，但听到父母的讲话声、笑声会感到舒适、愉快。又如喂奶时放一些轻柔的音乐，提供听觉刺激，促进新生儿的听觉发育，声音、音调、节奏的变换是转移他烦躁不安的绝妙办法，这样不仅可以培养婴儿的语言感、音乐感和节奏感，还可以给孩子以更多的"情感营养"。

（三）触觉训练

新生儿的触觉很发达，他们对冷、热的刺激特别敏感，对配方奶及洗澡水的冷、热都有反应。当乳头触及婴儿的嘴边，婴儿会做出吮吸的动作。抚摸婴儿的皮肤，其会露出舒适的微笑。婴儿一般都是通过嘴和手去触摸感知外界的刺激，因而早期触摸感觉的发育与长大后手的灵巧程度有很大的关系。然而，有些父母往往不重视这方面的问题，在婴儿出生后就用小包被将婴儿捆绑成一个蜡烛包，婴儿的手脚和身体都不能自由活动。还有的父母怕婴儿小手抓脸而将衣袖做得很长，并用带子扎缚衣袖，使婴儿手臂不能弯曲，小手无法触摸东西，从而影响触觉功能的发育。

若是让婴儿睡在宽松的睡袋里，手脚和身体不受束缚，双手能从袖口中伸出触摸各种东西，手眼能协调一致活动，不断地探索，婴儿的学习潜力将进一步发展。比如可以把有柄的玩具塞在婴儿手中，让婴儿练习抓握。另外，还可以给新生儿做按摩操。让孩子仰卧，双臂放于体侧，妈妈可以用手指从肩到手按摩孩子的胳膊；还可以用手掌按摩孩子的腹部和两肋。这种按摩活动不仅可以疏通孩子的上肢和腹部的血液循环，而且还可以使孩子在妈妈的轻轻抚摸下，产生舒适、愉快的情绪反应。

（四）动作训练

提供动感刺激。洗澡后，室温保持27℃，父母给婴儿做被动操，活动他的躯干、手臂和双腿，使婴儿手足运动2～3分钟，这样新生儿的骨骼和肌肉得到锻炼。另外，还可以训练婴儿俯卧，使其抬头，成人可以将宝宝竖着抱起，使其头部靠在训练者的肩上，一只手保护宝宝的颈部和腰部，让其将头自然竖立片刻，每日进行3～4次，主要目的是锻炼宝宝的颈肌，以能支持头部的重量。

（五）嗅味觉训练

新生儿的嗅觉和味觉比较敏感。他能分辨不同的气味，如闻到奶香气味，会露出笑脸并将头转向母亲的乳头，若闻到某些刺鼻的气味就转头避开。新生儿对母亲的气味尤其敏感。婴儿还能区分不同的味道，喜欢甜的东西。为增强嗅觉、味觉的能力，可准备不同味道的液体，如清水、果汁、奶水，滴一滴给婴儿，观察他的喜好；准备不同气味的东西，刺激婴儿的嗅觉。

（六）交往能力和模仿能力训练

婴儿出生后就会笑，这是"生理性的微笑"，是与生俱来的。以后，慢慢地，婴儿学会了对人脸和玩具微笑，这时产生了社会性需要，转变为"社会性微笑"。他喜欢有人逗引，有人接近他就笑，离开他就哭，和他讲话会咯咯地发音应答。

婴儿还特别依恋母亲，早期交往能力会在母亲的搂抱、爱抚、笑笑、玩玩中得到发展。据研究，新生儿从两周起，就学会模仿母亲的面部表情，如：模仿母亲伸舌头、张嘴，母亲有意识地训练，婴儿就会跟着模仿，稍大时婴儿学会模仿拍手、摇头、挥手再见等动作。婴儿最初学会的本领都是通过模仿而获得的。

多项研究和事实证明，新生儿出生后就具有惊人的学习潜力。父母应该为孩子创造良好的生活环境，实施科学合理的早期教育，使宝宝主动探索外界的潜能得到充分的发展。

> 知识拓展

婴儿被动体操

第三节　学步儿期的家庭教育

一、学步儿的年龄特点

1～2.5岁的儿童，从开始学步，到能够完全自如地行走、活动，并初步学会用语言与他人交流，整个阶段称为学步儿期，这个时期是儿童从依赖走向独立的一个新台阶。1～2岁的孩子自我意识开始萌芽，但还不能准确区分"你""我""他"。他们此时不仅拥有永无止境的好奇，也有着不断探索的欲望。他们开始产生了强烈的要求自己做事的意识，想要自己吃饭、自己穿衣，凭借自己的力量把事情做好。初学走路的孩子开始认为自己是独立于成人的自主个体，他们已经准备好摆脱婴儿期的诸多限制，但还不具备可以脱离保护的能力，依赖性还很强，由此开始经历人生第一个反抗期。学步儿期的特征主要表现在以下3个方面。

1. 总是在拒绝，总在说"不"

1～2岁的孩子常常将"不要""不去""不干"等挂在嘴边，脑子里装着许多"不"字，"不"是他独立的宣言。但是这个"不"并不单纯意味着反抗，它对于孩子建立自我意识也有非常重要的作用。因为当自己的要求受到限制或禁止时，要如何坚持"不要"的念头，并且说出理由让别人接受自己的意见，这都是很宝贵的学习经验。

2. 凡事都要自己来

为了追求独立自主，尝试新鲜事物，孩子爱说"我会""我来干"，这样可能就会有一些危险动作，如坚持自己过马路、自己喝热汤、自己拿剪刀剪纸等。这样做只是独立的一种迹象，它表明孩子想自己照料自己，想自己说了算。

3. 故意做大人不允许的事

经常可以看到一岁多的孩子，妈妈对他说："不要扔奶瓶啊。"孩子听了马上"啪"地把奶瓶扔了；"不要把那积木放进口里！"孩子听了马上把积木塞口里。妈妈的"不要"最后都成了提醒孩子"要"。到了2岁以后，孩子"明知不能为而偏为之"的特点越来越明显，他似乎总想通过反抗来证明自己是独立的个体。孩子越来越顽皮了，把玩具乱扔、用笔乱画乱涂。家长越训斥，他越对着干。孩子往往不愿接受大人的命令，因为接受了，就等于承认成人的权威了。他故意和家长反着说、反着干，往往是为了考验大人的权威性，或者想试试自己的独立性、自主性。

二、学步儿的教育方法

（一）要尊重和理解孩子

父母要了解孩子的心理状况，"自己的事自己做"是该年龄阶段孩子的正常心理发展特点，不要压抑孩子独立性活动意向，解放他们的手脚，让他们做一些力所能及的事，培养他们的独立自主性，为形成良好个性打好基础。根据他们独立性的表现，趁机培养孩子生活的自理能力。否则错过时机，很容易形成孩子依赖和懒惰的习惯。家长要注意对孩子说话的口气和方式，要认真听孩子讲话，使孩子感到你在尊重他。孩子吃饭不要硬逼，让孩子做事尽量不用命令的口吻。不要当众斥责孩子"不争气""笨蛋""没出息"等，这样会深深伤害孩子的自尊心。以平等的态度对待孩子，尊重孩子的人格，并非是娇惯孩子。事实证明，受到父母充分尊重的孩子，大多与父母非常合作，待人友善，懂礼貌，举止大方，自我独立意识强，心理学家认为这是孩子受到应有尊重的良好反应。当孩子要求自己去做一些事情的时候，大人不要斥责他们。同样，当他们不愿自己去做，习惯依赖父母的时候，也要从兴趣上培养他们独立做事情的能力。例如，通过游戏的方式，让孩子做些象征性的劳动。如果能坚持，他们就会逐步养成热爱劳动的习惯，同时也培养了孩子的独立性和自主性。

（二）多给孩子独立做事的机会

📅 案例 1

....

格格最近自主意识非常强，22个月不到的格格已经完全不听格妈的指挥了。而且，格妈发现，格格现在试图以自己的能力来挑战格妈的权威和道理。在格格看来，格妈讲的似乎并不是那么有道理。

比如，格格想把一辆小汽车塞到冰箱与墙壁的交界缝里，格妈提醒她："不要塞进去，万一拿不出来可麻烦了。"格格说："拿得出来的！"然后，她就在格妈的注视下公然把小汽车往里塞，然后再拿出来。做完这个，格格抬头看着格妈，似乎在告诉格妈："你看，我拿出来了吧？"

再比如，格格喜欢双腿蹦蹦跳，每次带她出门，她不走平路，要走洼路，有台阶的更喜欢走，走上走下，似乎这也是一项有趣的活动。那天，格格站在一个台阶上，试图双腿跳下来，格妈提醒她："不要在上面跳，要摔倒的，你快到下面来跳吧！"格格说："不会摔倒的。"然后，她拼命挣脱格妈的手，纵身一跳，稳稳当当地从台阶上跳到了地面。跳完后，格格抬头对格妈说："妈妈，你看，我没有摔倒！"格妈一颗悬着的心终于放下。

首先，必须高度信任孩子，鼓励他们做力所能及的事。当孩子有了第一次"我自己做……""我会……"的表示时，切不可小视他们，更不可拒绝孩子。因为，这种表示正是孩子独立意识和自信态度的萌芽，千万不可以"扼杀"。此时，最好采用欣喜和鼓励的语言，如"好啊！你来试一试！""太

好了，我家宝宝又学会新本领了！"父母的及时肯定，给予孩子的信号是：爸爸妈妈喜欢我这样。长此下去，孩子的独立意识和自信态度就会得到保持，即使在做事时遇到了困难，孩子也不会退缩。反之，过分地庇护、替代孩子，等于亲手为孩子挖了一个温柔的陷阱，掉入这个陷阱的孩子连尝试错误的机会都没有，更无从获得成功的体验，树立自信心。

其次，在能力上给予孩子必要的指导和最适宜的帮助。例如，当父母准备或者已经为孩子购买了一双系鞋带的鞋子时，可以在孩子常用的小书包上缝一根漂亮的绸带，让他每天都有练习系蝴蝶结的机会。这样，当孩子穿上新鞋时，就不会因系不上鞋带而苦恼和失去对自己能力的信任。

（三）冷静处理孩子的逆反

案例 2

晚餐的时候，妈妈没有答应皓皓的无理要求——可乐拌饭，于是皓皓照旧往地上一趴，然后作爬行状，还用挑衅的眼神望着妈妈。妈妈一改平时紧张生气的样子，双手拍掌，大声笑着说："大家快来看啊，这里有人学小狗。"皓皓一听，老大不开心地大声抗议："我不是小狗！"之后飞快地站起身，掉头就走。

分析：面对宝宝的叛逆，以平常心对待，切忌大惊小怪。适当的时候可以利用他的逆反心理进行教育。

如果孩子实在蛮不讲理，失去理性，家长应以平和的态度，坚定地予以制止，但不要当场啰唆地说教，那时他是听不进去的，孩子的气往往来得快去得也易，等到孩子心平气和之后再来和他说道理。要防止负面情绪在孩子心里堆积，孩子心生怨气，加重逆反情绪。

（四）正面要求，少讲"不"字

少讲"不要动爸爸的手机""不要用脏手拿蛋糕"等。家长老这么用"不"字，会使孩子满脑子装的都是反义字。他本来在不想干一件什么事的时候，马上就会想到你用的"不"字，并且这样反过来用，表示他的独立性、自治性，他也是大人了。为了减少孩子对着干的机会和潜在危险，可以在家里的暖气片外面加上一个罩子，把易碎物品收藏好。

（五）多给他选择的机会，而不是命令

比如想让他穿上外套，最好说："你穿有小熊的那件衣服，还是穿有小狗的那件衣服？"而不是命令："你把外套穿上。"想让他在吃饭前先洗手，可以说："你在哪儿洗手呢？你用这块红颜色的肥皂，还是那块白颜色的肥皂？"而不是说："不洗手有细菌。"这样，他就会感到自己可以控制自己的生活，因而会减少反抗。

知识拓展

婴幼儿健康养育照护的基本理念

第四节　入园期的家庭教育

随着年龄的增长和身体各系统功能的成熟完善，3岁左右的孩子已经从一个软弱无能的个体发展到会走路、会与人简单地交谈、会初步地游戏，他们便开始进入了幼儿期。这个年龄的孩子不再满足

于家庭的小天地，不再局限于同家庭中少数几个成员打交道，开始产生了参加社会生活和活动的需要，这就具备了进入幼儿园的能力和条件。上幼儿园是他们离开家庭走向集体的第一步，也是他们走向社会的第一步，是幼儿人生的一大转折点。幼儿园为幼儿提供了丰富多彩的集体生活环境，孩子在这里可以积累许多经验，初步形成与人分享合作、尊重他人等一些品质，有利于培养集体意识，形成合群、开朗的性格，并且可以弥补独生子女缺乏伙伴的不足，促进幼儿社会性发展，成为一个能够适应社会生活的人。

因此，3岁是孩子进入幼儿园的最佳年龄，家长应及时送孩子进幼儿园，让他们在那里过集体生活，接受全面发展教育。

一、入园前的家庭教育

孩子要上幼儿园了，这对家庭来说是件大事，可是从未离开过亲人的孩子能适应幼儿园的生活吗？其实，只要家长能够正确对待，孩子顺利地适应幼儿园生活并不是什么特别恐怖的事情。孩子上幼儿园习惯不习惯、喜欢不喜欢，最关键的还是看父母有没有帮助孩子做好充分的准备。这个准备包括心理方面、生活自理能力方面，同时也包括作息时间方面的准备，做好这些方面的准备工作，一般孩子都能顺利过渡到幼儿园生活。

（一）为孩子选择合适的幼儿园

家长为孩子选择幼儿园主要从以下四方面考虑。

第一，有高素质的师资力量。优秀的幼儿教师一定都学习过专业的课程，接受过专业的训练，而且必须对孩子友善，有爱心、有责任感。

第二，有内容丰富的课程安排。一日活动安排丰富多彩，动静交替，有充裕的课外活动时间。

第三，有优良的园内外环境。园内环境干净整洁，做到美化、绿化、儿童化，周围无污染、无噪声、无安全隐患。

第四，设施齐全，功能完善。教室宽敞、明亮，日常生活用品和学习娱乐用品齐全，玩具和体育设施质量较好，无危险。

（二）心理准备

可以带孩子到附近的幼儿园参观一下，在幼儿园的户外场地玩耍，告诉孩子这将是他要去的幼儿园，这里一切都很好，有很多玩具，老师会唱歌、跳舞和画画，还有很多小朋友可以一起玩。通过这种方式的交流，让孩子对幼儿园产生一个良好的印象，这样可以缓解孩子对陌生环境的焦虑感，从而容易适应幼儿园的生活环境。有的家长把幼儿园老师当"恶人"，用来恐吓孩子是非常不可取的，孩子会反感幼儿园，恐惧老师。

另外，要让孩子知道，送他上幼儿园并不是父母不要他了。很多幼儿恐惧上幼儿园就是因为觉得爸爸妈妈把他送到幼儿园就是不要他了，这个时候父母应该不厌其烦地向孩子传达一个信息：爸爸妈妈要上班，宝宝长大了要上学，我们会在下午来接你回家的。切记，家长一定要说话算话，特别是在孩子上幼儿园的初期。

避免大人的不良情绪影响孩子。孩子入园，他自己可能还不太紧张，最紧张的是家长。大人的紧张、担心、恋恋不舍的分离、焦虑会传染给孩子，延长孩子的适应期，所以父母一定要处理好自己的情绪。

案例3

涵涵下个月就要上幼儿园了，带了他3年多的奶奶长出了一口气："以后你再敢调皮捣蛋、不听话，就让老师把你关到小黑屋去，老师可比奶奶厉害，有的是治你的招。"这本是玩笑话，可是说多了，涵涵一听"幼儿园"3个字就吓得直哭。妈妈带儿子去幼儿园面试，还未到幼儿园门口，涵涵就生离死别般地号啕，说什么也不肯进去。

想一想：这种情况正常吗？为什么？

（三）生活自理能力的准备

孩子上幼儿园，很多事情就得由他自己去完成。例如，自己吃饭、自己喝水、自己穿脱衣服和鞋袜、自己上厕所等，这些都需要父母提前进行培训和练习，为他入园后的独立生活扫清障碍。

给孩子一个专门的餐桌，让孩子学会使用餐具自己吃饭。一般在家里都是家长喂孩子吃饭，可是到了幼儿园，一般都要求孩子自己吃饭。这可能需要家长多花一点精力，养成孩子独立进餐的习惯。

别让孩子挑食。在家里，家人可以根据孩子的口味为他准备食物，通常饭菜过于精细。幼儿园却并非如此，做什么就得吃什么。所以，尽量让孩子不要挑食，尝试不同口味的食物，这样进入幼儿园才能更好地饮食。

让孩子学会自己脱裤子大小便。在幼儿园，一般会有统一时间让幼儿上厕所，一个班内孩子较多，老师不可能帮助到每一个小朋友，所以最好能够让孩子学会自己脱裤子，这样就不会发生在等待老师脱裤子的过程中忍不住大小便的事情了。

学会穿脱衣服、鞋袜和独立睡觉。家长给孩子穿的衣服、鞋袜一定要舒适和方便穿脱。同时要改掉抱着奶瓶睡觉等不良习惯。小女孩的头发最好梳得简洁些。让孩子学会清楚地表达自己。教孩子学会请求帮助，能够清楚、大胆地表达自己的要求，如要撒尿、要喝水、肚子疼等，便于老师及时采取相应措施。

（四）作息时间的准备

首先要清楚幼儿园的作息时间。一般是8：00入园，上午做些游戏、户外活动，中午11：00午餐，午饭后12：00～14：30为午睡时间。下午为吃点心和游戏玩耍时间，17：00放学。如果孩子不是按照幼儿园的作息时间生活，在入园前2～3个月就要开始帮助孩子努力纠正了。特别是到了冬天以后，有些孩子9：00左右起床，吃过早饭要到10：00左右才到幼儿园，这会影响孩子一整天的学习活动。又如，有些孩子午饭不好好吃、午觉不好好睡等，长期下去对孩子的身体健康会造成不利影响。

二、入园后的家庭教育

忙活了好几个月的父母们，终于把孩子送入了称心如意的幼儿园。许多父母总算是松了一口气，万事大吉了！殊不知这时的孩子站在了一个新的起点上，更需要父母的关注和扶持。年幼儿童的习惯形成需要经过反复的实践和训练，如果家庭不与幼儿园相互配合，会对孩子成长不利，孩子可能因此感到无所适从，甚至形成双重人格。所以，在孩子入园后家长还得讲究一些教育技巧。

（一）及时鼓励孩子在幼儿园的进步

当孩子在幼儿园取得了一点进步，如学会一首歌、一支舞，学会写自己名字时，父母应及时鼓励。鼓励形式可以是送他一个小礼品、在家人面前大声表扬等。通过这种方式，孩子会深刻体会到幼儿园生活给自己带来的成就感，因此加深对幼儿园的情感。对不容易适应的孩子，父母应该尽量避免问他"今天在幼儿园老师对你好吗？""今天和小朋友一起唱歌了吗？"等，避免让孩子的记忆一直停留在不良的情绪体验中。当孩子说不喜欢幼儿园或不喜欢老师时，父母应该转移孩子的注意力，避免与他谈论幼儿园的事情。

（二）教给孩子一定的交往技巧

有些孩子的语言表达能力差、社交能力弱，没有学会与人相处的技巧，除了自己在角落里玩玩具外，没有小朋友和他一起玩，因为在班级里不受欢迎，所以也就不喜欢去幼儿园了。例如，在幼儿园中，当一个孩子看到另一个小朋友在玩一辆漂亮的小汽车时，就希望和他一起玩。开始这个孩子只是盯着小朋友看，不说话，当他发现小朋友不理他时，就扑上去一把推开那个小朋友，抢了小汽车……这显然是孩子缺乏交往技巧的表现。因此，在平时的生活中，父母应该教导孩子如何热情地邀请小朋友一起玩，如何与小朋友一起分享等交往技巧。在家中，父母要有意识地教孩子学会使用礼貌用语，如"请""谢谢""对不起"，大方地向别人问好等。孩子说话时，教他清晰地表达自己的意愿，如当孩子想去厕所时，应该说"老师，我想去厕所"等完整句子，而不要让他用意义含糊的习惯语代替。

（三）在孩子面前正确评价老师

在培养孩子方面，父母和教师是一条战线上的"战友"，父母首先应该信任教师，才能协同教师工作。刚入园的孩子，需要对老师产生一种心理上的安全感。老师在他们心目中的地位很重要，父母应该帮助他们维护教师的形象。所以，当孩子对父母说"今天，我们画菠萝啦，我画得可好呢，但老师没有把我的画贴到'墙上'"的时候父母在回答孩子时不应该说："你们老师偏心。"明智的父母应该说："那是因为老师认为你能够画出比这一次更好的菠萝，老师等着你下一次的菠萝呢！"然后，私下里再与教师交流孩子的表现和情绪。理智的父母在孩子面前总是维护老师的形象，而不是相反，更不要当着孩子的面议论、指责教师。

（四）积极参与幼儿园教育活动

入园之初，父母要主动帮助教师全面了解自己的孩子，向教师介绍孩子的个性特点、生活习惯等。让教师真实地掌握孩子的情况，以便用有效的方式和途径接近孩子，使孩子对教师形成信赖、依恋的心理。幼儿入园后，父母同样应该把孩子在家里的情绪、表现告诉教师，但不要当着孩子的面。这样既可以从教师那里获得指导孩子的方法，也有利于教师采取积极的措施来消除孩子的顾虑、不安，从而促进孩子的成长。

父母可以利用接送孩子的时间，直接与教师交流孩子的情况，也可以通过联系手册进行家园联系。此外，幼儿园各种活动，如"六一"儿童节、元旦，以及家长开放日，父母要积极参加，进一步了解幼儿园的教育、管理方法，目睹孩子在集体生活中的各种表现，全面了解孩子，才能配合幼儿园教育活动的开展，使教育发挥最大效能。

第五节　入学期的家庭教育

案例4

孩子说："妈妈，上学坐椅子的时间太长了，我坚持不住！而且老师让我回答问题，有那么多同学看着我；课间我想玩，可是我上完厕所就没有时间了……"

想一想：幼儿园与小学相比有哪些不同？怎样使孩子顺利地适应小学学习生活？

一、入学期教育的意义

如果把学习的每个阶段比作一个台阶，从幼儿园向小学教育阶段过渡，是很多6岁左右的孩子都要面临的人生第二个"台阶"。如何顺利完成这两个不同学习阶段的过渡？孩子们有哪些困惑？孩子的期待感、自豪感、紧张感、陌生感交织，五味杂陈，家长能从哪些方面帮助孩子完成过渡？从教师和孩子反映的情况来看，儿童从幼儿园到小学过渡期间，他们的内心情感、上学愿望、学习兴趣和自理能力以及行为习惯，是需要家长着力帮助孩子进行调整的重点，而"幼小衔接"衔接的正是这些内容。从幼儿园步入小学，是儿童身心发展的一次重大转折，对孩子和家长来说，都是一次考验。

二、学前阶段和小学阶段的区别

小学的学习生活与幼儿园、家庭生活有很大的区别，孩子眼中的老师由保育、教育兼备的呵护照顾型，变成了以教育为主的要求引导型；学习的方式也由幼儿园的游戏玩耍，变成了强制学习；行为规范、各项制度的增多，给孩子带来了压力。社会、家长的期望和要求突然提高，孩子的学习压力大了，可自由支配的时间少了。所以，为孩子就读小学做一些知识方面的准备固然必要，但知识的准备并不是幼小衔接的重点或全部内容，应该引起家长关注的是孩子在身心和社会性上能否适应小学生的要求。

三、做好入学的准备工作

入学的准备工作包括心理准备、学习准备、独立性准备和物质准备。

（一）心理准备

在心理方面，家长要让孩子觉得"做一名小学生是很自豪的事"。与孩子聊天时，家长要有意识地聊一聊小学生及学校的事情，告诉孩子上学的种种好处。例如，可以认识很多新朋友、学到更多的知识等。要多鼓励、赞赏孩子，并由衷地祝贺孩子长大了，如家长可以说："今天玩具收拾得真干净，真像一名小学生！"让孩子从家长的口吻中，感受到成长的自豪，从而产生羡慕小学生、向往小学生生活的情感。

利用孩子平时提出的一些问题进行引导。孩子平时喜欢提出这样那样的问题，家长在给孩子解答时，可以对孩子说："你问的这些问题，妈妈也不完全懂，等你上学了，老师会告诉你的，因为老师知道很多的事情，你想问什么，老师就会告诉你什么。""到学校上学，你会学到很多知识。"这样交流后孩子对上学就会产生兴趣。

提前带孩子到新学校参观、熟悉环境。开学前，父母可以带孩子到学校参观，让孩子认识上学的路线，以及学校位置，还要告诉孩子学校的一些设施和活动场所，学生在教室上课的情况与课外活动的种种乐趣，逐步让孩子对学校产生好感。

不要将负面情绪传递给孩子。有些家长可能会过度担心，向孩子传递一些负面的信息，如有些父母在聊天时，无意会说"这么好动，上课几十分钟如何坐得住""小学的功课会很难""你就要去受苦了"等，孩子本来还没有意识到这是个问题，父母这种心理暗示会让孩子产生压力和负担。如果让孩子处在这样的情绪、氛围中，很可能还没迈入小学校门，就已经对即将到来的学习生活感到恐惧或厌倦了。

（二）学习准备

1. 培养学习习惯

孩子在幼儿园以玩为主，到了小学就转变为以学为主。刚上小学，孩子对学习充满了渴望，对老师发给他的各种书本感到新奇，对课堂上的学习兴味盎然。家长应抓住孩子的这种新鲜感、好奇心，强化孩子的求知欲，尽量在家中把孩子的学习搞得丰富多彩，如给孩子安排一定的学习时间、要求先做作业再去玩，并为孩子提供一个安静的学习场所，让孩子专心致志地做作业，并制定一个时间表，培养孩子时间观念。完成作业后，可以让孩子自由活动，做他喜欢的事情。

2. 培养学习兴趣

爱玩是孩子的天性，贪玩并不奇怪，对这一点父母不要惊慌，要动脑筋把玩与学习兴趣联系起来，也就是说为他设计一些简单的游戏或活动，在游戏和活动中帮助孩子发现问题，引发兴趣，比如孩子不肯读书，可以找几个小朋友到家里和孩子一起学习。学习形式为多种多样，吃饭时可以从餐具入手，认识餐具名称；去公园游玩时，教孩子认识各种植物、昆虫以及各种类型的建筑物，让孩子学得轻松有趣。

3. 培养自控力和注意力

小学一年级教师最头疼的事，莫过于新入学的孩子注意力不集中。幼儿阶段的注意力，主要是靠环境中新奇、有趣的事物吸引。而小学生在上课时，需要有意识地控制自己，把注意力指向老师。家长要有意识地进行适当的安静做事训练，让孩子学会专注，如让孩子静静地玩积木，画画的时候家长不要以任何形式干扰孩子，直到他自己转移注意力。很多时候，家长或教师会无意识地打断正在投入玩耍的孩子，分散他们的注意力。时间一长，孩子注意力就难以集中了。

（三）独立性准备

上小学意味着白天要独自面临学习、生活、玩耍、与其他同学交往的各种事情，所以父母应该在可掌控范围内大胆放手，让孩子独立选择和处理日常问题，帮助孩子更快地成长起来。

首先要注意让孩子在上小学前掌握基本的生活技能，如穿衣服、系鞋带、洗脸、漱口等个人卫生，还有扫地、擦桌子等为集体服务的劳动。刚开始时孩子可能会手忙脚乱、丢三落四，家长要有耐心，可以在旁边多加指点，但是不能代劳。

另外可以把小学和幼儿园不同的作息安排提前告知孩子，如现在很多小学生中午是托管在学校的，午餐不要偏食、挑食；课间不要光忙着玩，要注意上厕所，因为上课后不能和幼儿园一样可以随时上厕所，并需要举手告诉老师。

家长还要有目的地让孩子自己整理自己的物品，收拾自己的学具，整理书包。如周末带孩子出门，可让孩子自己背一个小包，将自己的物品装进去，回家后检查有没有把东西落在外面。

家长要提前了解小学的作息时间，并以此时间为标准，调整孩子的作息时间。逐步让孩子养成早睡早起、洗漱、吃早饭等生活习惯。同时，要知道整理自己的仪表，注意保持仪表整洁。

到了小学，认识的同学会越来越多，从现在开始就要训练孩子参加更多的集体活动，学会和更多的人相处，学会与人分享快乐，主动帮助他人，遵守公共秩序。如在假期中，父母可以创造条件，让孩子和社区同龄的孩子交流，在玩耍过程中注意秩序和礼貌。

（四）物质准备

物质准备是指为孩子购买必要的学习用具和生活用品，像书包、文具盒、尺子、铅笔、橡皮、彩笔等。家长在准备时，不用过于追求样式和数量，够用就行。家长要向孩子介绍各种学习用具的用途和使用方法，比如橡皮的用法，告诉孩子不能过于依赖橡皮，应该想好了再写。另外，还要让孩子懂得爱惜所有学习用品。教育孩子要爱护学校的课桌椅、门窗，不得乱写乱刻。同时，服装、鞋帽、水杯等生活用品，应一切以舒适、简单、实用为主。

知识拓展

寓教于乐的亲子游戏

📰 单元小结

从胎儿期、新生儿期、学步儿期到即将入园入学的幼儿，学前儿童不同年龄阶段有不同的身心特征，家庭教育必须在不同年龄特点、不同发展水平、不同个性的基础上，确定教育的重点和难点，灵活运用教育策略，才能使教育有的放矢，取得事半功倍的效果。

👥 思政要点

学前儿童是人生发展的起始阶段，是教育的"关键期"。学习者应该尊重生命，客观看待各年龄阶段的特殊性；尊重教育科学，理解儿童身心发展是一个动态、复杂的过程；发展辩证思维和敢于探索、创新能力。

✏️ 思考与实践

1.什么是胎教？胎教的方法有哪些？

2. 新生儿应注重进行哪些方面的训练？

3. 学步幼儿有何特点？怎样对待他们的逆反行为？

4. 家长应为准备入园的孩子做哪些方面的准备？孩子入园后应怎样配合幼儿园的教育工作？

5. 为做好幼小衔接，家长应该为即将步入小学的孩子做好哪些方面的准备工作？

6. 案例分析：

该不该有作业

升入大班后，每天晚上离园时总会有家长问"今天的作业是什么？""今天布置作业了没有？"等问题。这天欣欣的奶奶像往常一样问小张老师："老师，今天有作业吗？"由于白天进行的是手工活动，张老师将活动进行了延伸，请幼儿晚上回家和爸爸妈妈一起完成一幅手工作品，于是回答道："今天回家的作业是跟爸爸妈妈完成一幅亲子作品。"

谁知欣欣奶奶很不开心地说："这算什么作业，没有要写的作业吗？"张老师解释道："晚上的亲子作品是对白天活动的一个总结延伸，也可以算是对幼儿学习的一个检查。"

"就没有要写的吗？快毕业上小学了，还不教孩子写作业。"

最后在教师的一再解释下，欣欣奶奶才不情不愿地走了。

分析讨论：如果你是大班教师，你将怎样对待家长的这一要求？

第六单元
特殊家庭类型的学前儿童家庭教育

单元课件

单元导读

　　本单元通过单亲家庭的家庭教育、留守儿童的家庭教育、灾害后儿童的家庭教育和隔代家庭的家庭教育等不同类型的学前儿童家庭教育，使学习者理解现实社会中家庭结构、类型是复杂多样的，还应关注家庭结构不完整、家庭功能不完善的特殊形态的家庭对学前儿童身心发展的影响。学习过程中学习者应通过分析周围现实生活中的各种类型家庭的特点、存在的问题，逐渐学会独立思考，具体问题具体对待。

学习目标

　　1. 理解单亲家庭对儿童身心发展的影响及教育对策。
　　2. 了解留守儿童的生存现状，掌握留守儿童家庭教育存在的问题及相应的教育对策。
　　3. 了解灾害后儿童的心理及家庭教育对策。
　　4. 理解隔代家庭教育的优势和局限性。
　　5. 掌握正确发挥老年人家庭教育作用的方式与途径。

内容结构

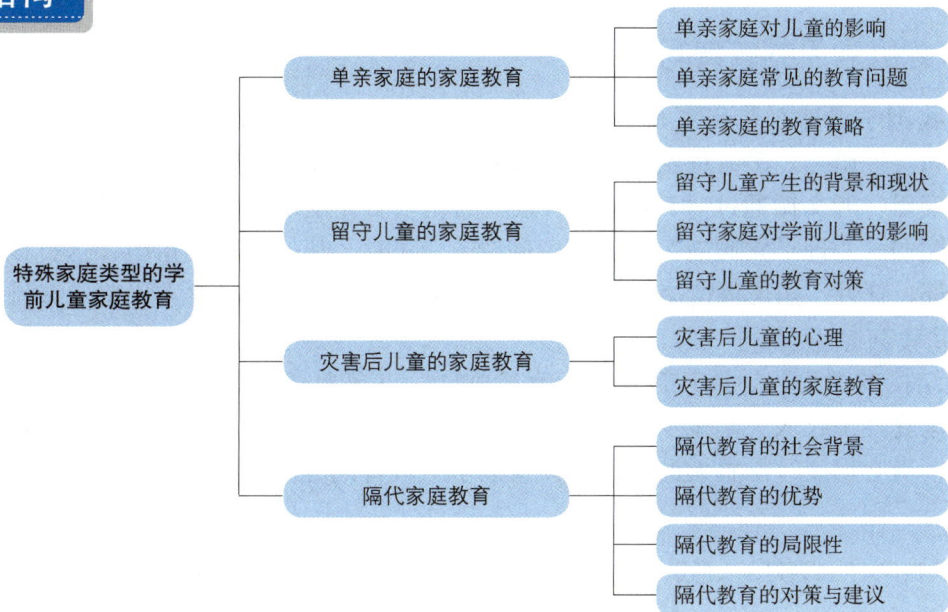

第一节
单亲家庭的家庭教育

一、单亲家庭对儿童的影响

关于单亲家庭的概念目前还没有一个统一的说法。《婚姻家庭大辞典》中认为单亲家庭是"父亲或母亲一方与未婚子女共同构成的家庭，核心家庭成员因夫妻一方去世或者离异而形成"。《中国大百科全书》将其定义为"核心家庭成员中配偶一方因离婚、死亡、出走、分居等原因使家庭成员不全的家庭，又称为残破家庭、破裂家庭"。在英国单亲家庭委员会的报告中，单亲家庭被界定为"一个没有配偶与之生活（或同居），并与其未婚的没有独立的年龄在16岁以下，或年龄在16～19岁，但正在接受全日制教育的子女一块儿生活的父亲或母亲所组成的家庭"。综合以上观点，结合我国具体情况，本书认为：因离婚、丧偶等原因只有父母一方与其不具备独立生活能力的、未成年子女共同生活的家庭称为单亲家庭。

形成单亲家庭的原因多种多样，除离异、丧偶的以外，也有未婚生子与一方共同生活的、夫妻因各种原因长期分居的等类型。在我国，以前受传统道德意识束缚及战争、医疗水平等影响，单亲家庭主要是丧偶式单亲。现代社会，离婚率居高不下是造成单亲家庭数量增多的主要原因。近年来，由于社会经济、文化的飞速发展，人们的婚育观念急剧变化，家庭结构也随之发生变化，表现在单亲家庭不断出现，再婚率不断上升。这是因为家庭结构的稳定性正在动摇，伴随而来的是家庭的解体与重构。家庭结构的变化，父母的离异，首当其冲的是儿童的心理受到伤害。家庭的破裂使儿童赖以生存的家庭乐园在短时间内被破坏，家庭给予儿童内心的安全感和归属感瞬间消失，伴随而来的是失去父母一方，甚至失去双亲的痛苦，孩子成了父母的争夺对象，或父母倾诉的对象，或仲裁者、出气筒，有时却又成了双亲遗弃的"物品"，这些都给孩子的心灵带来极大的创伤，使孩子容易形成变态心理和乖僻的性格，也很容易走上犯罪道路。他们爱亲生父母，很难与继父母相处。因此，他们或结伙离家出走，或宁可流落街头也不回家，甚至打架、偷、抢，以发泄内心的情绪。这些都严重影响着孩子身心健康的发展。

二、单亲家庭常见的教育问题

近年来，我国学者针对单亲家庭子女教育问题，从社会学、心理学、教育学、人口学各领域都做了大量理论和实证研究。多数观点认为，单亲家庭尤其离异单亲家庭对孩子的智力和心理健康都有消极影响。徐安琪、叶文振通过对500名单亲家庭的儿童研究发现，他们或多或少都会有自卑感、性格孤僻、感情脆弱、心理早熟倾向等心理情感问题。[1]同时，其他研究也指出，这类孩子较易出现自卑、叛逆、抑郁、任性、焦虑等情绪困扰。这是因为单亲家庭在孩子教育上面临更多挑战。

（一）家庭教育功能减弱

由于家庭结构的变化，导致其教育功能有所削弱。许多单亲家长受种种压力影响，既当妈又当爸，有的离异家庭经济收入大幅减少，抚养费难以落实，单亲家长里里外外一把手，同时还要承受社会舆论的压力，身心俱疲，深感无助，无暇顾及孩子的教育问题。有些父母相互推诿，对孩子冷漠放

---

[1] 徐安琪，叶文振.父母离婚对子女的影响及其制约因素——来自上海的调查 [J]. 中国社会科学，2001（06）：137-149，207.

任，难以履行对孩子抚养教育的责任。有的家长在离婚前后一直争吵不休，使父母在孩子心目中的美好形象大打折扣，也减轻了父母在孩子心目中应有的敬畏和教育的权威性。这些情形都会大大削弱家庭对孩子的教育功能。

（二）亲子关系失调

良好的亲子关系对教育的成败关系巨大。在单亲家庭中，亲子关系最初比完整家庭来得更为紧密，这是因为家庭变故，父亲（母亲）和孩子有一种"相依为命"的感受。但时间长了，由于另一方家长的缺位和形象弱化，就会带来一些负面影响。学龄前儿童心智尚未成熟，无法体会父母离异的原因，会认为爸爸（妈妈）不爱自己了，不要自己了，孩子有被抛弃感；有的长时间见不到父母，甚至都忘记了他们的模样。孩子面对家庭的突然变故很迷茫，幼小的心灵受到创伤，又不会自我排解。特别是看到其他小朋友与爸爸妈妈一家人亲亲热热、玩耍嬉戏的情景，孩子就会倍感失落，极为痛苦。如果家长没有及时调整亲子关系，将会对孩子心理造成深远的影响。

（三）家长教育方式偏差

1. 对孩子要求过严

有的单亲家长将孩子视为人生唯一的希望，对孩子的期望过高，要求过严，造成孩子心理压力过大。有的家长节衣缩食，却尽可能满足孩子的一切，一旦孩子没有达到自己的要求，便会严加责备，简单粗暴，甚至打骂孩子，伤害孩子的自尊心，易使孩子产生自我否定、自卑自责的心理。

2. 对孩子监管不力

单亲父母因为自身心理、经济、工作、家务等压力，没有更多时间、精力和物质条件给予孩子，与孩子沟通交流时间也很少。相当多的家长把孩子交给祖辈或保姆抚养，疏于管教。有的长期沉浸在自己的痛苦中，忽略了孩子的感受。有的父母重组家庭，冷落孩子，放任不管，使孩子感受不到家庭的温暖，没有安全感。

3. 对孩子过度溺爱

单身父母和祖辈老人，甚至身边亲友对于失去父爱或母爱的孩子往往有一种愧疚心理，为了弥补，对孩子无原则地宠爱迁就，不能给予正常的管教；有的为了博取孩子欢心，会满足孩子各种无理要求，希望通过物质弥补孩子心灵上的创伤。这种溺爱型的教养方式会导致孩子心理脆弱、自控力差、自私任性等问题。

三、单亲家庭的教育策略

离婚对于不幸的父母可能是一种解脱，但对于这个家庭的孩子却是一种灾难，有可能给孩子的一生带来精神创伤。家庭环境的突然改变，会让孩子在相当一段时间内适应不过来。但家庭结构的不完整不是儿童发展的绝对障碍，单亲家庭对孩子的教育综合着许多因素。作为父母，如何把离婚给孩子造成的伤害减少到最低限度呢？怎样关心、教育这类孩子，使之能够较正常地成长，这也就成为单亲家庭的主要课题。

（一）走出心理阴影，保持良好心态

对于刚刚经历了离婚、分居或者丧偶的单亲父母，面对失去亲人或感情的痛苦，再加上成为一个单亲父母要承担新的责任，不免有一段时期心情失落。特别是与孩子一起生活，务必要调整好自己的心态，避免在孩子面前过多地流露出自己的悲伤情绪。控制自己的言行，尤其不要在孩子面前讲原配偶的坏话，更不能把孩子作为传递敌对信息的工具。父母应该记住，当你在孩子面前讲爸爸（妈妈）坏话的时候，这些坏话首先伤透了孩子的心。

作为抚育子女一方的父亲或母亲，本身要从离异等事件中走出来，认真安排新的生活，稳定自己的情绪，振作精神，要用更多的时间考虑如何肩负教养子女的重任，端正对孩子的看法：孩子是家庭的成员，也是社会中的一员，培育孩子是应尽的责任和义务，不可作为"私有财物"而任意处置。有的父母认为孩子没有了爸爸（妈妈）非常可怜；有的则将孩子视作"累赘"，或视作怨恨对方的"出

气筒"，这些想法都是不利于儿童成长的。

（二）加强亲子沟通，营造和谐家庭氛围

首先，家长一定要加强学习，正视离异对社会的不良影响，加强家庭观念和家庭责任意识教育。已离异的要处理好家庭成员的关系，努力建立良好的氛围，消除孩子的心理障碍。双方在离婚前应达成默契，在孩子面前不争吵，努力保持表面上的和谐关系。同时，父母可在日常生活中不经意地提醒孩子，"如果爸爸妈妈准备分开住？你有什么想法？""爸爸（妈妈）想与你商量一件事，爸爸妈妈想分开生活，你愿意跟爸爸（妈妈）一块住吗？"等，这些话语能渐渐渗入孩子的心灵，使其有一定的思想准备。

其次，对孩子由于父母离异而产生情绪上的波动要予以理解。单亲家长应在生活上尤其在孩子的心灵上倍加体贴和关心，尽可能地抽出时间和孩子相处，多交流感情，让孩子有机会表达自己的思想；当孩子遇到了困难和烦恼时表示理解，并帮助解决，鼓励孩子面对现实、勇敢对待，尽量弥补孩子缺少的父爱或母爱，让孩子的心灵得到安慰。

最后，切忌溺爱。不要因为孩子心灵上受到创伤就百般袒护溺爱。有的单亲父母认为用这种方式可以得到孩子的谅解或减轻自己的负疚感，殊不知，这样将会使孩子骄横任性，使其个性得不到正常的发展。

（三）注重性别角色教育，弥补父（母）爱的不足

马卡连柯指出："没有父母的爱所培养出来的人，往往是有缺陷的人。因此社会要使它的每一个成员——不管他是多么的幼小——都得到真诚的父母之爱。"在有可能的情况下，应该允许自己的孩子和离异的父（母）及其他家庭亲属交往。最好不要硬性中断亲人之间的关系，因为孩子毕竟是双方和谐相处时的结晶，双方都应负有教养孩子的义务，共同关心孩子的成长。

（四）培养兴趣爱好，鼓励孩子与伙伴交往

注意改善孩子的伙伴人际关系。要鼓励其多与其他小朋友接触，同时注意教育其他孩子不能对离异家庭的孩子有歧视心理。使其明白，这些孩子并不是没有父母，而是因种种原因没有生活在一起。尽量缓和孩子的孤独感和自卑感，鼓励孩子多与同伴交往，为孩子创造机会，把小伙伴请进家门或让孩子投入到群体中去，更多地参加集体活动，享受与正常儿童共有的快乐。

另外，可以培养孩子多方面的兴趣和爱好，让孩子参加各种活动，形成积极向上的情绪和活泼开朗的性格，以淡化父母离异给孩子造成的创伤。

第二节　留守儿童的家庭教育

一、留守儿童产生的背景和现状

留守儿童是指父母双方或一方外出务工、经商或学习，而将孩子寄留家乡，由祖辈或其他亲友承担起监护教育责任的儿童。这里主要探讨的是农村留守儿童的教育问题。我国学者一般对"农村留守儿童"的界定是：父母双方或一方从农村流动到其他地区，孩子留在户籍所在地农村，并因此不能和父母双方共同生活的17周岁及以下的未成年人。

20世纪90年代以来，中国出现了历史上规模最大的人口流动现象。大量农村人口流入城市，流动人口以青壮年为主，不少已为人父母的农民工外出时，把子女带到了身边，但更多的是让子女留在家乡，由父母单亲或祖辈亲人代为教育监护，极少数未成年儿童甚至独守门户，自我成长。由此，

便产生了规模极为庞大的留守儿童群体。2021年第七次全国人口普查显示，全国共有农村留守儿童643.6万人，虽然总体数量呈下降趋势，对于中国社会来说，关爱留守儿童群体仍是一件不可放松的大事。在已有的对农村留守儿童的研究中，人们对义务教育阶段留守儿童的发展和教育问题进行了大量研究，但缺少对留守幼儿的关注。家庭教育中父母的缺失、隔代抚养的缺陷以及农村幼教发展滞后等原因，使得学龄前幼儿的处境比学龄留守儿童更为艰难，给他们的成长带来更为不利的影响，他们是更容易受到伤害的一个特殊群体，因此他们的生存状况需要引起全社会的重视。调查显示，父母均不在身边的情况是最为普遍的，而这些孩子大多是与祖父母、外祖父母一起生活，少部分孩子被托付给亲戚、朋友照管。更令人担忧的是，0～5周岁的留守婴幼儿占全部留守儿童的21.7%，没有父母亲的陪伴，由于母亲外出不能得到足够时间的母乳喂养，对婴幼儿的身心发展影响更大。

二、留守家庭对学前儿童的影响

（一）亲子感情疏离

儿童心理学研究表明，婴儿从早期依恋关系所获得的温暖、信任和安全感，为以后生理和心理发展奠定基础，使儿童有更好的解决问题能力，有更复杂和创新性的游戏，有更多的积极情感和较少的消极情感，在同龄伙伴中更具吸引力。然而，这种安全感、依恋感并不是固有的，当父母亲离开时，尤其是母亲的消失，母子之间的互动不再存在，对于还不懂事的孩子来说，母亲的离开就等于母爱的撤回，就表示某种意义上的被抛弃，必然会对孩子的发展产生消极影响。留守儿童长期缺失亲情抚慰，缺乏父母直接的关爱与呵护，对他们来说，爸爸妈妈就是电话里的声音。很多孩子从出生几个月开始，就与父母分开，每年只能见到一两次面。大部分外出父母每年返家探亲一次，有的甚至几年不回家，孩子形成了对爷爷奶奶或外公外婆的依恋，对父母缺乏积极的情感反应，表现出对父母亲的冷漠、疏远，有的甚至会怨恨父母。等孩子有朝一日回到父母身边时，家长会发现自己与孩子已产生感情疏离，孩子不愿亲近父母，伴有逆反心理，致使父母对孩子的管教更为困难。因此，亲子间过早的和长期的分离对亲子双方都会造成伤害，并且父母外出打工时孩子的年龄越小，对孩子的影响越大。

（二）心理行为问题突出

大多数父母外出务工的主要目的就是为孩子准备教育资金和改善家庭物质生活条件。他们认为只要孩子吃好穿好、有学上就是对孩子最大的爱，常常忽视与孩子亲情交流，长此以往，孩子在认知、情感、社会性发展等方面都会受到深刻而持久的影响。在最需要父母的关怀和温暖的年纪，孩子却不得不长时间与最亲近的人分离，他们十分想念父母，心里非常孤单，常常感到寂寞和孤独。尤其遇到困难和委屈时，无人倾诉和帮助，不能从父母那里找到感情支持，导致不同程度地表现出情感淡漠、强烈的自卑感，害羞、胆小、怕生人、不爱说话、不爱笑等内向、冷漠、倔强、孤僻的性格特征。还有的任性、叛逆，缺乏爱心，具有较强的攻击性。

由于缺乏有效监管和教育，在学习、生活过程中出现一些差错得不到及时引导、纠正，年幼的孩子往往对周围生活中的现象分不清是非、好坏，容易养成一些不良行为习惯，久而久之，便形成一些明显的行为问题，如说谎、爱说脏话、不服管教、悄悄拿别人的东西等。大多数留守儿童自我控制能力不强，生活习惯不良，如不讲卫生、爱吃零食、乱花钱。在幼儿园里，对各种活动没有强烈的参与意识，比较依赖教师，不善于表现自己，缺乏交流的主动性，与小朋友相处不愉快。另外，各方面能力发展不全面，知识面窄，动手能力和思维想象力较差。有的留守幼儿语言发展缓慢，一般很少主动和别人说话，在别人与他们说话时也很少答话；语言的表达能力低于其他同龄孩子。当然，也有一部分孩子各方面发展都较优秀——自理能力强、勤快能干、热情大方、活泼开朗、自信乐观、和同伴能友好相处。

（三）父母和监护人管教不力

由于学前留守儿童绝大多数由祖辈老人抚养监护，老人们往往以他们自己成长的经历来教育要求孙子辈，思想观念保守。大多数祖辈由于历史的原因，文化程度较低，不能适应时代发展的需要，还要做家务、干农活，无论是从体力还是智力上都勉为其难地承担起对孙辈监护和教育的重任，特别是当有几个孙辈一并交由他们监护时，就更显得力不从心。教育方法简单，要么对孩子溺爱，要么粗暴地训斥、打骂，要么放任不管。孩子出现问题，老人不能敏锐地察觉，不会分析研究，找不到解决问题的办法。由于监护人的素质偏低，也造成了幼儿园与监护人沟通上的困难，不能很好地做到家园配合。还有一些儿童由其他亲朋好友代为抚养监护，对于别人的孩子，代养人往往又存在不好管、不敢管、无法管的尴尬境地，在教养过程中难免有所顾虑，不愿严格管教，有时孩子犯了错，说一说不听也就算了，对孩子采取一种放任的态度，慢慢地就形同留守儿童自我监护。学前留守儿童因其自律能力和明辨是非能力很弱，在他们成长的过程中，基本上处于无人管教的状态。在这种管教缺位情况下，留守儿童很难养成良好的行为习惯。

大量留守幼儿的产生，固然有许多客观原因，但与孩子父母教育观念不正确，忽视孩子的早期生活与教育有关系。不少留守儿童的父母认为幼儿期的孩子只要吃饱、穿暖就行，没有什么可以学习的内容，一旦孩子上小学了，再好好抓紧教育、督促学习也来得及。这说明许多家长还没有意识到幼儿教育的意义与价值。还有一些打工父母认为自己虽苦点，但挣的钱却不少，读书只是为了混日子，于是对子女没有明确的要求，能读书就读，读不好去打工也能赚钱。一些没有挣到钱的打工父母，认为是命运不好，整天怨天尤人，对子女的一切不闻不问，不负责任，认为该吃什么饭是上天早已注定的，无法改变，顺其自然。

（四）接受正规学前教育的机会较少

留守儿童中大些的孩子可以进学校接受教育，学龄前儿童的教育就成为盲点。留守幼儿的抚养者不是年老体弱多病，就是文化程度较低，甚至是文盲，孩子大多处于"放养"状态，致使农村留守幼儿接受正规学前教育的机会明显少于城市儿童。主要原因是农村幼儿教育基础比较薄弱，教育资源匮乏，教育观念陈旧，不能有效地弥补留守儿童家庭教育的不足：一是托幼教育机构数量较少，只能满足部分孩子的学习和生活，而偏远农村大多数的孩子无法接受学前教育。二是设施不完善。村镇幼儿园大都是当地人自办的私立幼儿园，由于资金有限，只能因陋就简，教学质量无法保证，交通工具随意拼凑、超载现象严重，很容易发生安全事故。三是管理不规范，行政监管上又有空缺，给农村幼儿教育发展造成阻碍。四是师资力量欠缺。幼儿期是儿童动作、语言、认知、情感、社会性、个性等身心各方面萌发的时期，是人生发展的起步阶段，有专业知识、高素质的教师才能从生活上、学习上给予留守幼儿更多的关心和爱护。因此家庭教育不足，又得不到正规学前教育补偿，使孩子早期发展受到局限。

（五）安全、营养、保健问题得不到保证

受经济条件、健康观念和监护人的责任心等多方面原因的限制，留守儿童的饮食营养、疾病防治和安全问题往往得不到足够的重视。首先是科学喂养问题得不到保证，相当数量务工父母在儿童1岁前外出，有的甚至在孩子出生1～2个月，母亲就离家外出，致使留守婴儿由于母亲外出得不到足够时间的母乳喂养。有的留守儿童患病不能及时医治，有的监护人只管衣、食、住、行，让孩子吃饱、穿暖就行，没有合理均衡的营养搭配，使孩子生长发育受到影响。有的监护人年老体弱，或忙于农活及安全保护意识不强，对留守儿童的生活照料不周，加上留守儿童普遍缺乏防范意识和安全知识，容易发生交通、溺水、烧伤、烫伤、触电等意外事故，受不法分子拐卖、身体侵害、违法犯罪，甚至自杀轻生的现象也屡见不鲜。近年来，留守儿童被拐卖和意外伤害事故呈上升趋势，给这些孩子身心健康造成严重的伤害。

📅 **案例 1**
....

"6·9毕节儿童农药中毒事件"发生于2015年6月9日23时30分许，贵州省毕节市七星关区田坎

乡4名儿童在家中疑似农药中毒，经抢救无效死亡。事件发生后，毕节市、七星关区迅速组织有关部门赶赴现场，对4名儿童中毒情况、服食农药的来源、抢救过程、死亡原因、家庭状况、入学情况等展开走访和调查；毕节市和七星关区成立联合调查组，对该事件进行深入调查。2014年3月，4名儿童的母亲因家庭纠纷外出，去向不明。2015年3月，4名儿童的父亲张方其外出打工，一直联系不上。2015年4月，张方其为孩子汇款700元。4名儿童在父亲外出打工后，独自居住在2011年修建的3层楼家中。孩子的姨婆说，平时孩子食宿自理，家中尚余1 000多斤玉米和50多斤腊肉。2015年5月8日开始，张家4个孩子因为没有生活费辍学在家，家里唯一的食物是孩子父亲2014年种的玉米。2015年6月12日，时任国务院总理对"6·9毕节儿童农药中毒事件"作出重要批示，要求有关部门严厉整改问责，悲剧不能一再发生。

三、留守儿童的教育对策

农村留守儿童问题是社会发展所产生的必然现象，是人口城市化、劳动力转移过程中出现的社会问题，今后相当长的时间里，这一群体还将继续存在并有扩大的趋势。因此，解决留守儿童问题迫在眉睫。

（一）父母应承担起自己的教养责任

婴幼儿时期对人的一生起着奠基作用，在这短短几年的成长过程中，父母起着不可替代的作用。父母要有长远的眼光，不能只考虑眼前的经济利益，要破除"只要给孩子留下更多的钱，就是爱孩子，就是对孩子负责"的思想，树立孩子的教育和健康发展需要家长的精心呵护和全面关怀的健康理念，所以外出打工时有能力的父母应将孩子带在身边，就近入托或进入幼儿园，使孩子时刻体验到父母的关爱。如果做不到，至少也要留一人在家，最好是母亲，在照顾和教育孩子上更有优势。母亲在孩子的婴幼儿时期与其生活在一起，可以最大限度地保持家庭教育的存在和完整。如果母亲一定要外出打工，可以选择离家近一点的地方，保证孩子经常见到母亲，为孩子提供心理上的安全感和生活上的照顾与爱护。

（二）慎重选择监护人

若父母双方都要外出打工，一时无法把孩子接到城市，要本着一切有益于孩子成长的原则，慎重为孩子选择监护人，外出前细致地安排好孩子的生活和学习。在确立监护人时，应减少随意性，尽可能考虑那些文化水平高、教育能力强、有责任心、有保护意识和时间精力的人。被委托监护人作为孩子的代理家长，要意识到自己的责任和义务，不仅照顾好留守儿童的生活起居，还要对孩子细心观察，经常谈心，发现问题及时教育和引导，并及时与幼儿园、孩子的父母交流沟通，共同探讨孩子的教育问题。选择高素质的监护人，可以大大降低儿童成长中出现问题的概率。在外工作的父母除了经常与孩子保持联系外，还要与孩子的监护人、幼儿园、学前班多沟通，掌握孩子的动态，及时了解孩子的生活、学习、心理状况，一起商讨孩子的教育问题。

（三）增强亲情关爱，满足孩子的心理需求

长期以来，留守儿童普遍表现出性格内向、不开朗、不自信、叛逆性强，这种性格上的缺陷，与亲情缺失、心理上缺乏归属感、安全感直接相关，因此，外出务工的家长要加强亲情关怀，满足留守儿童对亲情的心理饥渴。至少每周和孩子电话联系一次，每次接到电话，都可以让孩子高兴上好一阵。除了电话联系外，还可以采用书信、图画等方式进行，这对孩子的情感满足很有帮助。平时尽量增加回家探望的次数，在与孩子短暂的相处中，减少应酬，多和孩子在一起，陪孩子游戏玩耍，在交流中不但关心孩子的衣食饱暖，更要了解孩子的精神需求，让孩子知道父母对他的牵挂和浓浓的爱。如果被人关注和关爱，即使和父母暂时分离，孩子也不会感到孤单寂寞，而是充满幸福感，他们有了积极向上的原动力，就会自信开朗，做得更好。

（四）加强对监护人的教育指导

留守儿童的教育仅靠家长和监护人是不够的，托幼机构特别是幼儿园、学前班和基层组织，应开

展对留守儿童监护人的教育培训，转变监护人的教育观念和育儿方式，克服"重养轻教"的思想，提高他们对留守儿童抚养教育的责任心，并重点进行安全卫生、心理与教育养育知识的普及。例如留守幼儿在爷爷奶奶的宠爱下行为习惯较差，有的不团结友爱，有的不讲究卫生，有的没有礼貌，有的没有整理玩具物品的习惯，通过家长恳谈会、家访、与监护人个别交谈等方式，向他们宣传不良习惯的弊端，提出养成良好习惯的方法，家园合作，共同做好留守幼儿的良好习惯培养工作。另外，幼儿园组织开展丰富多彩的游戏活动，以爱心温暖孩子，让幼儿感受快乐。例如为孩子过生日，送礼物，可以使孩子体验到集体的关爱和温暖，增加心理归属感，培养活泼开朗的性格和良好的习惯。保教人员对有心理障碍的留守幼儿要有针对性地开展心理辅导和矫治，克服孩子的焦虑、逆反、冷漠、任性等不良心理状态，并做好跟踪观察和教育工作。

（五）全社会都应重视留守儿童问题

仅靠家庭解决留守儿童问题是不可能的，政府、社区、教育机构、家庭诸方面应通力合作。政府应站在构建和谐社会的高度解决留守儿童问题。2016年2月4日，国务院印发《关于加强农村留守儿童关爱保护工作的意见》，对农村留守儿童关爱保护工作进行安排和部署。强调加强农村留守儿童关爱保护工作，维护未成年人合法权益，是各级政府的重要职责，也是家庭和全社会的共同责任。例如改革户籍制度，使一些想把孩子带在身边的父母，可以在教育、医疗、住房等方面切实享受到应有的基本权利。城市幼儿教育的相关部门和公共托幼机构应加大投入力度，降低门槛，尽力接收流动人口子女入托入园，积极创造农村留守幼儿与父母共同生活的条件，使这些儿童能够在父母的亲自照料下健康成长。为减小城乡差距，政府要加大对农村教育的扶持力度，重视民办幼儿园和乡镇幼儿园的建设，鼓励民间力量，招募有爱心且文化素质较高的当地人建立各种类型的"留守儿童之家"等寄宿制教育机构，进行统一监护，从而有效解决留守儿童家庭监护和教育缺失问题（图6-1）。各级政府应给予政策和一定经济上的支持，鼓励有关家庭教育的学术机构进行相关研究和实验。地方政府要发挥在家庭教育方面的宣传和指导作用，如利用电视、广播、报纸等大众媒体快速、便捷、普及面广的优势，还可以印制家庭教育方面的书籍和图像资料，发放给父母和监护人。另外，地方政府可协调公、青、团、妇、村，充分发挥各自的职能作用，共建农村儿童教育体系，如社区建立图书馆、文化娱乐活动室、心理健康辅导室，净化周边环境，使留守儿童阅读有图书，娱乐有伙伴，锻炼有场地。

总之，树立合力教育意识，全面优化留守儿童生存发展的社会环境，营造全社会关爱留守儿童的良好氛围，为建设社会主义新农村培养更多的德、智、体、美、劳全面发展的一代新人。

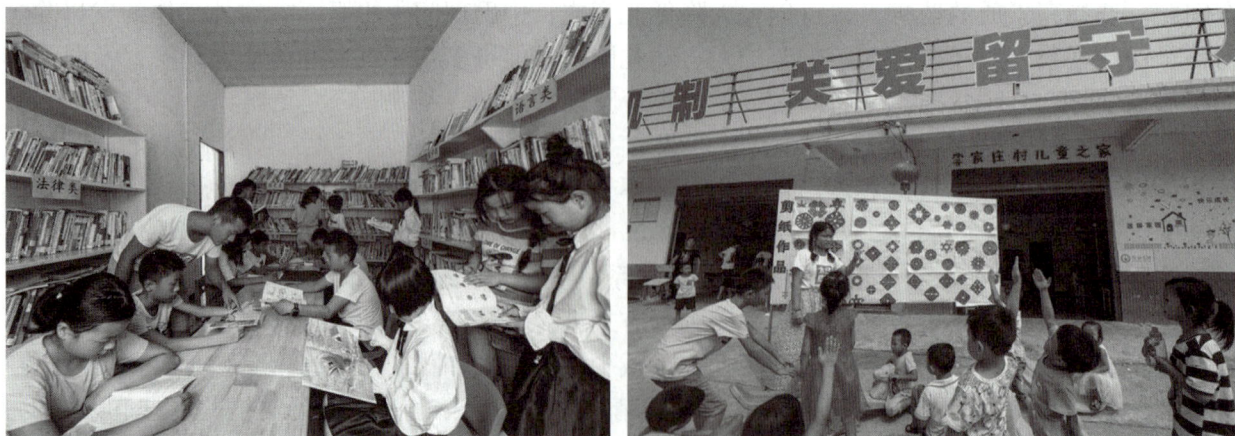

图6-1　留守儿童之家[1]

---

[1]　图片来源：张家界市人民政府网（zjj.gov.cn），作者：李维跃，2019年8月27日。

第三节　灾害后儿童的家庭教育

　　人的生活不可能总是一帆风顺，不可预知的天灾人祸随时会发生在人们生活中。突发的灾害降临后对成人都是一个沉重的打击，对身心有着近期和远期的、程度不同的影响，如2008年5月12日我国四川省汶川大地震，即使远离灾区，人们仍然受到很大的震撼，可以想象处于灾区的儿童会受到怎样的影响。因此，关注灾害对承受能力较弱的年幼儿童带来的创伤，是一个严峻的课题，应引起家长和所有成年人的高度重视。

一、灾害后儿童的心理

　　心理学和教育学研究表明，童年期经历自然灾害和意外事故等应激性生活事件，与多种躯体疾病和精神疾病的发病关系密切。童年精神创伤可引起诸多心理变化，进而导致一系列成年期心理障碍。儿童对他们以往所处的安全世界，失去宠爱或有价值的物品因灾害而遭受破坏，会特别显得脆弱，因为他们通常缺乏处理紧急压力的语言表达和思考能力，特别期望家人来帮助或安慰他们。

　　不同年龄阶段儿童的典型反应是不同的。学龄前（1～5岁）儿童灾害后的典型反应是：吮吸手指头，尿床，害怕黑暗或动物，黏住父母，畏惧夜晚，大小便失禁，便秘，说话困难（如口吃），食欲减退或增加。学龄（5～10岁）儿童灾害后的典型反应是：易怒，哭诉，黏人，在家或学校出现攻击行为，明显地与弟弟妹妹竞争父母的注意力，畏惧夜晚，做噩梦，害怕黑暗，逃避上学，在同伴中退缩，在学校失去兴趣或不能专心。

　　亲历灾难、目睹死亡、感受伤痛、痛失亲人，这一切都会给人们带来极其强烈的恐惧、不安和悲伤等情绪。对于年幼的孩子来说，虽然他们还不谙世事，这些经历也一样会带给他们深重的伤害。当他们目睹他人或者自己的亲人死亡、受伤，他们还会担心伤害和死亡再度来临，担心自己其他的亲人会离开，或者担心自己会死去，这些恐怖的经历可能会导致孩子出现焦虑、恐慌、噩梦、行为退缩等现象，甚至严重影响他的成长。想要帮助遭受心理创伤的孩子疗伤，我们首先要了解孩子心理恢复正常的过程。这个过程一般分为3个阶段。

　　第一阶段：经历灾难之后，孩子可能走两个极端。有的孩子变得十分木然、特别听话，甚至给人十分坚强、十分乖巧的假象。相反，另外一些孩子则可能变得特别脆弱，表现为特别爱哭、爱闹、黏人，经常做噩梦，容易受到惊吓等。

　　第二阶段：意外发生之后一段时间，孩子可能经常做噩梦，脾气变得很暴躁，总喜欢诉说那些恐怖的经历，甚至在玩耍的时候也反复重演意外发生的情节等。

　　第三阶段：孩子不再纠缠于灾难发生的情景，生活也逐渐变得有规律，开始恢复正常。不过每逢遇到同样的情景，如在电视节目中看到其他地方也发生同样的灾难，他记忆深处那些恐怖的经历就有可能在脑海中浮现，他的创伤经验会导致他再度出现做噩梦或者其他反常行为，如唐山地震的孤儿，成年后去地震旧址玩耍，可能会突然回忆起地震时情景，立即出现恐惧感，心跳剧烈，口干，手心出汗，迅速逃离。因此，在孩子恢复正常之后，我们还需要提高警惕，适时对他进行心理疏导。

二、灾害后儿童的家庭教育

　　儿童在经历灾难之后会有不同的表现，家长可以针对他们的表现采取不同的方式进行疏导，帮助他走出灾难带来的心理阴影。

(一)非灾区儿童的教育对策

对于灾区之外的孩子来说，他们从学校、报纸、电视等途径了解到灾难的信息。很多父母也会借此机会，教育儿女们应该具有的同情心与爱心，鼓励他们拿出自己的零用钱，捐给灾区受苦受难的同伴。可是，在孩子们表现出爱心与同情心的同时，心里也会有一堆疑惑。例如：为什么会发生地震？那些孩子们以后怎么办？我们这里会发生地震吗？我会死吗？爸爸妈妈会死吗？等等。产生这些不可避免的恐惧感都是非常正常的。孩子们通常"自成逻辑"，有的孩子会主动与父母谈起，有的孩子不谈，但不代表没有这样的恐惧和焦虑。这种恐惧和焦虑是儿童时期的压力来源之一，所以父母需要认真地对待孩子的想法，传递给他们一些应对焦虑的技巧。

（1）鼓励孩子谈论他所知道的灾难。让他谈论在电视上、报纸上看到的画面，并且鼓励他问问题，不要担心很多问题家长回答不了，先允许他们自由地问。无论如何，谈论焦虑本身就是对焦虑的减轻。

（2）帮助孩子理解他的焦虑、担心和害怕是非常正常的。鼓励孩子表达自己的情绪，绝对不要批评或嘲笑孩子的恐惧和胆怯。

（3）从科学角度出发，实事求是地谈论灾害，如告诉他们地震形成的原因。

（4）讨论一个"灾害家庭自救方案"。告诉他们就算发生灾害，还是有办法可以保住生命，这个步骤可以真真切切地教给他们技巧，而且可以让他们极大地感受到安全。

（5）控制孩子看电视的情况。尽量少让孩子看到那些悲惨的镜头，关注新闻报道时，与孩子在一起。

（6）帮助孩子看到积极面。例如解放军的英雄事迹，社会各界的热心援助，失散家庭的团圆，来自全国人民和全世界人民的帮助。家长可以这样说，"国家和政府会倾尽全力帮助那些失去了爸爸妈妈的孩子，全国人民捐献的钱物会用来给他们建立新家，建造新的学校，会有专门的人照顾他们，他们会重新得到温暖"。

（7）最后给孩子一个保证。告诉他，"每个人都会死，那要到很久以后，绝对不是最近。爸爸妈妈很爱你，所以我们会为了你的健康，全心全意照顾你，绝对不会离开你，一直到你完全长大"。

(二)亲历灾害儿童的教育对策

1. 失去亲人的儿童

尽管死亡带给人们无尽的悲伤感，但这也是我们必然要经历的一种人生体验，对孩子来说同样如此。学龄前儿童可能无法理解死亡是不可逆转的，对于死亡的现实，成人应给孩子一些适合他们年龄的解释，但不要给他们不切实际的希望。当孩子失去心爱的宠物或特别的玩具时，父母不要压抑他们的情感。可以让孩子参加一些哀悼仪式；帮助孩子找到他们自己的方式，对消失的事物说再见，如画出美好的记忆、点亮蜡烛或祈祷等。具备面对死亡的经历对孩子来说并不都是坏事，在分离和悲伤的体验中，孩子可以学会珍惜感情、珍惜生命。当然，为了使孩子能比较平静地接受亲人离去的事实，在这个阶段，可以暂时不告诉他事实的真相，可以告诉孩子，"死亡的亲人已经去了很远的地方"之类的话。采取逐步过渡的方法让他面对和接受亲人离世的现实。对于正在经历死亡事件感受到悲伤的孩子，只要陪伴在他身边，倾听他的悲伤情绪，允许他以自己的方式表达情绪，他就可能在人们的庇护下走出创伤的阴影。

2. 身体伤残的儿童

灾害给孩子带来的伤害是心理和生理两方面的伤害。对这一类的孩子，心理方面的伤害和其他人群相比会更严重一些，关注他的心理抚慰，让他从拒绝接纳自己已经失去了身体某一部分的功能慢慢地走出来，走出沮丧，走出这种拒绝，慢慢地能够接纳自己，接纳现实。与他谈话的过程当中，除了要特别注意回避儿童的生理缺陷以及与灾害有关的词语和内容，所有的人群都应该建立一种观念，这次灾害导致了他的残疾，不是他的错，他也不愿意这样，但是生命的奇迹让他居然躲过了那一劫，人们应该从他身上知道敬畏生命，从他身上学到更多的不屈和顽强，大家都抱着一种平等和接纳的心态来对待他，而不是同情和怜悯。

这类儿童与其他人群一个最大的不同就是导致了生理方面的伤害，这对孩子将来的学习、生活、工作负面影响也比较大。可以借助现代科技，比如安装义肢、翻页器、轮椅，包括穿衣服的特殊的用具，这样可以借助外在的力量来推动他们尽快适应新的生活。

3. 出现行为退化的儿童

许多受到灾难影响的儿童都可能出现行为的退化，像更年幼的孩子那样咬手指、尿床、怕黑、说儿语、缠着父母不放。对于比较年幼的孩子，他可能会突然变得很依赖他喜欢的某个物品，如他的某个毛绒玩具、小毛巾、小毯子或其他特定的物品等。此时，我们一定要尊重他的这种需求，因为这些熟悉的物件能带给他安全感，给他更多的安慰，也会为他走出灾难带来的心理阴影增添信心。首先，我们要认可孩子的这些退化行为只是一种暂时的、正常的现象，没有必要去压制他，或者急于改变他。只要我们给予他更多的关注，对他的行为表示理解，孩子内心的压力就会减弱，慢慢就会恢复正常了。其次，我们可以帮助孩子正确地面对这些退化行为，通过解释让他明白，这一切都会过去，他能够学会控制自己。孩子的这些行为在灾后可能持续一段时间，家长和其他成人要客观地看待这个问题。如果孩子开始尿床，父母应该不加评论地为孩子换上衣服和床单，千万不要让任何人因此批评或羞辱孩子。家长或者陪同人员应该表现得更为镇静，要用行为来影响和告诉孩子，传达一种安全感。成人要不断对孩子说些肯定的、安慰的话，告诉孩子"现在是安全的"，一切都已经过去，伤害不会再度来临。如此才可以重建孩子的安全感与自信心。

4. 出现睡眠障碍的孩子

在意外伤害发生后，许多孩子可能都会有睡眠问题。即便早已经习惯了独自入睡，他也可能出现一些反复行为，如突然害怕一个人睡觉，或者睡得很不踏实，从噩梦中惊醒，醒后恐惧不安、哭喊、大汗淋漓等。当孩子出现这种情况时，家长要尽量多陪伴孩子，为他提供一些安抚的措施，比如给他讲故事，跟他谈一些比较开心轻松的事情，给他开一盏比较柔和的夜灯，可以陪伴他一起入睡等。对于较大的孩子，给他解释梦境与现实的区别，有些孩子能够明白。对于年龄比较小的孩子，亲人可以搂着他或者拍拍他，给他足够的安抚。这时候，没有必要担心因此宠坏了孩子，这种情形总有一天会过去的。当然，如果孩子睡眠问题持续的时间达6～8周，最好还是请专业人员帮助解决。

5. 让孩子参与饲养宠物等减压活动

育儿专家认为，养宠物除了可让孩子更有爱心外，还可以让孩子更快乐，减少精神压力。据了解，为了使家庭宠物可以带给心理闭塞症儿童帮助，亚洲动物协会专门培训了具有"狗医生"牌照的金毛犬。对于有心理创伤的儿童来说，宠物会成为他们的好朋友，与宠物在一起能够帮助他们走出心理阴影。家长应该让孩子参与饲养宠物的全过程，如从找资料、购买宠物所需食物和用品开始，到选择宠物、布置宠物新家，并经常与孩子讨论动物的习性，给宠物喂食、洗澡等，让孩子一起学习照顾。

另外，还可以让孩子通过绘画，和同伴玩玩具、做游戏，多给予孩子拥抱和身体上的接触等，来平复孩子心灵的创伤。

总之，突如其来的灾难使儿童熟悉的生活瞬间消失，亲人的离散和生活环境的巨大改变给儿童的幼小心灵带来难以承受的创伤，他们会显得特别敏感，反应也极脆弱，通常无法有效地以语言能力来表达自身的需求。只有身边亲近的大人给予积极有效的救助和适当的情感安慰，才能医治他们的精神创伤，从而使他们重新鼓起生活和学习的勇气。

第四节　隔代家庭教育

案例 2

小王夫妻俩因忙于做生意，在儿子3岁以后就将他交给了乡下的爷爷奶奶带。现在孩子已经10岁了，妈妈想把他接回来，接受更好的教育。可孩子回来后小王夫妻俩却发现他身上有很多毛病，如任性、自私、脾气暴躁，动不动就摔东西，而且与父母很陌生，不主动与父母讲话。

案例 3

黄先生说："暑假时我把上一年级的儿子放到乡下老家，假期结束后发现他以前浪费的坏习惯没有了，不再是果汁喝一半就倒掉，米饭吃两口就不要。我感叹孩子懂事了，儿子却说向爷爷学的。我们现在工作压力大，又要交际应酬，回家后真没有精力和孩子'周旋'，对他的一些坏习惯，常常是睁一只眼，闭一只眼。上一代人很多纯朴的个性，在如今这个浮躁的社会非常难得，让孩子多和老人接触，确实能让他学到一些良好的品性。我觉得适当的隔代教育对孩子的成长是有好处的。"

想一想：你周围有没有这种隔代教养现象？

如今越来越多的父母由于工作或者各种各样的原因，把孩子交给双方的父母抚养，但是往往也会给孩子的教育带来很大的问题，有人将责任归咎于隔代教育。究竟该如何看待隔代教育？隔代教育具体又存在哪些益处与弊端？该怎样正确发挥老年人在家庭教育中的作用呢？

一、隔代教育的社会背景

在我国，无论在城市的居民小区、公园广场，还是农村的村镇院落，老人带着（外）孙子（女）其乐融融的生活情景总会成为一道独特的风景。中国传统家庭中祖辈养育孙辈的情况非常普遍，"含饴弄孙""天伦之乐""儿孙绕膝"，是古人家庭生活的幸福写照。近些年随着经济、社会的变革，生活节奏加快，生存竞争加剧，年轻的父母们对教养子女能够分出的时间和精力越来越少，选择将孩子交给其（外）祖父母教养者越来越多。这种由祖辈们对孙辈们施行抚养和教育的现象就称为隔代教育。

隔代教育已成为我国目前不可忽视的一种社会现象，对为数众多的儿童成长、发育乃至更长时间内的人生成长轨迹都将产生重要的影响。目前，这种现象已经引起社会的广泛关注。在城市化进程加快，经济体制转型，各行各业改革高速发展的过程中，年轻人肩负着成家立业的双重压力，一方面他们要加倍投入地工作，不断充电，争取事业的成功；另一方面又要顾及家庭幸福美满，生活水平不断提高。于是，当他们初为人之父母，尤其是独生子女的父母时，时间和精力的严重不足就成为抚养孩子的最大难题。在这样的社会背景下，尽管他们对子女的期望值很高，也还是心有余而力不足，不得不把孩子交给自己的父母来带，这是隔代教育现象日渐增多、越来越普遍的主要原因。

目前，隔代抚养主要出现在农村夫妇两人都外出打工的家庭和城市双职工的家庭。一项在全国范围内调查"隔代教育"的结果显示，中国近一半孩子是跟着爷爷奶奶、外公外婆长大的。该调查数据显示，目前上海0～6岁的孩子中有50%～60%属于隔代教育，广州接受隔代教育的孩子占到总数的一半，在北京，接受隔代教育的孩子多达70%，农村郊县多达80%，而且孩子的年龄越小，与（外）祖父母生活在一起的比例就越高，由此引起的家庭矛盾也越来越多。几千年来中国传统的家庭教育模式——隔代教育，时下受到了较大范围的质疑。当越来越多的人将青少年出现的一些问题行为归咎于隔代教育，而隔代教育又成为一种无法回避的社会现象的时候，究竟该如何看待隔代教育，又该采取什么样的措施让隔代教育扬长避短，发挥更好的作用，成为人们关注的一个重要问题。

二、隔代教育的优势

（一）祖辈老人有着平和的心态和充裕的时间

当今社会人们的生存压力比较大，年轻的父母们往往处在一个竞争激烈的环境，很容易将工作当中那种紧张焦虑的情绪带回家，造成不太和谐的家庭氛围，对孩子的态度容易急躁，无形中增加孩子的心理压力，妨碍他们健康、快乐地成长。但是，祖辈们已经脱离那种激烈竞争的社会环境，他们的心态比起工作紧张、压力繁重的年轻父母来说相对比较平和，他们会特别喜欢小孩，也更容易融入孩子们的游戏，与他们建立比较融洽的关系，这就为他们实施正确的教育提供了非常轻松和谐的心理基础。此外，祖辈们有充裕的时间和精力，愿意花时间与孩子在一起生活，他们更宽容、更有耐心，也更能静下心来倾听孩子充满童趣的心声，与孩子有更多的交流，细心观察他们的表现，从而更好地了解并满足孩子的需求。

（二）祖辈家长有抚养和教育孩子的经验

祖辈在抚养和教育孩子方面有着丰富的实践经验，可以弥补年轻父母在养育孩子方面的知识空白，发挥（外）祖父母的经验优势。他们对婴幼儿各阶段的发展特点也了解得更准确，尤其在生病或遭遇其他问题时，应该怎样处理、怎样去做，他们比年轻父母更清楚。凭着丰富的养育经验，他们能自如地应对孙辈的日常抚育。祖辈们这种从容不迫的处事方式会带给孩子更多的安全感，同时也能给父母一种心理上的支持，对解决这些问题起着非常积极的作用。

（三）祖辈家长有丰富的社会阅历和独特的智慧才能

随着经济的高速发展，社会风气变得日渐浮华，一些人不免会沾染上诸如急功近利、铺张浪费等不良习气，这就使得中华民族许多优秀的文化传统和美德对中国的可持续发展有着非凡的意义。老一辈会更多地保留优秀的文化传统和美德，如礼貌、谦让、朴实、节俭、坚毅、不怕困难、乐于奉献等优秀品质，在当今社会里也就越发显得珍贵，能够为孩子灌输更多做人的道理。有他们参与教育孙辈，孩子们不仅可以接受到文化的熏陶，也有机会更好地传承这些优秀的传统文化和美德。

另外，祖辈家长在长期的社会实践中积累了丰富的社会阅历和人生感悟，能给孩子愉快、宽松的学习和生活环境，对孙辈的成长也有着潜移默化的积极影响。祖辈们在长期的劳动、生活实践中，还积累了独特的智慧、才能，有的熟悉农谚、气象常识，有的善于饲养、种植，有的擅长琴棋书画，有的爱好运动锻炼，有的痴迷于戏剧、歌舞，有的心灵手巧，能剪纸、刺绣、自制玩具，有的文化水平较高，能激发孩子的读书兴趣等，这些不仅丰富了孙辈的生活乐趣，也能有意无意引导孙辈观察、求知、探索，在耳濡目染中轻松地参与学习、劳动，发展智慧和才能。

（四）有利于老人的身心健康并解除父母的后顾之忧

首先，隔代家长对孙辈所具有的亲情和关爱，是任何育儿机构或保姆都无法比拟的。他们乐于为孩子奉献，这有利于孩子获得心理上的支持和情感上的安定。

其次，孩子由祖辈家长教养，年轻父母得以解除后顾之忧，专心致力于工作和事业。同时，居高不下的离婚率使很多孩子成长在单亲家庭里，隔代家长能很好地弥补这类家庭中父亲或者母亲的性别角色缺失，这对孩子健康的性别认知有着正面的作用。

最后，对祖辈来说，不仅可以解除离开工作岗位后的孤寂，从孩子的成长中获得生命力，还可以让老人体现出自身的价值，感觉到自己的重要，为老年人老有所为、发挥余热提供机会。由于祖孙的血缘关系,老年人本能地对孙辈产生慈爱之心,在与孙辈玩耍游戏的天伦之乐中,看到自己生命的延续,心情舒畅满足,对帮助老人保持健康的心态大有裨益。

三、隔代教育的局限性

案例 4

张先生说:"我儿子今年刚满3岁,还没有上幼儿园,由于我们夫妻两个工作非常忙,都是早出晚归,没有时间照顾孩子。于是,我和妻子商量后决定把孩子送到我父母家。可是,半年后我发现,小孩现在有不少毛病:一看到零食便哭哭啼啼要买;饭桌上他自己喜欢吃的菜别人不能下筷子;鞋带松了,把脚一伸,旁边的爷爷奶奶赶快蹲下来给他系上……"

案例 5

彬彬离开饭桌,端着冲锋枪满屋跑。妈妈暗蕴怒气地叫道:"彬彬,还有10分钟我们就撤饭桌了,如果你不赶快洗手回到饭桌上,你就会挨饿……妈妈的话还没说完,奶奶已端着饭菜做和事佬来了,'乖,先吃一口,咱们一边吃饭一边打坏蛋'。于是,彬彬在前面跑,奶奶在后面追,彬彬半天才咽下一口饭。"

(一)娇宠溺爱易产生心理问题

老年人格外疼爱孩子,这就使得(外)祖父母容易放纵孩子,陷入无原则的迁就和溺爱之中,孩子易挑食、偏食,养成不良的饮食及生活习惯,这不利于幼儿的健康发展。同时有的老人由于儿女不在身边,怕照顾不好孙辈,受儿女责怪。万一有差错闪失,更是无法向儿女交代,于是事事依着孩子,处处保护孩子,把孩子放在家中的核心位置。包办孩子生活上的所有事情,代替孩子穿衣、整理玩具、背书包,喂孩子吃饭,怕孩子吃亏,不愿意让孩子与其他小朋友一起做游戏,甚至担心孩子摔跤,不辞辛苦抱着孩子上下楼梯。

婴幼儿的天性是活泼好动的,没有社会经验和固定的模式,经常会犯各种"错误",如果时时处处都用成人的标准来要求,就会让孩子失去信心。老人的处处服侍、包办代替,容易造成孩子四肢动作发展缓慢,独立生活能力差,处处依赖家长,事事以自我为中心,全家人都要为他服务,一旦遇到困难或要求得不到满足时,他就会生气、大发脾气。老人的过分保护,不仅扼杀了孩子独立生活的能力和自信心,而且会让孩子在成长中稍一受挫就一蹶不振,产生心理和行为的障碍。导致孩子变得极为自私、胆小、娇气、弱不禁风。孩子不合理的欲望如果常被无原则地满足,会影响自我意识的发展,容易使孩子形成以自我为中心、自私、任性的不良个性。

(二)两代人要求不一致,易引发家庭矛盾,导致亲子隔阂

从心理发展过程来看,个人品质、性格形成的关键期在0~7岁,这一时期的儿童最需要的是父母的亲情关怀,满足他们对父母正常的情感依恋,对学前儿童今后的心理健康发展起着极其重要的作用,这种情感的需要是祖辈们不能满足他们的。祖辈的爱更多是在满足孩子的生存需要和安全需要,而对于更高一层次的需要——情感归属的需要只有父母才能满足,否则孩子不会产生被激励、被尊重的感觉,情感没有得到稳定的归属。

另外,由于从小就和爷爷奶奶或者外公外婆生活在一起,习惯了接受他们的袒护与迁就,孩子也可能养成一些父母看不惯的行为习惯,当父母在某个时间段内接管孩子,或者从祖辈手里完全将孩

子接管过来时，他们可能就会急于去扭转这些所谓的问题行为，父母和子女之间就极容易出现对立情绪。这种对立情绪会让孩子更加疏远父母，退缩到祖辈的身边，寻求保护伞，于是祖辈和父辈之间就很容易因为孩子的教育问题引发家庭矛盾。如果祖辈再出面阻止父辈"教训"孙辈，这种矛盾就会进一步激发。现实生活中，许多家庭矛盾和冲突是因为孩子的教养问题引起的。

案例 6

小熙最喜欢帮外婆做事。这天，他一边帮外婆洗菜，一边问他的"十万个为什么"："茶树菇是长在茶叶树上的蘑菇吗？""鹌鹑蛋壳上有花纹，鸽子蛋为什么没有？"妈妈已多次对外婆表示不满："小孩子做家务，纯粹是捣乱，你还鼓励他，有这个功夫，多弹一会琴多好。"外婆颇不以为然："现在的孩子，都被惯得四体不勤，五谷不分，要我说孩子爱劳动、有礼貌，才是正经。你们姐弟几个都没弹过琴，如今不都出息得很？"外婆调过头来鼓励小熙："别听你妈的，天天关在屋子里弹琴，人都弹呆了。也别怕你妈，有外婆呢。"

想一想：你认为小熙的外婆和妈妈谁说得有道理？为什么？

（三）老人大多知识观念老化，身心衰退

祖辈的价值观念、生活方式、知识结构、教育方式等与现代社会或多或少会有差别，在生理和心理上必然也带有老年人的特点，如老人易受传统思想的束缚，接受新生事物较慢，教育及养育观念相对滞后，多年形成的思维模式和生活方式也不容易改变。他们希望孩子乖巧、听话，稳稳当当不出格，不善于运用科学的、有创造性的方式引导孩子。对于孩子因好奇心而出现的"捣乱""破坏"等具有冒险和创新性的探究行为，总是急着加以阻止。容易泯灭孩子天生的好奇心、冒险性和创新精神，如当孩子捉来几只小虫子要喂养时，当孩子拔起花盆里的花要看根是什么样子时，当孩子兴致勃勃地拆毁一辆玩具汽车时，祖辈总会加以阻止和批评，因为，在他们意识里，玩小虫子很脏，拔花是成心捣乱，一辆完美的玩具车更是不能"破坏"的，是浪费钱。他们认为孩子这些出格的做法都是不良行为，必须立即纠正。试想在这种家庭环境下长大的孩子，怎么能形成开拓创新的个性呢？

多数老年人由于年岁大了，喜静懒动，对体育活动、户外锻炼缺少兴趣，也不爱外出活动。孩子与（外）祖父母朝夕相处，长期囿于老人的生活空间和氛围中，耳濡目染模仿的都是老年人的言行，张口闭口说的是成人的话，容易失去天真幼稚的本性。另外，外出活动少，只允许他们在家玩一些安静的玩具、游戏，一方面运动量小，身体缺乏锻炼，会造成体质柔弱多病；另一方面关在家里见识少，接触新鲜事物也少，可能导致孩子视野狭小，缺少活力，竞争心、自信心下降，同伴交往能力较差，不敢面对生人，不会自己处理事务，严重的还会造成孩子心胸狭隘、固执、退缩、心理老年化。

（四）加重老人经济负担和精神压力

不少老人一生节衣缩食，饱受生活劳累磨难之苦，加上退休后收入下降，身体状况每况愈下，各种疾病纷至沓来，本身就很难度过一个平安幸福的晚年。如果还要承担起养育（外）孙子（女）的重任，对他们来说在经济和体力方面都超过自身承受能力，显得不堪重负。此外，隔代教育还容易助长年轻人的依赖心理，老人本来好心想帮子女的忙，却被他们不无恶意地利用，老人从此陷入难以自拔的无底洞。与此同时，年轻父母的依赖思想有增无减，不仅损害老人的经济利益和身心健康，而且降低年轻人独立自主能力，后果令人忧虑。

案例 7

张玲和孩子一起生活，孩子五岁好动顽皮，平时幼儿园接送和看管都是由爷爷来承担。两个月前

一次惊心动魄的意外，让张玲吓出了一身冷汗。夏季气温高，孩子喜欢吃雪糕，一天放学后爷爷就带着孙子去买。雪糕店在马路对面，孩子性急直奔雪糕店，爷爷最近有些体力下降，一时没追上，孩子也不看红绿灯就冲了出来，撞上一辆出租车，造成了腿部骨折。说起这些，张玲泪如雨下，爷爷也怪自己太不小心，血压升高，急得住进了医院。

分析：在隔代育儿各种矛盾中，安全隐患是致命的。父母是孩子的监护人，但是隔代育儿却把监护人的重担转嫁到了祖辈身上。一旦出现安全事故，这责任由谁来承担？老人的精力和体力都不如小孩，脑力跟不上，反应迟缓，常常连自己都需要照顾，更不用说能照顾好孩子，在监护方面除了寄托于老人身上，孩子的家长也应该多费些心，或者请个保姆，让老人从旁指挥和监督就比较妥当。保姆年轻有精力，老人上心、有经验，二者结合才可相得益彰，危险的隐患自然也就消除了。

四、隔代教育的对策与建议

（一）父母要明确自己具有不可替代的教养责任

父母对于孩子身心成长的意义比人们想象的重要得多。如果能更多地参与孩子的培育，能为孩子带来一种更持久的幸福。现代心理学研究表明，孩子对父母的情感需求，是其他任何感情所不能取代的。即使爷爷奶奶、外公外婆整天全身心地照顾孩子，也无法取代父母的爱，尤其是母亲的爱。缺少父母关爱的孩子极可能因情感缺乏而产生情感和人格上的偏差，导致诸如心理和行为障碍、对人对物缺乏爱心、易产生暴力倾向和行为等问题。另外，隔代抚养也会影响父母与子女间的关系，造成亲子隔阂并可能影响一生。而且年轻父母有着无可比拟的优势，即与社会联系密切，文化程度比较高，接触面广，可以培养孩子多方面的兴趣。另外，年轻父母思想开放，接受能力强，虽说育儿经验少，但网络、书籍、报刊很多科学育儿方面的知识，可以边学边用，并能对传统的育儿方法加以辨别和改进。年轻父母精力充沛、充满生气，经常带孩子去户外活动、参观旅游，有利于孩子形成良好的性格，开阔视野及增长知识。

因此，父母应明确自己的教育责任，清醒地意识到隔代教育的利和弊，不要以忙为借口，把孩子的教育权、抚养权完全交给祖辈，自己当"甩手掌柜"。在与长辈、孩子相处中注意以下四点：第一，如果孩子长期与祖辈在一起生活，即使再忙，也要抽出时间和孩子在一起，观察孩子的心理需要，并及时满足他们。第二，节假日要把孩子接到自己身边共同生活几天，如陪孩子做游戏、玩耍、学习，与孩子交流，倾听孩子的心声，尽到父母应尽之责，加强亲子感情。第三，如果暂时不能去看孩子，一定要让孩子有一个心理准备，向他们讲清原因，让他们感受到父母的关爱随时都在自己身边。因为孩子的心灵十分敏感，讲明白对孩子来说也是一种安慰。第四，如果身在异乡，要利用电话、书信、电子邮件等先进的通信工具与孩子经常联系，与祖辈沟通、了解，关心孩子的身心发育等情况，虽然远在异乡，也要让孩子感受到父母的深深爱意。

（二）祖辈要把握好自己的角色，不能代替父母的主导作用

祖父母要清楚自己的定位，寻找合适的平衡点。在抚养、照料和教育这些事上，父母对孩子的作用是任何人也代替不了的，祖辈们应该找准自己的定位，不全权代替，把握好"配角"的角色。当孩子的父母管教孩子的时候，孙辈常会向祖辈寻求庇护，这个时候祖辈不应袒护孩子。有关孙辈生活大事的决定权都应该交给孩子的父母和孩子自己，祖辈可以提出自己的经验帮助儿女共同教育孩子。

孩子父母限制孩子的事情，长辈不要越俎代庖，尽量与孩子的父母保持一致。俗话说"亲孙命根隔辈亲"，把最大的精神寄托、最无私的爱给孙辈，是许多老人们的最大乐趣。祖辈父母一定要努力和自己的儿女取得一致，对孩子的要求一致、步调一致，不要和孩子的父母唱对台戏。老人在隔代教育中要给自己定位，既不能越位，也不能当摆设，要做亲子之爱的润滑剂。孩子虽小但也会"察言观色"，当他发现了自己这种"众星捧月"的地位，或者知道父母不能忤逆祖父母、外祖父母的时候，

他就会更加倾向于配合老人的意愿，认可他们的溺爱，达到自己的目的。这样，最终会使孩子模糊是非标准，肯定自己的不良行为。祖辈家长要以理智控制感情，分清爱和溺爱的界限，要爱得适度，正确的爱有利于孩子的健康成长，还应创造机会让孩子和父母多接触，疏通感情，两代人共同努力营造一个有利于家庭教育的和谐温馨的家庭气氛。

（三）父辈与祖辈优势互补，形成教育合力

由于出生与成长的环境和时代有着显著的差异，两代人在教育孩子的问题上自然也会存在相当大的差距。首先，在对孩子的态度上，父母趋于理性，而隔代老人趋于感性。父母教孩子一种知识，给孩子买一样东西，满足孩子一个要求，往往考虑这样做对孩子的成长是否有益处，着眼于培养孩子良好的品格，为他们以后能更好地适应社会而做准备，但老人对待孩子往往有一种溺爱的倾向，以尽量满足孩子的愿望为出发点，较少理会这种满足是对他们有益还是有害。同样，年轻父母也不一定都是对的，像劳动观念、礼貌、勤俭等，一般为老人所重视，是一些年轻父母看不上的"细枝末节"。然而，这正是当代孩子最大的软肋，勤勉、团队精神、友善和诚信等也恰恰是现代社会最需要的品质。由此可见，隔代抚养和教育与父母亲自教育各有利弊。要解决这些问题，需要两代家长扬长避短，优势互补，相互配合，建立一种新型的隔代教育模式，才能达到最佳效果。

因此，祖辈父辈协作一致最为重要。祖辈与父辈在教育孩子的问题上应当多沟通，相互学习，取长补短。例如在吃的方面，由于祖辈有更多的时间去料理孩子的饮食，餐桌上常会出现一两道孩子的"专利菜"，孩子也就想当然地认为这是"我"的东西，不允许别人"染指"，一旦被"侵犯"就会大哭大闹、不依不饶。此时，父母应提醒老人，无论多么小的孩子，要学会在与别人分享中获得快乐，这比什么都重要，千万不能让孩子养成吃"独食"的坏习惯。

又如，祖父母更容易包办孩子生活上的事情，这一做法容易养成孩子不劳而获的习惯。孩子的生活自理能力应当尽早培养，让孩子承担力所能及的家务劳动，尤其是学会自觉为别人服务，对于锻炼孩子的动手能力至关重要。而当父母对孩子进行这方面教育时，祖辈务必不要出面干涉，应努力维护孩子父母的权威，这样孩子就不至于唯我独尊，懂得尊重父母。总之，要充分利用隔代抚养与父母抚育的各自优势，两代人经常探讨孩子的培养方法，为孩子创造一个和谐开放的家庭环境。

（四）老年人要主动学习，更新知识观念

由于时代不同，老年人的知识和思想观念有些已落后于现实，由他们抚育孩子，往往虽有良好愿望，但效果却未必好。作为老年人，应与时俱进，不断学习，可以多阅读一些现代育儿书刊，多接触一些新的育儿理念和方法，提高自己科学育儿的水平。据报道，辽宁省辽阳市有一所"隔代家长学校"，先后有近千名爷爷奶奶、外公外婆在这里学习并"毕业"，取得了显著效果，愿意到这里上学的老年学员越来越多。对于隔代家长来说，无论有无机会专门学习，都应该自觉学习新的知识。可以选择适宜的学习途径，如看电视、报纸等，平时多与人沟通交流育儿经验，多虚心听取年轻人的意见，不要固执己见，在短时间内接受尽可能多的信息。老年人要跟上时代步伐，不能忽略了孩子这个重要的学习对象，多和他们交流分享，能获得在其他人那里得不到的信息，并可以在潜移默化中达到教育的目的。

改变不合时代要求的观念和育儿方式，不要因为自己当年没有满足儿女的需求就以补偿心理来养育孙辈。老年人带孩子要注意以下四点：① 不要包办代替，孩子能做的事情尽量让孩子自己动手；② 不要因为怕危险就限制孩子活动；③ 不要总给孩子穿过多的衣服；④ 不要经常以买东西的形式讨好孩子，纵容孩子养成贪吃零食的习惯等。在培养孩子的理念上，老年人一定要与时俱进，如让孩子做到体、智、德、美、劳全面发展，而不是单纯照顾好他们的生活和督促学习文化课。要特别注意给孩子灌输诚信观念、法治观念，切实培养他们尊老爱幼、热爱劳动、勤俭节约、勇于创新的好品质。

（五）年轻父母要尊重祖辈，主动与祖辈沟通协调

对老人帮忙照料孩子，年轻父母应心存感激之情，而不应认为是天经地义的责任，把祖辈当作不花钱的"保姆"。应本着自愿、量力的原则，尊重老人的决定。当两代父母在教育孩子的问题上发生

分歧时，最好不要当着孩子的面发生冲突。孩子虽小，但他是天生的外交家，当他看到家庭成员之间出现分歧时，他就会聪明地钻空子。这不仅对改善他的行为毫无益处，反而会导致他的问题越来越严重，甚至带来更多别的问题。另外，家庭成员之间发生冲突，那种不和谐的家庭氛围会带给孩子更多的不安全感，对他心理发展产生不利的影响。年轻父母和祖辈老人都要懂得把握好自己的角色。在抚养、照料和教育这些事上，父母对孩子的作用是任何人也代替不了的，祖辈们的教育只是亲子教育的补充。

年轻的父母要主动与祖辈沟通，帮助他们转变教育观念，掌握一定的教育方法，取得教育上的协调一致，为老年人提供学习机会，开阔老年人的视野。当发现老年人对孩子有溺爱现象或不妥当的教育方法时，要顾及老年人的自尊心，最好从侧面提醒，说话心平气和，只说事实。切不可当众驳斥老人，那样只会伤了老人的心，还会让矛盾更加恶化。在养育子女的过程中，没有绝对的对和错，当老人执意坚持自己的观点或做法，而这种做法又不会给孩子带来负面影响时，年轻父母则不妨做点让步；如果是原则性问题，那么在坚持己见的同时，也要讲求沟通方式，不要"硬碰硬"，更不要得理不让人。善于把握时机，借助教育知识讲座、家教书刊或介绍一些好的教育实例来丰富老年人的家教知识，提高家教质量。如果对方此时心情愉悦，或是正好碰上孩子出现这个问题，建议和意见就容易被老人接受。如果气氛、场合不对，说服则易遭遇"反击"，最终问题没有解决，还导致不欢而散。老人帮自己带孩子，这对年轻的父母来说，是一种莫大的帮助，应该尽量让他们感到宽心、肯定和安慰。

（六）社会和幼儿园要承担起提高祖辈家长教育素质的责任

《中共中央国务院关于进一步加强和改进未成年人思想道德建设的若干意见》下发后，现代家庭教育事业在全国各地正在蓬勃发展，一个宣传家庭教育的热潮开始形成。但是，这些材料往往宣传父母对子女的亲子教育内容更多些，很少有宣传祖辈对孙辈的隔代教育内容。要想让祖辈们更好地教育下一代，使孩子健康地成长，必须提高祖辈们的自身素质，使老人们活到老学到老。有关方面应运用新闻媒体和互联网，面向社会开展隔代教育的宣传，普及隔代教育知识，推广隔代家庭教育的成功经验，帮助和引导祖辈家长树立正确的家庭教育观念，掌握科学的家庭教育方法，提高科学育子、育孙能力。有关部门可组织人员编写、出版一些祖辈家庭读物，增加隔代家庭的广播、电视节目，以满足祖辈家长这一广大人群的实际需要。还应逐步建立隔代教育的指导网络，多宣传构建亲子教育与隔代教育结合的好典型。

社区是老年人生活的地缘单位，是老年人的生活乐园和精神寄托。老年人离开工作岗位后，从单位人变成社区人，几乎每天都生活在社区。所以要抓好隔代教育，很重要的是要抓好社区教育阵地。举办各种形式的祖辈家长学校，是解决这一问题的重要途径。通过家长学校的学习，转变祖辈的教育思想观念，改变他们陈旧的教育方法，向他们介绍科学育儿知识，可以请一些年长、有经验的老教授、老专家讲课，也可以介绍交流一些隔代教育做得好的祖辈家长经验，不断提高隔代教育的质量。也可以把爷爷奶奶、外公外婆这些临时监护人请到幼儿园或送教上门，向他们宣传先进的家教理念，帮助他们解决家庭教育中的问题，指导他们搞好家庭教育。

年轻的父母一定要明确，自己才是教育孩子的真正主角。所以，既不要为图省事，孩子一生下来就甩给老人；也不要怕老人惯坏了孩子，拒绝老人带孩子，割断祖孙之间的亲情。不论是与老人同住，还是暂时把孩子寄养在老人家中，都要注意和老人协调关系，一切以为了孩子的健康成长为出发点，积极解决矛盾纠纷，争取隔代教育取得双赢。

知识拓展

如何发展农村留守儿童幼儿园

单元小结

家庭教育除了关注一般家庭中的儿童教育问题，同时还要关注家庭结构、功能不完善的特殊类型的家庭，如离异家庭、重组家庭、隔代家庭等的教育对策。对于经历特殊事件的儿童，如自然灾害、意外事故等身心打击的儿童，要给予全方位的援助。另外，随着社会发展而产生的留守儿童家庭和流动儿童家庭的子女教育问题，日益成为一个显著的社会问题，同时也要给予高度重视，并探讨研究其教育实施策略。

思政要点

随着社会发展，一些特殊家庭类型和结构不断呈现，学习者应该根据不同幼儿、不同家庭，结合社会不同时期的状况，拥有发展的眼光，以开放包容的心态对待多元化的家庭类型，增强与社会现实密切联系的实践能力。

思考与实践

1. 单亲家庭对儿童会产生怎样的影响？谈谈单亲家长应如何教育子女。
2. 根据实际分析留守儿童产生的社会背景，并提出教育对策。
3. 分析灾害后儿童的心理，提出疏导儿童精神压力的家庭教育对策。
4. 案例分析：

爱哭的小悦悦

"呜……哇……"悦悦那几乎可以穿破人耳膜的高八度哭声，今天已是第五次在教室里响起，孩子们听得正带劲的故事又被迫中断了。我叹了口气，走过去把她抱起来，轻声安抚她。开学两个月来，其他刚入园的孩子都很快适应了新的环境，可悦悦却一直对幼儿园生活不适应，不管老师用什么办法哄，悦悦就是喜欢哭。面对这种情况，我到悦悦家里进行了家访。奶奶告诉我，以前的悦悦爱说爱笑，是个活泼开朗的孩子。可自从她爸爸妈妈半年前离婚后，悦悦就变了，变得不爱说话，胆子小，看到生人就往奶奶身后躲，动不动就哭。

请思考：在我们的工作中，会经常遇到像悦悦这样单亲家庭的孩子，他们的身上往往有这样、那样的问题，作为一名幼儿教师，我们应该如何去引导帮助他们呢？

第七单元
学前儿童家庭教育指导

单元导读

　　本单元主要列举了学前儿童家庭教育指导的重要性和必要性、学前儿童家庭教育指导的任务和内容、学前儿童家庭教育指导的原则和方式等，主要目的是使学习者明确家庭教育是一个系统工程，必须家园协同才能给儿童创造一个良好的成长环境。在幼儿园见习实习中，可以通过观察、访谈，了解幼儿园在与家长的合作共育中常用的方式方法，值得借鉴的经验和存在的问题，以及党和国家有关教育法规的贯彻执行情况。

学习目标

1. 理解家庭教育指导的重要性和必要性。
2. 掌握家庭教育指导的任务和内容。
3. 理解和掌握家庭教育指导的原则。
4. 掌握家庭教育指导的常用方式。
5. 初步学会撰写家庭教育指导的有关计划、记录与总结。
6. 学会设计、策划家园合作活动方案。

内容结构

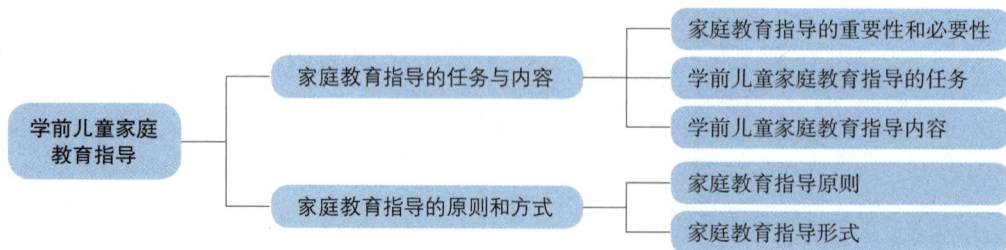

第一节　家庭教育指导的任务与内容

一、家庭教育指导的重要性和必要性

家庭教育指导是指为提高家长家庭教育素质和家庭教育质量，教育机构与社会各方面力量根据家长的实际情况，向家长提供帮助和指导的过程。

家庭教育是一个系统工程，在国民教育体系中居于重要地位。由于家庭教育具有私人性质，家长对子女的教育有很强的自主性，如何教育孩子、教育哪些内容、教育到何种程度主要取决于家长的主观意志。长期以来，尤其是封建社会的阶级性，使得家庭教育只能是一家一户的私事，一些文人学者把前辈和自己家庭教育的经验教训总结成册，传给后人。如南北朝时颜之推的《颜氏家训》、唐代的《太公家教》、诸葛亮的《诫子书》、司马光的《家范》、朱伯庐的《朱子家训》、袁采的《袁氏世范》、曾国藩的《曾文正公家训》等许多家教著作，后来流传到社会上，影响甚广，使得广大家长把它们作为治理家庭和教育子女的座右铭，实际上起到指导家庭教育的作用。

随着社会的发展，对人才的要求越来越高，社会竞争日趋激烈，没有较高的整体素质，很难适应复杂多变的社会。学前阶段是学校教育和社会教育的基础，也是整个人生教育的奠基时期，因此学前儿童的家庭教育作用显得更为突出。由于家庭的特殊性，决定了家长自身教育素质、文化水平、家庭环境参差不齐，差异很大。目前，家庭教育的水平与社会要求之间存在着较大的差距，家庭教育普遍存在一些问题，如以孩子为中心，溺爱、娇惯；一切包办代替，过分地保护；望子成龙心切，违背孩子的年龄特点和身心发展规律，盲目攀比；有的家长教育观念偏差，以为让孩子多背诗、多识字就是智力开发；也有少数家长对孩子不管不问，放任自流，认为树大自然直。

父母的教育责任重大，家庭教育的现状却不能令人乐观。总的来说，现代父母教育子女的意识和责任心增强了，但普遍存在"重教而不会教"的现象，他们对家庭教育指导的要求非常迫切。从整个教育体系看，家庭教育、学校教育、社会教育是一个不可分割的整体，幼儿园作为幼儿教育的主要基地之一，同时也担负着对家长进行家庭教育指导的义务。学前教育机构对家庭教育进行指导的重要作用具体表现在以下三个方面。

（一）帮助家长提升教育素质

通过对家庭教育的指导，家长可以深入了解家庭教育的重要性，以增强家长教育子女的责任感，形成正确的教育观念。家庭教育中，观念是起决定作用的，正确的观念可以使每个家庭有自己正确的教育方法。李洪增先生主持的全国教育科学"八五"重点课题"中国幼儿家庭教育的研究"，组织并指导了5省区20多个乡镇、街道和幼儿园的研究工作，探索幼儿家庭教育的规律及不同地区、不同途径的家教指导模式。大量的研究结果表明，家庭教育指导有助于转变家长的教育观念，树立正确的教养态度，掌握科学的育儿方法，促进了家长素质、家教质量的提高和幼儿身心的和谐发展，并造就了一支幼儿家庭教育研究的骨干队伍。

（二）引导家长发挥自身优势

与幼儿园教育及社会教育相比，家庭教育的优势主要表现在亲情性、渗透性、针对性。家庭生活的时时处处都存在教育契机，只要家长有教育意识，可以随时随地引导渗透。家长最了解自己的孩子，这有利于创设条件，因势利导，有针对性地对孩子进行个别化教育。还有许多家长有各方面特长才能、兴趣爱好、职业特点，通过引导，可以使这些独特的优势更充分地得到发挥，弥补学前教育机

构的不足。可以说，父母对孩子的爱本身就是一种最有效的教育资源，它是孩子自信、独立、有责任感等良好品质形成的必不可少的营养素。

（三）整合教育资源，形成教育合力

学前教育机构是集体教育的环境，每个幼儿是富有个性的个体，是多方面因素影响的结果，单靠幼儿园教育难以实现个体的全面发展，幼儿园、家庭必须协同教育，才能共创一种有助于幼儿身心发展的环境。早在20世纪30年代，陈鹤琴先生就指出："幼稚教育是一件很复杂的事情，不是家庭一方面可以单独胜任的，也不是幼稚园一方面能单独胜任的，必须要两方面共同合作方能得到充分的功效。"《3～6岁儿童学习与发展指南》也强调要重视家园共育，指出家庭教育对幼儿终身学习和发展的重要影响，倡导要建立良好的亲子关系，创设平等、温馨的家庭环境，注重家长对孩子言传身教和潜移默化的影响。只有家长和幼儿园共同努力，才能有效地促进幼儿身心健康成长，否则就会事倍功半。从系统论观点来看，整体功能大于部分之和。家庭和幼儿园是影响幼儿身心发展的两大方面，是幼儿成长的两个最重要的场所，两者同步协调，配合一致，形成紧密的教育合力，才能更有效地促进幼儿健康全面的发展。根据第七次全国人口普查结果公布，我国共有家庭户49 416万户，家庭户人口为129 281万人，把这些家长的力量充分发掘调动起来，并给予科学的引导，这将是巨大的教育资源。

二、学前儿童家庭教育指导的任务

教育部颁发的《幼儿园教育指导纲要（试行）》指出："家庭是幼儿园重要的合作伙伴。应本着尊重、平等、合作的原则，争取家长的理解、支持和主动参与，并积极支持、帮助家长提高教育能力。"幼儿园作为学前儿童家庭教育指导的主要渠道，指导家长工作的主要目的是整合幼儿园、社区和家庭的教育力量，扩大幼儿园的有限教育资源，补充幼儿园教育力量的不足，为婴幼儿创设一个完整的、适宜的、一致的教育环境，最终实现促进儿童健康成长的共同目标。

根据我国的实际情况，幼儿园指导家庭教育的主要任务包括以下五个方面。

（一）指导家长优化家庭环境

通过指导，促使家长为孩子提供基本的生活、游戏和学习条件，形成良好的亲子关系、夫妻关系、婆媳关系等家庭关系和邻里关系，建立民主、平等、和谐的家庭氛围，为孩子健康成长创设良好的家庭环境。

（二）指导家长科学育儿

通过指导，提高婴幼儿家长科学养育的普及率。向家长倡导科学的喂养知识，掌握科学的育儿方法。例如膳食营养知识，让家长在照顾好幼儿的饮食时，三餐要荤素搭配、粗细搭配、干稀搭配，幼儿饮食不宜过甜、过软，食物品种尽量要多样化，使幼儿均衡摄取蛋、奶、肉、蔬菜、水果、粮食等各种食物，从而获得全面的营养。

（三）指导家长提高教育水平

通过指导，提高家长家庭教育知识的知晓率，转变教育观念，改善教养态度，增强教育能力，提高家庭教育的质量，促进婴幼儿身心发展。

（四）增强家长家园合作意识

幼儿园应通过指导，使家长正确了解幼儿园保育和教育的内容、方法，提高家长参与意识。幼儿园也要认真倾听、分析、吸收家长对幼儿园教育和管理工作的意见与建议，切实做好家庭与幼儿园的合作共育。

（五）向家长进行法制宣传教育

通过向家长宣传《中华人民共和国未成年人保护法》《中华人民共和国预防未成年人犯罪法》《中华人民共和国收养法》《学生伤害事故处理办法》等法律、法规以及联合国颁布的《儿童权利公约》，提高家长的法律意识，依法保障儿童生存权、发展权、受保护权、游戏权和参与权。

三、学前儿童家庭教育指导内容

学前教育机构指导家庭教育的内容主要有以下四个方面。

（一）讲解婴幼儿身心发展的知识

幼儿园要向家长讲解儿童身心发展的一般规律和年龄特点，例如喜爱玩耍、好奇好动、在游戏中学习是幼儿期的天性；幼儿期的思维方式以具体形象思维为主，需要依赖具体形象认识事物；幼儿的注意点和记忆带有很大的随意性；幼儿的情绪情感容易激动、外露、易受感染、不稳定。还要使家长明白由于各种因素的影响，每个孩子的发展速度各不相同，身体发育、智力、性格、能力、兴趣、爱好等方面都有个别差异，不要盲目比较，造成心理焦虑。

（二）讲析家庭教育的有关知识

幼儿园要向家长讲解有利于幼儿身心发展的各种知识，避免出现重养轻教、重智轻德的片面倾向。家庭教育的知识包括家庭教育的重要性，家庭教育的内容、原则、方法、教育艺术，针对家庭教育中存在的问题，帮助家长分析原因，探讨解决办法。现代社会发展迅速，新生事物不断出现，各种教育理念、方式层出不穷，许多家长盲目跟风，心情矛盾，这些新情况、新问题都有必要与家长共同探讨、商议，形成正确的看法，再来探求科学的、有益于孩子身心发展的方式，这种达成共识、统一思想的做法，会使幼儿园教育达到事半功倍的效果。以上这些方面的内容是家长最迫切需求的，也是家庭教育指导工作的重点。

（三）介绍幼儿园教育的有关内容

幼儿园有责任向家长介绍幼儿园教育的性质、目标、任务、内容、途径、方法和手段；让家长了解不同阶段幼儿园教育计划、任务、内容、进度、日常生活安排和要求；帮助家长了解幼儿在幼儿园内学习、生活的情况和各方面发展水平。使家长对幼儿园教育有全面深入的了解，客观地了解孩子的发展状况，便于家长理解并监督幼儿园的工作。

另外，作为幼儿的法定监护人和幼儿的教育者，家长一定要知法、懂法、守法。向家长宣讲有关儿童安全保护、教育的政策、法律法规文件也是一项重要工作。知晓这些知识可以使家长更好地行使自己的责任和义务，万一出现问题，特别是幼儿的意外伤害事故，可以此为依据明确责任，妥善处理。

（四）帮助家长总结并传播教育经验

家长在教育子女中有许多成功的经验，也有一些失败的教训，这些经验和教训都需要有人帮助他们总结提高。因此，学前儿童家庭教育指导还有一项重要内容，就是帮助家长总结经验教训，尤其是将好的经验予以传播推广。对于孩子年龄相仿的家长来说，别人的经验更具模仿性、可行性。幼儿园要善于发现家长在教育子女方面突出的事例，帮助家长整理总结其成功的经验，同时创造条件，让家长之间有机会交流各自的育儿心得，帮助家长推广传播成功的教育经验，共同提高家长抚育孩子的能力。

第二节　家庭教育指导的原则和方式

家庭教育指导工作要以人的发展为本，遵循孩子身心发展和家庭教育指导工作的规律，满足家长自身需求和社会发展的要求，进行整体规划、全面实施。

一、指导原则

（一）家长主体原则

家长主体原则是指指导者应尊重家长，确立为家长服务的观念，调动家长参与的积极性，发挥家长在指导过程中的主体作用。指导者应鼓励家长根据家庭的特点，结合孩子的实际情况，选择家庭教育的内容和方法，提高指导的针对性和实效性。在幼儿园工作计划、活动内容的安排上，要虚心听取家长的意见，欢迎家长为幼儿园的工作出谋划策，参与和评价幼儿园的工作，要和家长共同探讨教育孩子的方法，交流和分享各自的看法，而不是单方面"通知"家长应该做什么和怎么做。

在指导家长过程中，指导者与家长是一种平等的合作伙伴关系。应该在了解家长的基础上指导家长，理解家长的心情和言行，尊重家长作为教育者的主体地位和人格尊严，不能以"专业工作者""专家"自居，不能居高临下地把家长当作教育对象去指手画脚、随意训斥。爱子之心，人皆有之，绝不能在家长面前使用辱骂、刻薄的语言来讽刺、挖苦或诬蔑幼儿。教师在和幼儿家长谈话的时候，不要大声张扬，避免将幼儿的缺点都公布于众。不能在幼儿出现行为问题时，就向家长告状，把责任全部推给家长，这种告状行为，如果当时恰好还有许多其他家长在场，势必会使家长感到难堪，等于间接伤害了家长的自尊心，直接导致有的家长把怒气发泄在孩子身上，结果孩子成了最大的受害者。

以家长为主体一定要对所有家长一视同仁。从性格脾气看，有的谈笑风生，有的沉默寡言，有的暴躁易怒；从职业身份看，有的家长只是普通而平凡的劳动者，有的身居高位；从经济收入看，有的家长工资微薄，有的拥有名车豪宅。对不同社会背景、不同个人条件的家长，教师都要给予应有的尊重，以自己的诚心、真心、热心、耐心和细心打动家长，他们才可能乐于接受教师的建议，配合好幼儿园的工作。平等地对待每位家长，如班内可制订轮流接待家长日，这样就能与他们平等地交流孩子在园的表现、可喜的进步和存在的不足，让家长感到他的孩子在幼儿园也不会受到冷落。

案例 1

小一班的家园联系栏里，贴着一张粉色的纸条，上面写着："2、6、9、13、16、17、26、27号小朋友的自理能力还较弱，请家长在家帮助孩子练习尽快提高，谢谢合作。"

小二班的家园联系栏里，也有一张粉色的纸条，不同的是这张纸条贴在了一个粉色的信筒上，上面写着："如果您的孩子在自理能力方面有了一点进步，请您及时写信告诉老师，谢谢合作！"

想一想：如果你是家长看了这两张纸条你有什么感受？这两张纸条会产生什么样的教育效果？

（二）多向互动原则

幼儿园开展家长教育指导，不只是幼儿园单方面地向家长宣传教育知识、反映、汇报孩子在园的表现，也需要收集家长的信息，了解孩子在家的情况，双方要相互交流信息，反馈教育效果，共同研究配合教育的方法，只有这样，才能取得共识，实现同步教育，促进幼儿发展。如今，我们提出了整合教师资源、家长资源、幼儿资源、社会资源等多种资源下的多种家庭教育指导模式，打破专家、教师在台上讲，家长在台下认真听，回家后照着做这种居高临下的、单一的、封闭的、满堂灌的指导格局。建立多样性、开放式和广大家长共同参与的新型的家庭教育指导形式，满足了家长的家庭教育指导要求。

家园沟通双方都有责任，但幼儿园应更主动，要努力创设教师与家长、家长与家长之间互相学习、家长与孩子双向沟通的环境和条件。幼儿园为家园沟通创造条件时应注意以下问题。

首先，家庭教育指导的内容来源于家庭教育的实际，了解家长需要解决的问题是关键。例如，通过谈话、家访、问卷填表等多种形式，获取家长的个人信息（职业、文化程度、兴趣爱好等）、家庭情况（家庭结构、居住条件、生活方式、家庭关系等）、家庭教育情况（对孩子的重视程度、教育内容、方法、经验、存在的问题等）、对幼儿园教育的看法（幼儿园教育的重点是什么、应怎样对孩子进行教育、对幼儿园有何意见建议、应如何改进等）等方面大量的信息后，教师才可能有针对性地分析、思考、探讨和处理，提高指导工作的实效性。

其次，提供家长参与的平台。例如，针对班级里幼儿成长和家庭教育中存在的共性问题，通过家长会、家园小报、网络互动、友好小组、经验交流等多种形式鼓励家长之间的交流，既可以把在家庭教育中遇到的困惑、问题与教师和其他家长进行分享和交流。教师也鼓励在育儿上有独到见解的家长可以与大家分享育儿的经验，在此过程中大大提高家长参与教育的积极性和主动性，双方从中获益。

另外，教师不仅要影响家长，干预家庭教育，而且要吸取家长的教育经验，在虚心接受家长的意见和建议中，不断完善自己。特别是现在的年轻家长学历层次高，望子成龙心切，善于接受先进的教育思想和育儿方法，很值得教师学习。

（三）分类分层指导原则

每位家长的文化程度、职业状况、身份地位、经济条件不同，各家的家庭结构、孩子发展情况不同，家长本身的教育观念、教育能力、教育方法不同，对指导的需求因人而异，因此，幼儿园在家庭教育指导时不能"一视同仁"，搞"一刀切"。要按照家庭教育指导工作总体目标，根据不同孩子和不同类型家长，指导内容和要求也应不同，形成分类指导、分层递进的指导工作体系。

贯彻这一原则首先考虑幼儿的情况分类指导。按年龄段来划分，有托班幼儿、小班幼儿、中班幼儿、大班幼儿家长，对于年龄幼小的托班孩子，重点工作是指导家长对孩子生活自理能力的培养，对小班和新入园幼儿家长指导重点放在入园适应，对于即将毕业的大班幼儿家长重点放在入学准备指导上。按幼儿身体心理、个性发展特点来分：对于生活自理能力较差的孩子，减少包办代替，多鼓励少责备，使孩子独立自信；对于攻击性强的孩子，家长要做好榜样，冷静处理，通过户外活动和亲子游戏，让孩子学会自我控制；对于性格胆小孤僻的孩子，切忌训斥责骂，多了解孩子的想法，多带孩子参加集体活动，多鼓励孩子接触活泼、果断、有正义感的小伙伴；对于身体虚弱、动作发育较慢的孩子，排除疾病原因外，还需保证均衡营养，充足睡眠，适当参与户外锻炼。

其次，根据家长的实际情况进行分类指导：① 根据家长的身份，有父母、祖辈老人、非血缘关系监护人、其他亲属等；② 根据家长本身的条件，有高学历家长、低学历家长；③ 根据家庭特殊类型，有流动人口家长、单亲子女家长、再婚家庭家长、独生子女家长；④ 根据家长的教育素质，有与时俱进、善于吸收现代教育观念的家长，有教育方法简单粗暴的家长，有放任自流不管不问的家长，也有溺爱、过于包办代替的家长。

在家庭教育指导的实际工作中，注重对不同类型的家长进行分类分层指导，才能有的放矢，提高工作的实效性。如有许多孩子由爷爷奶奶带养，重点指导祖辈家长在家庭教育中注意不要溺爱孩子，要求他们能及时与教师、孩子父母进行信息沟通。对于知识水平层次较高的家长，他们有较强的学习能力，育儿理论知识较丰富，但缺乏具体操作方法，可以及时提供幼教信息动态等。把不能以身作则，对孩子不管不问的家长归为一类，使其从思想上意识到家庭教育的重要性，真正履行起家长的职责。在与家长沟通中会发现每一位家长对于自己的孩子期望值是不一样的，有的要求很高，有的则"很低"，甚至不对幼儿提任何要求。因此，针对期望过高型家长，教师要从客观、全面和发展的角度反映孩子，否则就会伤及家长的自尊心，使家长对孩子产生过激情绪。在措辞方面，教师要注意委婉，运用先扬后抑的方法，让家长便于接受。针对期望值低的家长，像溺爱骄纵型、放任武断型的家长，教师可以提出严格的教育要求，阐述如此发展下去的严重后果，以引起家长的注意。对不同类型的家长进行分层指导，如大班外地孩子较多，幼儿园可以创设条件召开一次"外地幼儿家长会议"。在幼儿表现方面，如有的小朋友吃饭很慢，又不能做到"三净"，保健教师可以教给家长几种"绝招"，还可以请进餐习惯好的幼儿家长向其传授经验。

（四）要求适度的原则

家园合作，要争取家长的合作与支持，要以家长自愿为前提，不能硬性指派，仅仅把家长当作利用的对象，尤其是涉及财力、物力、人力的问题上，更应慎重。要让家长通过参与幼儿园活动，亲身感受到这种参与对孩子的益处，体验到幼儿园对自己的尊重。

园方对家长提出的要求不仅考虑内容是否需要，还要考虑家长能不能承受、能不能做到、会不会遇到困难，不应把幼儿园应承担的义务转嫁到家长身上。因此，幼儿园对家长提出的要求要切合家长的实际，是家长力所能及范围内的。

教师在向家长传授育儿知识时，尽量做到既科学、实用、深入浅出，又要生动有趣，具有可操作性，最好教给家长一些简单易行的具体方法。例如，现在家长总是舍不得让孩子一起参与家务劳动，等到孩子大了，却变成懒惰、自理能力差的小公主、小王子。教师在让家长明确家务劳动的重要性后，还要向家长推荐一些切实可行的方式。

1. 依据孩子年龄学做家务

1岁左右的婴儿，可以让他自己拿汤匙吃饭，拿拖鞋或递物品给大人，收集垃圾，把衣服和玩具放进篮子里等。2岁的幼儿可以让他擦桌子，练习洗自己用过的盘子、杯子，在限定的空间范围内扫地、擦地板，将不同类型、不同颜色的衣服叠好放在一起，将垃圾丢进垃圾桶内等。3岁的孩子已经准备进入幼儿园过集体生活，可以训练其将用过的毛巾、牙刷挂好并放整齐，清理自己吃完饭后的桌面等，这些对孩子来说都不是难事，父母可以放手让孩子学习。

2. 从生活中培养

父母不妨让孩子从个人分内工作开始，让孩子慢慢习惯其实做家务也是自己分内的工作。如自己学习将衣服穿好、放好；自己的玩具自己收拾好；把脏衣服放进篮子里。父母可以设计一份工作计划表，并和孩子一起讨论他能做些什么，想做些什么。从游戏中增加学做家务的趣味性：让孩子假设自己是一位清洁队员，开着一辆清洁车，清扫各种玩具和东西，然后交给收购员（妈妈）处理。扫地、擦桌子要给孩子准备儿童专用的清洁用具。在日常生活中引导孩子一起参与，从买菜、择菜到洗菜，让孩子知道所吃的菜肴需要经过这些步骤才能食用。淘米、煮饭时，让孩子学着舀米，淘米时也可以告诉孩子，这水除了淘米外，还可以留着做其他用途，这样能培养孩子环保节约的意识。

3. 及时鼓励

为了让孩子以做家务为乐，父母可以制作一份家务成绩单，逐项打分数，并给予适当的鼓励，也让孩子了解父母平时做家务的辛苦。父母在引导孩子学习做家务时，也应留意一些事项：① 以确保安全为前提，不宜超过孩子能力范围，以免孩子因挫折而产生抗拒和畏惧；② 不要拿成人的标准要求孩子，要耐住性子，不要怕越帮越忙；③ 应让孩子有正确认识，不能给孩子灌输"做家务是女孩的事情"的错误观念；④ 孩子一点一滴的进步都要看在眼里，及时给予赞美和鼓励，让孩子知道，他做的每件"小事"你都看到了。父母有智慧地引导孩子，可以让孩子在游戏中快乐学习做家务。

二、指导形式

学前儿童家庭教育指导具有多种形式。实践中应该根据具体情况采取不同指导形式，同一主题可采用多种形式配合。要开放办园，打破幼儿园封闭的教育管理模式，尽可能请家长参与幼儿园活动，变被动参与为主动参与，真正发挥家长的主体作用，一方面让家长熟悉幼儿园教育过程和内容，更好地与幼儿园协调一致；另一方面，也可以使家长在幼儿园群体环境下看到自己孩子的表现和发展水平，促进亲子沟通。

幼儿园常用的指导形式有个别指导、集体性指导、利用大众传媒指导等。个别指导是指导者与个别家长一对一的沟通方式，具有针对性、时效性、灵活性等优势，是幼儿园普遍采用的一种指导形式。个别指导形式包括：家庭访问、个别交谈、专家咨询、电话联系、书信往来、家园联系册和电子信箱等；集体性指导形式包括：家长会、专题讲座、经验交流会、讨论辨析会、家长开放日、亲子活动等；幼儿园还要充分利用和发挥大众传媒的优势，如家庭教育方面的报纸杂志，自编家园小报、主题墙报和电影、电视、广播、录像、网络等文字音像资料都是宣传普及家庭教育的极好方式。这里介绍一些常见的家庭教育指导形式。

（一）个别交谈

个别交谈是指教师利用接送孩子的时间与家长进行个别交谈和专门约请个别家长来园面谈。教师利用家长接送孩子时与家长简短交谈，是一种方便、及时和经常的家园联系方式。首先，每天早晨和晚上，教师会和家长见面，抓住这一机会与家长进行沟通，能够增强家园同步教育的有效性。其次，此时家园双方可以互相传递重要信息。早晨孩子入园时，教师可以向家长快速了解当日幼儿身体、情绪状况，以便在一天活动中有针对性地实施个别教育；傍晚离园时，教师可以及时向家长反馈孩子在园情况，并为家庭教育提出一些建议。随着学前教育的不断进步和发展，家长对幼儿园和幼儿教师的期望与要求越来越高，从孩子在园的日常生活到孩子的知识、能力、性格、习惯的培养发展都受到家长的广泛关注。在每天的入园接待和离园告别以及其他时间，幼儿教师都要面对家长就自己孩子各方面情况的询问，有时还要主动与那些不太了解孩子情况的家长交流谈话。家长工作都非常忙，接送孩子时来去匆匆，上午送孩子怕耽误上班时间，下午几十个家长又几乎在同一时间出现，这就决定了教师与家长谈话的时间不可能太长，只能采用简短谈话的形式与家长沟通。一般谈话时间不超过5分钟。当家长有不同的看法时，教师应事先有计划，列出具体谈话内容，然后再分时间、分批向他们宣讲科学的育儿方法。

案例 2

幼儿园门口，几位家长一边等着接孩子一边交谈。一位家长抱怨道："我的孩子在幼儿园已经很长时间了。说真的，我现在对孩子在园情况很不了解。您看，孩子每天在幼儿园8个小时，晚上接回家和家长也就待上2～3个小时。孩子回家不太说幼儿园的情况，问老师，老师总说'挺好的'。真不知这'挺好的'到底好到什么程度，我们家长该为孩子做哪些准备？"言语之间，充满了对孩子教育的焦虑，对了解孩子在园情况的渴望，对"挺好的"的困惑。这位家长的话，立刻引起了其他家长的共鸣。

分析：我们不经意间给家长回答一个"挺好的"，引起了家长对幼儿园工作的不满。矛盾的根源在于，家长的需求与教师提供的服务质量之间存在差距：家长渴望了解孩子在园的各种情况，要求教师尽量反馈孩子在园表现、发展特点和水平，但是，教师却缺乏这种意识，没有充分重视到家长接送孩子这一环节的意义和价值。接送孩子工作作为家园沟通的重要环节之一，必须引起我们的重视。

约请家长来园面谈是另一种个别交谈形式，它与前面所说的接送孩子时交谈不同，是一种有目的、有准备、有一定深度的交谈。因为要和家长作较长时间的交谈，选择双方都方便的时间。约谈前，教师与家长双方都要做准备。在交谈中，通常教师简要、全面地汇报孩子这段时期在园里的表现，着重谈孩子的进步和优点，展示孩子的作品，并提出需要注意和改进的地方。家长谈孩子在家里的情况，入园后或近来的变化与长进，存在的问题以及对园里的希望。双方共商下一阶段具体的教育目标与措施，以便共同有效地促进孩子的发展。每次约谈的主题与内容不尽相同。例如，孩子入园后的第一次约谈话，着重于听家长介绍孩子的生活习惯和兴趣等，教师则说明园里的教育计划。约谈也可根据家长或教师的建议，集中讨论孩子发展的某方面问题。不论哪种交谈形式，教师都要掌握与家长沟通的技巧，讲究说话的艺术性。

（1）教师与每一位家长都要热情、耐心、坦诚地交流。特别是对那些难以接近的家长，说话时眼睛要望着家长，有诚意，让家长感到自己是受老师尊重和被老师接受的。对家长的询问，要避免只用"挺好的""不错""还行""一般"这样的模糊词语来回答家长。

（2）教师说话如果能幽默风趣，可以给家长创造一个和谐轻松的环境。因为这样有利于与家长、幼儿之间的沟通，也有利于培养孩子乐观的性格。

（3）教师要力争多学习几种方言甚至民族语言。因为我们交谈的对象是家长，家长来自五湖四海，如果教师能用一些他们熟悉的语言与他们交谈，家长们会感到谈话的气氛更加亲切自然，这样更便于与家长达成共识。

（4）要善于倾听家长的叙述，不要随便打断家长说话。教师越表现出乐于倾听，与家长分享孩子的信息，家长就越愿意与你交流。当家长说完后，教师再进行巧妙的引导。接送时个别交谈，虽然方便、及时，但也会受到一些制约，比如家长较多时，交流时间不可能太长，谈话不是很充分，不够深入等。因此，要注意通过其他方式的相互补充、灵活运用。

（5）对家长交代的事情一定要尽力解决，及时反馈，不能言而无信。如家长早晨来园交代："我家萌萌身体不好，今天提醒她多喝水。"有的说，"今天我们家天天有点感冒，这是他的药，中午你给他吃上，多注意孩子。"面对这些家长，首先要很肯定地对家长说："您放心，我会特别留意的。"同时把家长交代的事情，全写在记事本上，一方面怕忙起来会忘记；另一方面可以让家长真正放心。下午离园时，主动向家长说说孩子的事，也可把反馈情况写在记事本上，使家长真正信任教师。

（二）书信往来

书信分便条和信件两种。俗话说"好记性不如烂笔头"，现在的幼儿园教育教学中要求家长配合的地方很多，如果让孩子回家口头转告教师的意思，效果往往不理想。原因是孩子年龄小，不能完全表达清楚；再一个是孩子很容易忘记，在幼儿园里记下了但回家后就忘了，这个我们成人也深有感触。为解决这个问题，打印或手写一张小纸条，将内容清楚地写在上面，如这学期的家长开放日活动安排，时间、内容、要求等，让家长们看后一目了然，心中有数。

信件是通过写信的方式与对方交流情况，提出建议、讨论问题，这种方式一般比较慎重，容易引起教师或家长心理上的重视。如小班的宁宁是个喜爱探索、充满活力的孩子，喜欢玩游戏，喜欢户外运动，遇到他喜欢的玩具或活动，他会非常投入，也很喜欢提问题。可宁宁的爸爸却满脸愁云地找到老师询问："老师，咱们班都教孩子什么呀？我家宁宁回家什么也不学，就知道玩，这可怎么办？"看着家长焦急的神情，引起了老师的思考。原来宁宁的爸爸妈妈是做生意的，平时非常忙碌，很少有时间陪孩子，宁宁在家也经常是自己一个人玩玩具，或者剪剪画画，家长只是偶尔和他聊一会儿，随便问几个问题，往往也引不起他的兴趣。在他们眼中，学习就是看书、写字、讲故事、数数等，宁宁的玩就是不爱学习的表现。如何帮助家长真正认识孩子的心理年龄特点，认识到究竟什么才是孩子的学习，怎样给孩子的学习环境创造提供合理的帮助呢？要找到一个既能节约家长和老师的时间，又能帮助家长转变观念、提高认识、习得方法的两全之策，小班的两位教师想起写信的方式。这天下午，当孩子离园时，老师把一封写给家长的信装在了宁宁的口袋里，并且叮嘱孩子一定要交给爸爸妈妈。当宁宁见到爸爸时，骄傲地从口袋里掏出信，交给爸爸说："走，回家再看！"圆满地完成了任务，爸爸高兴地牵着孩子的手离开了教室。在这封信里，教师表达了对家长顾虑的理解，同时明确地告诉家长，幼儿年龄特点和思维特点决定了他们的学习就是在游戏和生活中进行的，孩子要健康成长必须全面发展，而不仅仅是读书、识字、数数。在信里，教师还把小班孩子的年龄特点以及班里近期的活动安排做了一个简短介绍，使家长对幼儿在园一日生活能有一个大概的了解，并鼓励家长在繁忙的工作中尽量抽出时间，多陪陪孩子，多带孩子出去走走，让孩子在生活和大自然中学习。渐渐地，宁宁爸改变了认识，对幼儿园的活动产生了兴趣，甚至在家里也模仿和借鉴幼儿园的教育方法，无意之中，亲子共处的时间多了起来，亲子关系也更加和谐密切起来。

（三）家庭访问

家庭访问简称"家访"，是教师上门看望家长和幼儿，与家长交流幼儿园教育和家庭教育的情况，交换促进幼儿身心健康发展的设想和建议的一种有效的个别指导形式。虽然花费时间较多，但它具有灵活性、具体性、针对性的优势，它可以使教师直观了解幼儿家庭情况，与家长建立密切的联系，给家长以具体有效的指导。这种家庭环境中的交流，比其他形式来得更直接、深刻，充满浓厚的情感色彩。所以有的老教师曾感慨道："十次电话抵不上一次上门家访"。

家庭访问一般在新生入园、入托时进行，可以使孩子在入园前就认识教师，让教师给幼儿留下良好的印象，并与幼儿建立初步的感情，这样入园后幼儿有信任的教师，容易适应幼儿园的生活。教师对新生家访时，重点调查儿童在家的生活、卫生习惯，并做好记录，以便有计划、有步骤地引导幼儿适应幼儿园的集体生活。如果不能对所有新入园幼儿普遍访问，也应通过体检表和摸底调查表，重点选择身体较弱、情况特殊的幼儿先访问。

当幼儿生病、发生意外事故或发现儿童有严重行为问题时，要立即进行家访。教师应向家长详细汇报事情发生的经过，以亲切负责的态度，安抚家长的情绪，和家长一起商讨解决问题的办法。谈到幼儿的不良行为时，并不是去告状，也不是"兴师问罪"，一味责怪家长，而是在肯定优点的基础上，共同研究针对性的改进措施。

幼儿有很好的表现或显著的进步时，需要通过家访帮助家长总结教子经验，并加以推广。当幼儿家庭发生重大变故时，需要与家长沟通，给予安慰协助；长期缺勤需要了解原因。有些家长在教育观念、教育方法有严重问题时，适时地家访，深入交谈促进其改进。

1. 目的明确，家访前做好充分的准备

在家访前，教师对每个家访对象的家庭特点进行全面的分析，制订家访计划，针对每一名幼儿的特点，协商好家访目的，考虑好每个人要与家长谈哪些问题，需要家长怎样配合，做到心中有数、有备而去。否则，东一榔头西一棒槌，想起什么说什么，虽然也是聊一个晚上，结果家长想知道的东西没有聊到，要解决的问题没有实质性的进展，这样就达不到家访的目的。

2. 营造宽松的气氛，让家长乐于交流

有些家长不善言谈，对老师到来会感到拘束、不自在，这时教师要注意创造轻松气氛，重点交流孩子生活习惯、兴趣和能力方面的情况，这样容易找到共同的话题。交谈时，注意态度和蔼可亲、语言简洁易懂，不让家长感到拘束，同时做好家访记录。在家访时，有些孩子特别兴奋，又蹦又跳，有些孩子有点害羞紧张，教师要主动接近孩子，与孩子一起做游戏、玩玩具，消除孩子的紧张情绪。与家长多交流孩子兴趣和能力方面的情况，让家长多介绍孩子的兴趣是什么，在家喜欢做些什么，这样教师就能知道孩子的另一面。另外，要当着孩子和家长的面，介绍孩子在园的进步，表扬孩子在园的良好习惯，让家长了解孩子的另一面。

3. 针对实际，根据家长和幼儿的具体情况进行交谈

要扬长避短，把握好分寸，主动向家长介绍幼儿在园各方面的表现，尽量多谈孩子的长处和优点，并把孩子的进步归功于家长教育的结果。对孩子的评价一定要客观、全面，既要肯定优点与进步，也要真诚地提出不足之处。在谈孩子的缺点时，要根据情况区别对待。如果与家长很熟悉，可以说得直接一些。有些家长自尊心强，对谈孩子的缺点视为对自己的批评，感到有压力。所以，教师特别要注意方式，不要用"迟钝""很差"等词汇来形容孩子，以免家长听了不舒服。把幼儿出现的问题和不足集中在具体行为和表现上，就事论事，然后委婉地提出希望和要求。例如：有一位小朋友动手能力、自理能力都很强。由于他家是开超市的，家长们晚上睡得比较晚，所以早上送来比较迟，造成第一个活动都无法参加。这时教师要求家长尽量早一点送来，尽可能参加第一个活动，这样对孩子各方面的均衡发展有好处。在介绍孩子发展情况时，不要说得过于笼统，而要具体一些，并和家长共同商讨，制订适合幼儿的方法和措施。

4. 态度诚恳，以平等的身份与家长交谈

指导者切勿以专家自居，采取居高临下的态度教训家长，不要发号施令似的老是说"你必须""你应该"，更不能责怪家长，要体谅家长的困难和心情。避免使用专业术语，采用朴实的语言与家长交谈，深入浅出，让家长听得懂。家访本身是双方互通情报、互相学习的过程，要尊重家长，多虚心倾听家长的意见，然后进行分析研究。教师提出共同促进孩子发展的措施时，宜采用商量的口吻，征求家长的意见。

5. 及时记录，作好分析总结

交谈完了要肯定谈话收获。教师要指出谈话对家园双方都有益，强调对自己的工作有帮助，如进

一步了解了孩子，有利于今后的教育工作。同时，对家长招待表示谢意，欢迎家长以后继续支持园里的工作，提出好的意见和建议。自己愿意竭诚与家长密切合作，共同促进孩子的发展。每次家访结束后，要及时做好记录，反思自己教育行为，做出小结，提出今后的教育建议。

（四）电话联系

随着电话尤其手机的普及，教师与家长通过电话交流情况、沟通感情已经被普遍采用。由于生活节奏加快，社会竞争激烈，家长们都很繁忙，人们越来越离不开手机，这一现代化通信工具越发显示着简便、快捷、通用的优点。

首先，教师可以公布联系方式，方便家长及时联系，沟通交流。例如，有位幼儿的家长晚上打通了老师的电话，向老师告状：女儿到现在还不肯吃晚饭，非要把电视看完不可，饭菜已经热好几遍了，请老师帮忙教育她。孩子在接听了老师的电话后，很快去吃饭了。事后，老师要求家长和孩子商量一下，共同制订一个作息时间表，把各项活动都安排好，如果能遵守时间表，就贴一个标记，集够一定数量给予奖励。

其次，教师可以把全班幼儿家庭的电话号码记录下来，以便相互沟通。如有位幼儿生病，好几天没来幼儿园了。教师就把生病幼儿的情况及其家里的电话号码公布在小黑板上，动员家长们晚上让自己的孩子给生病的小伙伴打个电话，以此学会关心别人。晚上教师先给生病幼儿家中通了电话，了解孩子的病情，告诉家长：班上孩子都很想念他的孩子，今天晚上会有几个小朋友给他家打电话，请让孩子接听电话，使他感受到集体的温暖。教师还嘱咐生病幼儿在家中要听爸爸妈妈的话，按时吃药，早点好起来，可以到幼儿园和小朋友一起玩。整个晚上家长和生病幼儿都很激动，妈妈说："家里的电话都成了孩子的热线电话了。"孩子也巴不得明天就上幼儿园。

另外，教师还要充分利用这一沟通手段，把当天幼儿发生的一些重要事情告诉有关家长。缺勤的幼儿要询问情况，来不及或不方便当面交谈的事情用电话就容易沟通，一些误会可以发短信解释。一些有这样或那样问题的幼儿，通过电话与家长进行联系沟通，共同寻找教育的策略。一位教师的手机里储存着班级每个孩子的生日，每到生日那天，孩子会准时收到来自老师的生日祝福和真情问候，每到节日及老师生日时，同样也会收到来自家长的祝福信息。显然，短信问候传递的是教师、幼儿、家长之间浓浓的爱意。

（五）家园联系册

家园联系册（表7-1）是教师采用书面通信的方法与家长联系，相互交流幼儿在家、在园的表现，交换对孩子的评价，征求家长的意见、建议，共同商讨教育幼儿的个别沟通形式。现在许多家长工作繁忙，很少抽出时间与班级老师深入交谈、沟通，在这种情况下使用家园联系册就显得尤为重要。寄宿制幼儿园家长可以从中了解到自己孩子在园的进步、问题及幼儿园对家庭在配合教育方面的具体要求；教师则可从中获得幼儿园教育效果的反馈信息，了解幼儿在家中的表现，知道家长的意见和要求；幼儿收获的是教师的赞赏。

家园联系册的主要栏目有：幼儿园园历、教育目标、主要活动安排、教师情况简介、幼儿在园表现、家庭基本情况、孩子在家情况等。每个幼儿人手一本联系册，每周反馈一次。例如星期五带回家，家长就可以了解孩子一周的在园情况，以及下周活动安排、教师要求配合的事宜，填写反馈意见；周一交回，教师又可以了解幼儿双休日在家中的情况，以及家长对幼儿园工作的要求和建议。家园联系册也可以定期或不定期地往返于家庭与幼儿园之间，教师应鼓励家长把家庭教育中的困惑写出来，就幼儿身心发展中的某一问题进行探讨交流，共同促进幼儿成长。使用联系册，要因人而异，家长的年龄、文化程度、对教育的理解和教育方法等不尽相同。因此，针对不同家长，教师书写联系册的内容和方法也需有所不同。在具体运用中应注意以下几点。

针对经常写的家长，要多写他们关注的事。许多家长愿意写家园联系册，而且写得十分认真。对这部分家长，教师要积极回应，让他们保持写联系册的热情。写联系册时，教师对家长的疑问一定要给予及时、详细的回答，要针对他们的关注焦点，把幼儿的情况用生动详尽的文字描述出来。如有个

表7-1　家园联系册部分栏目

幼儿家庭情况

照片	姓名		性别		出生年月日	
	住址			电话		
家庭成员	姓名	与幼儿关系		工作单位		电话

幼儿身体状况

项目 时间	身　高		体　重		血红蛋白		视　力		
	厘　米	是否合格	千　克	是否合格	克	是否合格	右　眼	左　眼	是否合格
期　初									
期　末									

健康卡片

身体健康是幼儿成长的首要因素，请认真记录。

我长高了	年　月　日____厘米 年　月　日____厘米	我长胖了	年　月　日____千克 年　月　日____千克	我身体好	血红蛋白____克 头　围____厘米 胸　围____厘米

预　防　接　种			发　病　记　录		
日　期	接种疫苗名称	反　应	日　期	接种疫苗名称	反　应

寄宿制的孩子体弱多病，家长特别牵挂孩子的身体状况。教师在他的联系册上对孩子的健康状况做了详尽的记录，如有无咳嗽、晚上睡眠是否正常、每天胃口如何、体育锻炼时怎样适当减少他的活动量等，以使家长放心。

针对不常写家园联系册的家长，要激发他们书写的兴趣。一些家长不写联系册，是觉得没什么可写。可以将其他家长写在联系册上的一些教育理念、教育方法，经过整理、提炼和润色后，刊登在班级的"家长园地"中，让不知道怎么写联系册的家长从中受到启发，或是找到感兴趣的话题再参与到讨论中来。久而久之，这部分家长也就慢慢学会并且乐意写联系册了。

家长对孩子都充满殷切的希望，孩子的点滴进步都是他们欣喜的源泉，对此，教师一定要给予理解，应该采用欲抑先扬的方式，在充分肯定孩子优点的基础上再提建议，这样就容易打动家长的心。如有位小班老师这样对家长说："孩子善良、有礼貌，能与同伴友好相处，互相谦让，做游戏时主动招呼客人，游戏结束后主动帮助整理材料并知道物归原处。但是孩子不能很好午睡，家长要注意哦，因为这对他的身体健康很重要！"家长真切地感到了教师对孩子的欣赏和关注，对老师的感激之情油然而生，接纳教师的心扉也就打开了。

家长牵挂着孩子在幼儿园的一切，他们迫切希望了解孩子在幼儿园的一切细节，如是否吃饱、是否玩得开心、是否有进步。因此，教师要防止笼而统之，空泛无物的轻描淡写。如"希望你能积极主动地参与到活动中来""希望你在活动中遵守规则""希望你能养成良好的进餐习惯"。有的干脆就一句话"望继续努力"。这样的建议缺乏可操作性，孩子怎样才算是积极主动地参与？孩子应遵守哪些方面的规则？怎样的进餐习惯才算良好？家长对这些都感到茫然，不知道具体在哪些方面配合老师教育孩子。这样的家园联系册不能起到帮助家长提高教育能力的作用。久而久之，家长会感觉家园联系册只是一种表面形式，没有什么意义。

采取情境扫描式反馈孩子在园情况，就能赢得家长对幼儿园放心并满意的支持。如有的教师写道："孩子在美术活动中神情专注，能正确选择颜色涂出漂亮的金鱼、水草、小青蛙等。动作模仿能力也较强，学做花色操时能迅速领悟动作要领，随着音乐大胆表演。担任图书管理员时将图书整理得整整齐齐，值得小朋友学习。"这些生动细致的描写激起了家长的情感共鸣，家长脑海中勾勒出孩子栩栩如生的活动情境，会由衷地产生对教师敬业工作的敬重之情。情境扫描式评价对教师的要求很高，只有平时多观察幼儿的活动情况，及时积累收集孩子的个人素材，才能做到既真实、客观、全面地评价，又准确传达了孩子的言行细节。

（六）家长会

家长会是幼儿园对家长集体指导的一种重要形式。从时间上看可以在开学初、学期中和学期末召开，也可根据需要临时召开；从规模上分：有全园家长会、年级家长会、班级家长会、小组家长会；从参会对象可分类为：祖辈家长会、父亲家长会、溺爱型家长会、新生家长会、毕业班家长会等。家长会的优势在于几乎所有的家长都能集中在一起共享信息，共商教育，是一种经济高效的家长工作形式。这里介绍两种常见家长会的形式。

1. 全园家长会

一般在新生入园或开学初召开。主讲人一般由园长和业务园长发言，重点向家长介绍幼儿园设施、办学理念、办园特色、家长配合工作及幼儿园的教育目标、幼儿在园一日活动的内容、作息时间、家长工作等，从而加深家长对幼儿园工作的认识，增进对幼儿园的可信度，也让家长明确了解幼儿入园后的学习生活情况，能更好地配合幼儿园的工作，为幼儿入园做好充分的心理准备。

2. 班级家长会

班级家长会较新生家长会更具有针对性，因为它是教师和家长的互动交流，共同研讨孩子的保教问题。班级家长会的形式可不拘一格，注重实效。如陈设一些幼儿作品、幼儿成长档案、课程设计和教师关于主题活动的记录等。这样，家长可以翻阅这些材料，了解幼儿在园的一日情况以及教师的教学安排，从而帮助家长理解幼儿学习和幼儿教育的特点。另外，这些材料还能引发家长之间的互相交流和学习。无论组织哪种家长会都要注意以下一些问题。

会前做好充分的准备，如对家长会整体情况的把握，对本班孩子情况的了解，对教育动态、信息的理解，文字、图片、视频等各种材料的准备，对各种情况的预想，如对家长心态的估计、对现场可能出现的情况预测等。

开家长会时，教师说话必须切中要害，语气要幽默、诚恳。

教师应调动家长参与的积极性，注重实效。调动家长积极性的方法很多，其核心就是要让家长有话想说、有话能说，让他们觉得自己和教师一样，也是家长会的主角，而不仅仅是被动的倾听者。让家长畅所欲言，分享家庭教育经验，互相学习，共同进步。在这种家长会中，教师是发起者和参与者，要想方设法激发家长的主体意识，让家长大胆表达自己的想法。例如，大班孩子快要升学时，可请身为小学教师的家长做主讲人，介绍入学准备时需要注意的事宜，其他家长通过提问当场解决心中的疑惑。"孩子平时总是丢三落四，怎么办？""孩子做事磨磨蹭蹭，怎么办？""数学和语文学哪些？"针对这些问题，身为小学教师的家长给予了很好的指导："孩子习惯的养成比知识的获得更重要。家长首先要以身作则，东西摆放要有条有理。""家长要帮助孩子逐渐形成时间概念，在引导孩子改正缺点的同时给予鼓励。"这些观点得到了家长的广泛认同和肯定。

家长会后，教师应及时了解家长对活动的想法、建议，认真记录、反思，将这次会议中的不足作为下次会议的注意事项。同时，教师还可以通过重新翻阅会议笔记和观看会议录像，了解家长的心理特点、教育观念和教育行为，进一步分析如何更好地激发家长的兴趣，引起他们的共鸣，使他们在更大程度上参与互动，进而拓展家长会工作的思路，以增强家园教育的合力，促进幼儿更好地发展。

（七）家长开放日

家长开放日是指幼儿园定期或不定期向家长开放，邀请家长来园参观和观摩幼儿园的环境与活动。通过家长开放日活动，可以使家长从中更具体地了解到幼儿园保教工作的内容、方法；可以更清楚地看到自己孩子在各方面的表现，知道孩子的发展水平及与伙伴交往的状况，特别是目睹自己的孩子在与同龄幼儿相比较中显示出的优势与不足，从而有助于家长深入了解孩子，与班级老师合作，有针对性地教育孩子。同时，家长在观摩教学活动中，还可以了解到教师的教养态度、教养方法和技能，这对家长来说是一种实地学习，有助于改善他们一些不良的家庭教育行为。

家长开放日活动是幼儿园家长工作中常见的一种形式。在实践中，很多家长对此类活动都很感兴趣，也愿意积极参与，但家长不知道应该先看什么，后看什么，只知道盯着自己的孩子不眨眼，当老师提问别的孩子，而不提问自己的孩子时，心里不高兴，看着自己的孩子不如别人的孩子聪明、伶俐，心里就窝火。

为了让家长能用科学的眼光正确地看待和评价自己的孩子，在每次开放日之前，教师必须先把教育活动的目标、内容、方法以及如何观察自己的孩子、怎样科学地对待孩子们之间的差别等，向家长讲明白，使家长们在看活动时，知道对自己的孩子多进行纵向比较，少进行横向比较。要善于发现自己孩子的闪光点，只要自己的孩子进步了，哪怕是一点点进步，也要及时提出表扬，而不应该拿着别人孩子的优点比自己孩子的缺点，来埋怨孩子，挫伤孩子的自尊心和上进心。

在具体操作中可以把需要家长重点观察的项目列出来，设计一份简单、实用的观察记录表，发给每位家长，使家长明确该看什么，怎么看。例如，本次开放活动重点有两个：一是让家长看看自己孩子的学习习惯是否有进步，具体项目包括学习用品的放置、听和说的习惯、独立操作的习惯、时间观念；二是口语表达能力的发展情况以及与小朋友的交往、合作能力，具体项目是观察孩子能否与小朋友平等相处、是否主动与老师、家长打招呼。家长只要按等级如实记录就可以了。

活动结束后组织家长交流总结，帮助家长对孩子有一个客观全面的评价，对家长的指导可分类进行，也可个别进行。与家长一起分析原因，并找出解决问题的方案。最后还要让家长反馈自己的真实感受，用口头或书面形式提出对幼儿园工作的意见、建议。通过家长开放日，使家长懂得怎样和教师主动配合，取得教育的一致性，就达到了预期的目的。

（八）亲子活动

案例3

在学期初的时候，为了能够尽快和家长熟悉起来，增进彼此间的感情，为今后的家园工作顺利开展奠定良好基础，小班教师精心组织了一次"登景山亲子游园会"。在登山过程中，老师一边细心关注着每一个孩子登山的情况，一边不失时机与家长进行有针对性的交流："洋洋动作很灵活，最喜欢玩攀爬玩具，您看他爬山的动作多协调！""菲菲很文静，多参加集体活动，会变得更开朗。""依依，加油，老师、妈妈相信你能自己走！"老师的真诚感动着每一位家长。登至山顶，老师们又精心组织了寻宝等参与性小游戏，在轻松愉悦的氛围中拉近着与家长们的距离。

亲子活动又称亲子同乐活动，是指由幼儿园组织的，请家长和幼儿共同参与，通过亲子共同活动和指导，既促进亲子关系健康发展，又接受家庭教育指导的一种集体性指导活动。亲子活动可以在幼儿园内组织，也可以在园外进行。如元旦、"三八"妇女节、"六一"儿童节、端午节、中秋节等节日组织联欢活动；可以组织亲子远足活动，让幼儿走出幼儿园，与父母一起到大自然中去观察，去尽情享受大自然的美，体验欢快的情绪，增进亲子间的感情；亲子运动会，让家长与幼儿一起通过运动项目的竞赛，锻炼身体，增强体质，它同样也能增进亲子间的感情。根据教育内容而专门设计的教学亲子活动，它是在教师的指导下，家长与孩子一起参加的。在这些亲子活动中，教师将教育内容和指导要求融合在开开心心的游戏活动中，向家长提供互相学习、交流、教育的机会，促使家长提高教养素质和能力，也为孩子和家长提供共同游戏、共同成长的环境和氛围，增进亲子间的感情。

幼儿园在邀请家长来园参与亲子活动时本着平等、尊重的态度，教师要以家长作为合作伙伴，以孩子为共同的教育主体，共同的目标是促进幼儿的发展。家长合作的态度取决于活动是否满足了他们在教育孩子方面的需要。当幼儿园满足了家长的合理需求时，家长合作的愿望和热情会更高，态度也会更积极。所以，幼儿园要开展亲子活动就必须调动家长的积极性，让家长热情高涨起来，尽可能满足家长的教育需求。在组织亲子活动之前，由家长讨论协商成立亲子活动家长委员会，邀请家长代表参与活动的设计、讨论方案和计划。整个活动是以家长为主体，教师只是一个组织者、引导者、服务者和参与者。从活动方案的确定、计划、准备到实施，都应该有家长的参与。

根据家长需求，开展多样化的亲子活动指导。亲子活动的方式是多种多样的，除了开展一般的亲子活动课程外，还可以根据家长的不同需求开展丰富多彩的亲子活动。例如"亲子郊游"、"亲子俱乐部"，举办"亲子运动会""亲子游艺联欢会""才艺展示"，开设"玩具图书馆""妈妈聊天室"，进行"入户指导"等，增进幼儿园与家长的广泛联系，以丰富多彩的方式使家长在活动中得到科学育儿的指导。

在活动后，应及时组织家长交流讨论：在本次活动中自己是如何指导幼儿的？在讨论中发现其中的好办法、好经验，引导大家一起学习，提高家长的教育水平，更好地发挥家长资源，形成教育合力。亲子活动后注意幼儿日常活动中的延伸，可以通过各种形式展示活动成果，特别是让家长能看到自己孩子的活动成果在各个活动区展示。让家长感受到孩子在活动中确实受益了，而且活动有始有终，家长也会有一种成就感。

（九）家长园地

他山之石

英国幼儿园里的"父母屋"

英国的大多数幼儿园都有一个叫作"父母屋"的房间，是专门留给家长使用的。在这里，父母可以和教师对儿童教育中的一些热点问题进行交流、讨论，也可以就幼儿园的一些情况表达自己的意见。有些面积不太大的幼儿园则在走廊或教室划出一定空间作为家长活动角。父母屋或家长活动角通常放有家长必读书籍、孩子的作品展示以及幼儿园的公告牌等。家长还可以在这里与其他家长交谈，召开家长会议。在幼儿园建立父母屋，为家长提供一个能够集会、交流的场所，表明了幼儿园对家长参与的欢迎态度，家长也因而更愿意参与幼儿园的教育工作。

幼儿园设置宣传栏、展览台、黑板报、陈列室，展示对家长有益的教育书刊和辅导材料，书写家庭教育的小常识，公布幼儿园的作息时间表、食谱、收费标准、集体活动要求及图片等，使家长能根据自己孩子的实际情况和具体要求，有选择地进行观看，重点学习和观赏。例如，家长看到黑板报上"如何培养孩子良好的学习习惯"的标题时，想到自己孩子的学习习惯较好，就可不去细看其具体内容；当家长看到旁边的"如何给孩子过生日"这一标题时，觉得很有兴趣，就可仔细阅读其具体内容。

在陈列室里，既有幼儿园各项工作安排、种植的盆花、教师制作的玩教具、摄影图片，也有幼儿的绘画作品、自制的玩具、观察气象日记、歌舞活动照片等，父母如果想激发孩子制作玩具的兴趣，培养孩子动手能力，就可以带孩子一起来参观教师制作的教具和幼儿同伴自制的玩具。例如，用麦片盒和吸管做出的电视机，用牛奶盒、瓶盖做成的机器人，用快餐盒、塑料绳制作的手提计算机等。

教师也可在自己班级门外的墙壁上开辟一块空间，作为家长园地，定期向家长介绍教育的目标、内容、形式、方法，可以是某个学科的教案，也可以是某个主题教育活动的设计（图7-1）。

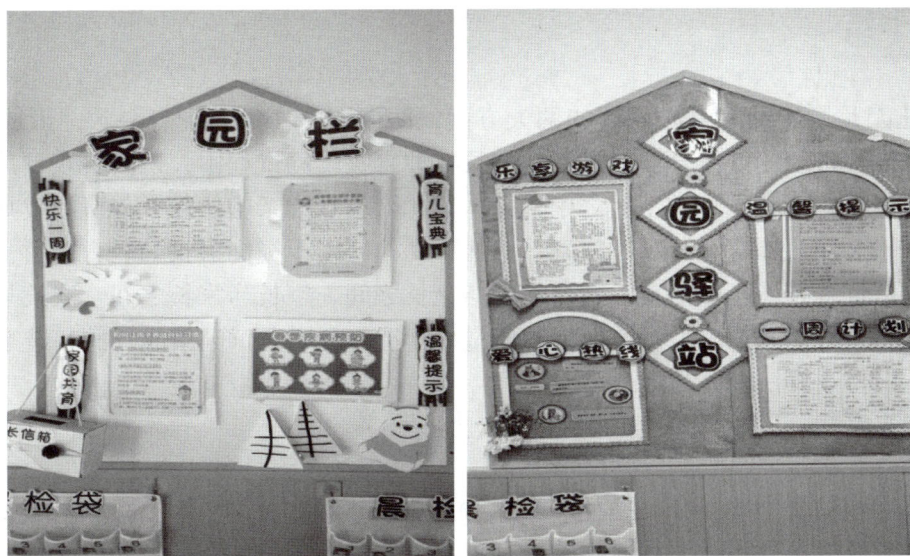

图7-1 家长园地

（十）网络互动

随着社会网络化、信息化的发展，互联网已经走进了千家万户，它具有信息量大，获取知识便捷、效率高、速度快的特点，幼儿家长大多年轻，熟悉并喜欢网络，于是越来越多的幼儿园开始利用网络互动的形式促进家园沟通，实现家园共育。

许多幼儿园建立了网站、班级网页，教师通过电子信箱、即时通信软件等多种方式和家长进行即时的网络交流，从而畅通又迅捷地做好了家园沟通工作。网络平台一方面要迅速反映教育动态，在班级网页上公布幼儿园工作目标、计划、教育内容、本周教学重点。例如公布一周菜谱，让家长了解到孩子在园的饮食搭配，同时为家庭饮食搭配提供依据。另一方面还要通过网络与家长交换意见，共商育儿策略和家长应配合的事情。通过上传孩子参与的各类活动资料，让家长更准确、更清晰地了解班级保教活动情况。通过视频转播、班级成长日记、留言板等多种栏目，以及各种途径的家长意见反馈等，在与家长交流中教师可以了解孩子在家庭中的各方面表现、兴趣爱好，以及家长的教育理念，根据幼儿实际和家长的需要适时地给予个别化的针对性指导。

由于网络不受时空限制，能让家长和教师展开深入全面的交流，而且可以解决许多家长因工作繁忙没时间与老师面对面交流的问题。如进入冬季后，有些孩子生病来园的时间不多，失去了很多学习的机会。在这个时候家长就可以及时从班级博客的"教学内容"一栏中了解教学动向，在家中帮助幼儿进行学习。这个虚拟的家庭教育指导平台使得比较内向、害羞的家长避免了尴尬，帮他们解决了育儿中碰到的疑惑。网络教育平台还可以搭建家长与家长之间的互动桥梁，家长间讨论各种育儿小窍门、小常识，互相取长补短，拉近了家长之间的距离，增进了家长之间的感情沟通，总结传播更多的育儿经验。

幼儿园要想有效运用网络平台和家长进行沟通，就要积极借鉴网络运作的基本规律，将开放、高效、多角度的网络交流的特点运用到新型家园关系的建设中，将家园网络平台的建设当成教师日常工作的重要组成部分。例如：① 以班级为单位负责整理家长反映的信息，给予及时反馈，班级内部无法解决的要上报园长办公室；② 以月为单位，总结有价值的帖子分类汇总，作为班级下一步工作的重要依据和班级间相互借鉴、交流的内容；③ 班级活动园地定期更新；④ 园长信箱由园领导班子轮流值班，对于家长在园长信箱内的意见和建议及时反馈。

幼儿教师家访记录 　利用班级网站，提高家园沟通的效率

单元小结

家庭和幼儿园是影响幼儿身心发展的两大方面，两者同步协调，配合一致，形成紧密的教育合力，才能更有效地促进幼儿健康全面地发展。家长在教育孩子的过程中，扮演着双重角色，既是孩子的第一任老师，寓教育于家庭日常生活之中，又是幼儿园教师的亲密伙伴，与班级教师互动合作，协调一致地教育孩子。幼儿园应充分利用家庭、社区、幼儿园资源提高家长的教育能力，力求主动、灵活、有效地、创造性地开展指导活动，通过教师与家长之间、家长与家长之间、家长与孩子之间多元互动，帮助家长掌握和提升家庭教育的能力和质量，营造有利于儿童健康成长的和谐家庭氛围。

思政要点

家庭教育是一个系统工程，幼儿园作为幼儿教育的主要基地之一，也担负着指导家长进行家庭教育的义务。因此，除了学会合作，幼儿教师应掌握与人沟通交流的基本能力，了解我国各种有关家庭教育的法律法规，具有法律意识，并以此作为指导家长工作的方向和指南，以达到共同育人的目的。

思考与实践

1. 为什么要进行家庭教育指导？
2. 幼儿园对家庭教育指导的任务和内容有哪些？
3. 幼儿园在家庭教育指导时应遵循哪些原则？
4. 幼儿园对家庭教育指导的常见形式有哪些？
5. 请深入幼儿园，观摩其家庭教育的指导活动。
6. 围绕某个节日，设计一份幼儿园、孩子和家长共同参与的家园合作共育活动方案。
7. 案例分析：

我不喜欢睡觉

临近中午午休，成成在活动室转来转去不肯上床。老师问他，他说："我最讨厌的就是睡觉。""可是不睡觉下午你会困的，这样你还会影响其他小朋友。""我就是不喜欢，我在家里也不睡觉。"成成一会儿在玩具区，一会儿又去看图书，就是不肯上床睡觉。老师看到他实在不愿意上床，就对他说："宝贝，你在床边看会儿书，等会儿再上来睡好不好？"成成点点头。大约20分钟后，大部分小朋友都睡着了，成成上了床，他在床上滚来滚去，嘴里还嘟嘟囔囔。老师劝说了几句，他不高兴了，开始与教师大吵起来。旁边还没有睡熟的小朋友被成成的喊声吵醒了。教师看孩子们被吵醒，很着急，只好让成成去阅读区看书了。就这样成成中午没有午睡。晚上接幼儿离园时，老师告诉了成成的妈妈孩子没有午睡的原因。可没想到第二天，成成的姥姥送成成来园时说："昨天晚上成成说中午老师骂他了，哪有这样的老师！"教师觉得哑巴吃黄连、有口难辩，很显然成成姥姥对老师产生了很大的误会。

你觉得该怎样与家长沟通解决成成睡午觉的问题呢？

第八单元
现代社会背景下的家庭教育

单元导读

　　本单元阐述了我国社会变革对家庭结构类型、家庭教育功能、家庭生活方式等方方面面带来的巨大影响；明确了社区与幼儿园、家庭的教育资源开发、利用与共享，是世界社会经济发展的必然趋势；客观探讨了我国学前儿童家庭教育普遍存在的问题，明确了今后家庭教育发展努力的方向。在学习中，期望学习者转变教育理念，开阔视野，初步建立起家庭教育、社会教育、学校教育协同作用的大教育观。

学习目标

1. 了解并分析社会变革对我国家庭和家庭教育的影响。
2. 掌握并理解社区、社区教育的概念和社区教育的特点。
3. 了解国内外社区学前教育的概况。
4. 熟悉开发利用社区教育资源的途径和方法。
5. 理解学前儿童家庭教育中存在的问题并分析原因，提出改进措施。
6. 领会未来社会家庭教育的发展趋势。

内容结构

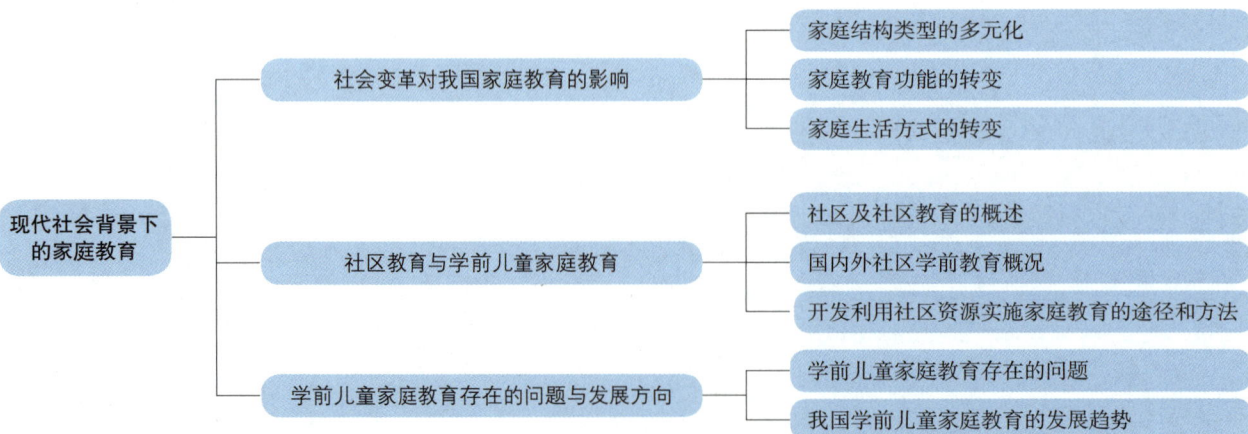

第一节　社会变革对我国家庭教育的影响

当前，我国进入了一个全新的历史发展时期。20世纪80年代以来，中国社会经历了一系列急剧变革，其变化波及社会的方方面面。这些变化主要来自两个方面：一是世界性的科技革命；二是中国从计划经济向市场经济转变。进入新世纪以来，这两个方面的变化出现新的形势，前者面临的是以网络为先导的信息科技和以基因工程为核心的生命科学的挑战，后者面临的不仅是国内社会主义市场经济，而且面临全球化的国际市场更为严峻的挑战。家庭是社会的细胞，从来就不能脱离社会而存在。社会因素对家庭教育的影响非常深远，家庭教育在宏观上受政治、经济、文化等因素的影响。正处于变革中的中国社会也必然会引起家庭和家庭教育发生相应的变化。我国改革开放多年来，现代化建设步伐不仅使社会政治经济发生了巨变，同时也给千家万户带来家庭生活的巨大改变。社会的任何变迁随时都能从家庭的各方面体现出来，这种变迁不仅有积极、进步的方面，同时也不可避免地带来了一些负面因素。作为教育之本的家庭教育更是难免受到波及，并对家庭教育提出了全新的要求。

一、家庭结构类型的多元化

（一）家庭人口规模核心化、小型化

回顾中国数千年的历史与传统，中国社会长期以来以农业和手工业为经济主体，因此，中华民族历来崇尚多子女的大家庭。但是，从20世纪70年代后期开始，我国政府不断认识到庞大的人口基数对于社会可持续发展所造成的严重阻碍，实施了计划生育国策，生育数量减少，"少生""独生"成为普遍的社会现象，导致家庭规模逐渐缩小。根据国家第七次人口普查数据显示，全国共有家庭户49 416万户，家庭户人口为129 281万人；平均每个家庭户的人口为2.62人，比2010年的3.10人减少0.48人。统计数据表明，家庭规模缩小，直接原因是生育数量的减少。

家庭规模与结构的变化将直接影响家庭中人际关系的变化。家庭成员的相对减少，使家庭人际关系由复杂走向简单化，带来的直接影响是家庭成员交往频繁，亲子互动频率提高。由于家庭成员少，矛盾冲突就少，容易为孩子营造一个其乐融融的精神氛围，孩子在心理上无忧无虑，有充分的依靠，不用担心失去父母的爱，从而产生强烈的安全感和归属感。情感上的满足和心情愉悦，有利于养成活泼、乐观、自信、积极向上的人格。在教育上，孩子成为将家庭全体成员紧密联系在一起的情感纽带，家庭中的凝聚力显著增强，能够达成父母对子女教育思想、教育认识的一致。家务劳动的减少，使父母可以腾出更多的时间和精力与孩子在一起，如与孩子一同游戏、娱乐，带孩子外出开阔视野，陪伴孩子学习，培养特长。由于孩子数量少，在物质条件上相对较优越，父母可以集中注意力关注这一两个孩子，在生活上的抚养、照顾更周到，注重孩子衣、食、住、行上的安全、营养和健康。父母尤其舍得花大量的时间、精力、金钱用于孩子智力开发和特长培养。

以上都是对儿童成长和家庭教育有利的一面，但是任何事物都不是绝对的。由于孩子成为家庭生活的中心，孩子是家庭的未来，家庭的幸福、希望都寄托在孩子身上，全家围着孩子转，容易造成过度保护、过分溺爱和过高期望的错误教育理念。养成自私、任性、骄横、依赖、经不起挫折等不良品质。还有不少家长对孩子的成长具有下赌注的感觉，过度教育、超前教育、神童教育等观念使得孩子发展片面，造成厌学等心理问题。

此外，家庭成员减少，角色扮演趋向专一化，传统大家庭中那种复杂的人际关系，如叔伯、姑

嫂、妯娌、表（堂）兄弟姐妹等逐渐消失。在家庭生活中领会不到联合家庭与主干家庭中复杂的网络化的人际关系和交往关系，也就体验不到较为全面的家庭生活的社会经验。目前，随着生育政策的放开，二孩、三孩家庭越来越多，孩子们之间抢吃的、抢玩具，经常为一件事"争抢"，这对从小就养成"竞争"意识，应对复杂的人际关系，加快儿童社会化进程，将来适应社会生活有一定益处。

（二）家庭结构类型多样化

社会转型一方面使家庭结构形成核心化、独子化的特点；另一方面，又出现了单亲家庭、重组家庭、留守家庭、隔代家庭、流动家庭和空巢家庭等家庭结构多元化的趋势，这些家庭类型总体数量虽然不多，但却呈现出十分复杂多样的家庭教育问题，对社会造成的影响较大。

1. 单亲家庭

单亲家庭并不是新的家庭类型，但改革开放以来，由于离婚率持续上升，造成离异单亲家庭大量出现。民政部门的统计数据显示，从全国平均水平看，2021年离婚率（当年离婚总量与当年结婚总量之比）为37%。离婚率较高的是北京、上海、深圳、广州等城市。从年龄结构看，25～35岁人群是离婚主力军，这意味着有越来越多的年幼儿童将生活在单亲家庭，成为父母离异的最大受害者。父母的离异，会使儿童的心理受到伤害。许多单亲家庭的孩子因父母离异而精神恍惚、性格孤僻、生活态度消极，甚至走上违法犯罪道路。对离异夫妻来说，为了孩子的幸福着想，应该文明离婚，离婚前后都不应该相互诋毁、仇恨，以免刺伤孩子的心灵。即使离婚，亲子关系也仍然存在，父母仍应该继续关心子女。目前，单亲家庭子女的心理成长及教育等一系列问题已被教育学家、社会学家、心理卫生学家和政府等有关方面关注。

2. 重组家庭（又称再婚家庭）

一般从单亲家庭演变而来。随着离婚率的上升，相应的重组家庭也越来越多。20世纪80年代，中国每年进入再婚者队伍的在50万～60万人，20世纪90年代就跃升至70万以上。1985年当年登记结婚人口中，再婚者所占比例为3.05%，1998年为5.48%，基本呈一路上扬之势。目前，每年再婚人口已占到当年登记结婚人数的1/20左右，已经成为比较常见的社会现象。从单亲家庭到重组家庭要面临许多挑战，重组家庭的成员都经历过痛苦与失落，适应新的家庭环境要面对复杂的调整，即使成年人都未必能很好地适应，更何况是孩子呢？父母的离异或丧父、丧母已经使这些孩子经历了一次磨难，父母的再婚又使他们面临更为复杂的生活环境，亲子关系、家庭环境、生活方式、家庭中的地位等都发生了巨大变化，重组家庭最主要的特点是：家庭成员关系微妙而复杂，相对来说，家庭成员也过于敏感。离婚、再婚在中国传统社会仍被视作一种非正常的婚姻形态，继父母要顶住舆论的压力，需要付出很大的努力才能建立与继子女良好的关系。因此，与正常家庭的儿童相比，重组家庭中的儿童经常会出现一些心理问题。但并不是说重组家庭就一定不利于儿童成长，关键在于我们能为孩子营造一个什么样的家庭环境。

3. 留守家庭

农村留守儿童家庭是伴随我国经济现代化而产生的一种家庭结构形式。

尽管不少留守儿童在艰苦的环境中独立自主，成为品学兼优的好孩子，但留守儿童的家长在家庭教育上严重缺位，留守儿童亲情缺"慰"、生活缺"助"、心理缺"疏"、学习缺"导"、安全缺"护"现象突出。应进一步完善留守儿童关爱保护工作体系，强化家庭监护主体责任，提高监护能力；强化政府属地责任，落实关爱帮扶政策措施；常态化开展寒暑假特别关爱行动，充分发挥群团组织以及社会组织、社会工作者、志愿者等作用，加强对留守儿童心理、情感、行为和安全自护的指导服务；积极倡导企业履行社会责任，为务工人员加强与留守未成年子女的联系沟通提供支持；落实支持农民工返乡就业创业相关政策措施。从源头上减少留守儿童现象，仍是今后加强留守儿童关爱保护的努力方向。

4. 流动家庭

改革开放以来，我国数以亿计的农村人口在城乡往返迁徙中逐渐在城市稳定下来，以家庭化方式迁入城市。第七次全国人口普查数据显示，截至2020年城镇流动人口子女约1.3亿人，超过中国儿童总数的40%。一方面，务工人员把孩子带在身边，随迁子女与父母团聚生活在一起，成长环境大大改善，能得到比留守儿童更多的关爱和陪伴；另一方面，流动家庭本身存在的问题也令人担忧，如家里的生活环境、孩子的学习条件和家长的教育素质都不够完善，这些都会阻碍孩子健康成长。可以预见，随着户籍制度、用工制度、劳动社会保障制度等各项政策逐步松动，农民工家庭化规模会越来越大，其子女的家庭教育问题也会愈发突出。这是一个社会性课题，需要政府、社会、学校（幼儿园）、家庭等各方面力量协调配合，形成完善的社会支持系统。解决了农民工子女的家庭教育问题，才能促进整个社会的和谐稳定，才能有利于流动家庭的幸福和流动儿童素质的全面提高。

5. 隔代家庭

隔代家庭是经济转型期的一个重要现象。改革开放以来社会流动加速，年轻人外出求学、农民外出打工、双职工家庭、离婚率上升、家庭经济状况不富裕、居住条件有限、社会托幼供不应求、保姆难觅，基于以上种种原因，致使祖辈在家庭中担当起教养孙辈的责任就越发迫切。同时，现今老年人长寿，衰老延缓，有承担这一义务的可能。隔代家庭对孙辈的教养往往是情感大于理智，溺爱大于教育，祖辈的姑息纵容、包办代替、百依百顺易使孩子出现两个极端倾向：一是，极端胆小怕事、不合群、寡言少语、应变能力差、性格内向；二是，放任自流、专横跋扈、不服管教。许多老一辈的观念比较陈旧，对科学的育儿观念也不够了解，这可能不利于孩子将来适应社会能力的培养。此外，还有一些老人文化较低、思想陈旧，甚至会灌输给孩子一些封建迷信的观念，无形中增加了孩子接受新思想、新知识的难度。

6. 多子家庭

为优化人口结构，鼓励生育、促进人口长期均衡发展，继2015年实施全面两孩政策以后，2021年中央层面进一步优化生育政策，中共中央、国务院作出《关于优化生育政策促进人口长期均衡发展的决定》，实施一对夫妻可以生育三个子女政策及配套支持措施。从"双独二孩"到"单独二孩"，从"全面二孩"到"全面三孩"，十年来，我国的生育政策几经调整，逐步放开。"让不让生"已经不再是问题，"想不想生""生了怎么养"成为议论的焦点。如今我国的适龄生育人群，主体正是过去的独生子女一代，他们的生育意愿和需求，也是"三孩政策"需要关注的重点。在独生子女的成长环境中，标配都是三口之家，现在一对夫妻可以生两三个孩子，加上父母帮忙带娃，从小家庭就变成了大家庭。独生子女家庭中的孩子，原本独自享有来自家里所有大人的爱，当家里出现第二个孩子时，往往会感到不适应，需要一个心理转变的过程。在多子女家庭中不可避免地会发生更多矛盾。每个孩子具有不同性格特点，如何平衡孩子之间的关系，父母祖辈对不同孩子的态度和关注等等，都是对父母的教养方式和教育能力的严峻考验。在大多数女性担心的职业生涯影响上，生育、教养孩子确实会对工作有影响，但如果协调好，影响也可以消除。当然政府层面需要针对养育痛点出台更多相应鼓励措施，让普通家庭愿意生孩子、生得起孩子、养得起孩子、养得好孩子，在税收、教育、医疗、就业等各个方面切实减轻家庭生育养育教育负担。

二、家庭教育功能的转变

从我国的历史发展来看，由于受儒家思想的影响，家庭教育一直备受重视，发挥家庭的教育功能已成为一种悠久的民族文化传统。但是，随着传统的计划经济体制向市场经济体制的转轨以及改革开放的不断深入，特别是随着知识经济时代的来临，知识改变命运已经成为共识，家庭教育的积极性更是有增无减，中华民族优秀的家庭教育传统受到了不同程度的挑战和冲击，家庭的教育功能也呈现出一些新的特点，需要我们认真加以分析。

（一）家长与子女关系民主化、多重化

夫妻关系、亲子关系是家庭关系中重要的内容，在社会变革背景下，家庭关系由传统的以纵式关系（父子关系）为中轴的主干家庭向以横向关系（夫妇关系）为中轴的核心家庭转变。由于男女平等

观念的普及、女性就业率提高，妇女经济地位、社会地位空前提高，改变了家庭中两性权力关系，亲密的夫妻关系有助于夫妻齐心合力对子女进行教养，有助于孩子把父母"爱的期望"内化成为他们自己的期望，而且把它们转化成为自我实现的预言，有利于培养儿童活泼的天性、广泛的兴趣、自尊心和自信心，促进儿童发展和养成良好的习惯。

在传统家庭里，家长与子女的关系主要是一种长幼关系，父母对子女并没有过多的要求，主要是希望子女身体健康、有一定的文化知识、将来能找到一份工作，然后成家立业。因此，家长对子女的教育相对也比较松散，带有明显的顺其自然的色彩。现在社会竞争的激烈使家长把压力转嫁到子女身上，很多家庭将考上大学作为家庭教育的目标，对子女的高期望值使得亲子关系紧张。在不少家庭里，孩子本应享有的玩耍、游戏的乐趣被无情地剥夺，他们力所能及的家务活也都由家长代劳了，家长希望子女专心学习文化知识，不仅平时充当"助理教师"的角色，为子女辅导功课或在一旁陪读，甚至还不惜牺牲双休日和节假日，送子女奔走于形形色色的兴趣班、特长班，这时家长又充当了"陪练"的角色。亲子关系在很大程度上被师生关系、陪练关系所取代。例如，孩子不服从父母的管教或达不到预期，就有可能遭到打骂、体罚，这又表现出一种管理者与被管理者的关系。当然，在一些较为开明的家庭里，家庭关系是民主、平等的。家长能尊重孩子独立的人格，尊重孩子的爱好，以平等、协商的方式与孩子沟通交流，鼓励孩子参与家庭的一些事务。在这种家庭里，家长不是绝对的权威，他们与子女之间不是命令与服从的关系，子女可以给家长提意见，父母做错了，也会真诚地给孩子道歉。这样的家庭里，家长与子女之间除了亲子关系外，还有朋友关系、伙伴关系。

（二）家庭教育的内容受到冲击

自古以来，家庭教育以人格养成和知识传授为主要内容，重视对子女的伦理道德、交往礼仪、个人生活习惯等方面的教育，家庭是儿童性格培养、习惯养成、人格养成的主要场所。随着社会主义市场经济的发展，社会对人才素质要求不断提高，社会竞争日益激烈，强调竞争、注重效率已成为社会主流的价值观，而且在现实中逐渐强化。"不能让孩子输在起跑线上"几乎已成了家长的共识，为了增强孩子的竞争力，很多家长积极地给孩子创造教育条件，家长对孩子智育尤其是知识教育的投入大大增加。家长热衷于给子女选购教辅读物，请家教辅导功课，检查和布置作业，把本应主要由学校教师承担的责任也揽了过来。家庭对孩子所进行的体育和美育，在很大程度上是为了让孩子参加各种竞赛，升学加分，在同龄孩子中脱颖而出，为今后参与更激烈的社会竞争打下基础。家庭教育内容的多元化突破了过去家庭教育以德育为本的局面，丰富了家庭教育的内容，但是也相对弱化了家庭作为培育孩子人格的天然场所的作用。

（三）家庭教育形式多样，从封闭到开放

当前，家庭教育的形式由单个家庭独立进行转变为多种形式并存，如联合家教、友好小组、家长沙龙、亲子活动、家庭教师等。长期以来家庭内部父母单独对亲生子女施行教育为主要形式，具有空间上和情感上的天然优势。在儿童早期，父母的作用是任何其他形式的教育都无法取代的。但是其中也存在一些弊端，如家庭教育理念和方法可能偏于保守僵化，家长素质的局限性无法满足孩子多方面智能的发展，孩子因交际圈子的狭小而不易看到自己与同龄人的差距等。现在，一些城市出现一种新的家庭教育形式——联合家教。

所谓联合家教，是几个年龄相同或相近的孩子的家庭联合起来，让孩子们定期到家长具有某方面特长的家庭中去学习知识、技能，由这位家长担当起家庭教师的重任。联合家教是一种家长自发组织起来的教育联合体。它的出现改变了传统的家庭教育观，能发挥多个家庭的教育资源优势，实现资源共享，可有效地弥补单个家庭教育的不足，有利于培养孩子的爱好。联合家教使家长从其他孩子的身上看到其他家庭家教方法的可取之处，从而扬长避短，及时纠正偏差，形成开明民主的家教风格。作为单个家庭教育的补充，联合家教不失为一种明智的选择。当然，联合家教对家长的素质要求很高，有条件的家庭可以尝试。另外，给孩子请家庭教师也非常普遍。这种形式的家庭教育是一个教师面对

一个或多个学生，进行文化课的补习或特长练习。家庭教育形式的多样化为儿童的发展拓展了空间，能适应儿童的个体差异性。但是，如果家长把握不当，也会对孩子产生负面影响，如不顾孩子的兴趣、需要和能力，盲目攀比，只会增加孩子的学习负担和精神负担，导致厌学情绪，削弱教育效果。

（四）家庭教育观念受到挑战

转型期社会环境的复杂多变，家庭形态的多元化，家庭教育越来越受外在因素的干扰。影响家庭教育的因素来自各个方面，家长往往难以控制，在许多方面感到茫然无助。有些家长能积极吸收社会上先进科学的教育理念和教育方式，反思自己在家庭教育中存在的问题并不断改进。有些家长却毫无主见，喜欢"扎堆"和喜欢从众，社会上什么热门、什么时髦就让孩子学什么。还有的家长把错误价值取向，如功利主义、金钱万能、利己自私、追求享乐、讲求实惠、以我为中心等灌输给世界观、人生观、价值观尚未形成的未成年子女，误导孩子。许多家庭教育价值观念模糊不清，面对各种大众传媒铺天盖地的教育信息不知道如何选择。有的家长教育意识逐步增强，但是生活压力大，心有余而力不足，感到很焦虑；有的家长有能力也舍得投资，但却不知道投到哪里；理智上知道让孩子身心健康发展，还孩子一个快乐的童年，但家庭教育目标比较功利化，实际中又逼着孩子走上应试教育的独木桥。这是因为市场经济的发展冲垮了传统教育的堤坝，新教育观念还没建起来，家长徘徊不定，许多事情不知道如何把握。如诚实守信是不是就等于迂腐，诚实守信教育是不是过时了？团结、友好、谦虚、善良、谦让还是不是美德？孩子之间发生矛盾是不是要忍让？忍让是不是没出息？竞争是不是当今社会唯一的行为准则？要不要合作、协作互助？要不要提倡勇敢冒险？科学技术发展了，劳动手段现代化了，艰苦奋斗、吃苦耐劳的品质还要不要？等等，这些困惑都需要进行解答。

三、家庭生活方式的改变

社会变迁带来家庭生活方式的变革，这种变革已不是普通意义上的变化，而是结构上的改变，结构重组与功能变迁相辅相成。这些改变对儿童的社会化进程形成了以下重要的影响。

（一）家庭物质生活水平普遍提高

我国自改革开放以后，随着国民经济高速度的持续发展，家庭生活已从温饱走向小康。人们感受最深的是，家庭生活水平和生活质量有了明显提高。人们收入的大幅增加，极大地改善了家庭生活质量，相应的用于孩子抚养教育的投入也大幅度增加。

一般来说，儿童未成年以前的个人消费水平是随着年龄的增长而逐渐提高的。在以往的多次调查统计表明，多子女家庭中用于未成年子女的抚养费，通常都低于全家的平均消费水平。但随着经济的发展和独生子女的大量出现，从20世纪80年代以来，诸多的儿童消费调查研究反映了一个共同的现象：在我国家庭中尤其是城镇家庭，子女的消费水平高于大人。绝大多数家庭儿童实际平均月消费超过全家收入的1/3甚至更多，即一个小孩的消费超过一个大人的消费。调查还发现，孩子的消费与家庭收入成正比增长，家庭收入越高，孩子的消费随之提高。这说明，与儿童在家庭中至高无上的地位相对应，孩子已成为家庭消费的主力军。当今，无论是腰缠万贯的"大款"，还是收入欠丰的"工薪族"，许多父母为孩子花钱从不吝啬，甚至自己节衣缩食也要为孩子而付出。"宁可苦了大人，不能委屈了孩子""宁可多花钱，也要为孩子买最好的""就一个孩子，钱不给他花给谁花"成为现代父母的普遍心态。家长们尤其重视为孩子智力开发、身体健康、特长培养花费财力和物力。从怀孕期的胎教，到出生后的高档奶粉、各种玩具，节假日外出旅游、娱乐，购买最新的学习用品、图书，不惜重金聘请家庭教师补习功课，花高价为孩子择园和择校、上特长培训班。可以说，现代儿童享受着父辈童年时代未曾有过的优越的物质生活，在物质、文化、精神的极大丰裕中幸福健康地成长着。

与此同时，家庭物质条件的改善和家庭生活水平的提高，也给儿童的成长和家庭教育带来一些新问题。受社会消费时尚和大众传媒的影响，许多家庭的消费被卷入潮流之中。部分家长在消费上盲目攀比，超前消费、奢侈消费、攀比消费、人情消费等畸形消费现象相当普遍。家长在生活上过分迁就孩子，如吃零食、穿名牌衣服、不停地给零花钱，千方百计让孩子在各方面强于或不低于其他的孩子，搞"超水平消费"，这些都引导孩子向吃、喝、玩、乐方面迅速发展。结果使孩子消费欲望极大地膨胀起来，由此带来一系列不良后果，如贪图享受、吃不了苦、讲排场、爱虚荣、事事依赖别人、自理能力差等。常言说：由俭入奢易，由奢入俭难。如果家长一旦满足不了孩子的欲望，他们就可能想入非非，走上歧途。

（二）家庭劳动方式机械化和社会化

随着现代科学技术的发展，机械化、电气化、自动化、智能化工具进入了人们的家庭生活中，取代了传统的、原始的生活器具。根据山东省统计局《2010年山东省国民经济和社会发展统计公报》，城镇每百户居民家庭主要耐用消费品拥有量为：微波炉52.8台、电冰箱102.3台、淋浴热水器88.7台、洗衣机95.6台、空调器100.3台、助动车55.6辆、摩托车35.3辆、家用汽车19.9辆。还有电饭煲、榨汁机、削果器等小家电的使用，大大减轻了人们的劳动负担，减少了做家务时间，提高了家庭生活质量。但是对学前儿童来说，他们在享受便捷、先进的高科技成果时，失去了原本作为一个人理应得到的各种学习机会，因而也失去了应该具备的基本生活能力。这种生活能力被现代工具所替代，而生活能力的弱化又导致学习能力的降低，对儿童的身心发展带来了极为不利的负面效应。另一方面，随着第三产业的发展和人们消费水平的提高，许多家务劳动逐渐转移到社会，如做饭、照管小孩、清洁卫生可以请保姆代劳，或请家政公司上门服务。为满足日益扩大的需求，社会各种形式的服务行业不断出现，使得家务劳动向社会转型的比例越来越大。

随着家庭劳动现代化和社会化，人们正在从繁重的体力劳动中解放出来，拥有越来越多的闲暇时间。自1995年起实行5天工作制、1999年实行"十一""春节""中秋节"等法定假日以来，我国的城镇居民已有1/3的时间在休闲中度过。对学龄儿童来说加上寒暑假，在家休闲时间更长，怎样利用闲暇时间，就成为需要家长慎重考虑的问题。文明、健康、个性化的闲暇方式受到社会各界的普遍关注。在人们眼里，闲暇不再仅仅是打发时间、放松身体，而是发展自我、完善自我的重要途径。不少家长也开始承认闲暇对孩子发展的重要性，绝大多数家长认为闲暇对孩子个性的养成、特长的发挥十分必要，应该教会儿童合理利用闲暇时间。如有些家庭经常带孩子外出旅游，有的家庭十分注意选择与孩子共同娱乐的方式来度过周末、假日，还有的家庭利用节假日为孩子培养才艺、补习功课。这些举动都为激发孩子的探究欲望、了解社会、发展个性拓宽了空间。同时，还有一些不尽如人意的现实：一方面，闲暇场所、设施的配备难以满足孩子的闲暇需要。适合孩子闲暇的图书馆、科技馆、博物馆、剧院、音乐厅不仅少得可怜，而且缺乏宣传和服务意识。闲暇资源的缺乏，使得孩子闲暇选择的空间变得狭小。另一方面，家庭闲暇方式的单一性，也对孩子产生了不良的影响。看电视、打麻将是不少家长打发闲暇时间的主要方式，孩子在这种环境中熏染，久而久之，对他们身心发展是有百害而无一利的。

（三）家庭生活信息化

当今社会已经进入信息化时代，大众媒介是传播信息的载体或工具。现代社会，主要的媒介有电视、广播、报纸、杂志、书籍、电子游戏机、录音带、录像带、互联网等。在我国，随着电视等大众传媒的普及，人们的生活结构发生了深刻的变化，使用和享受大众传播媒介成为家庭生活中的一个重要组成部分。随着电视、网络、电话、信息高速通道的开通，社会信息进入家庭的渠道越来越多，信息量迅猛增加，开拓了人们的视野，丰富了人们的知识，人们感知到的环境"变大"了，世界在人们心里"变小"了。"秀才不出门，便知天下事"，在以前是遥不可及的事，如今却成为现实。信息来源的多样化，家庭教育的信息化程度越来越高，改变了家庭的交往方式，拓宽了家庭教育的内容，家长可以从中学到许多有益的教育知识。

对儿童来说，大众传媒的影响呈增长趋势。全国城市儿童调查表明，城市儿童平均每天接触4种左右的媒介，每天每种媒介接触时间平均为半个小时左右。媒介接触，尤其是电视、互联网的普及，使大众传媒对儿童的生活方式、心理行为产生了深刻的影响。大众传媒越来越成为儿童生活中不可缺少的组成部分，对儿童身心健康产生着越来越重要的影响。通过儿童喜欢的电视节目，如少儿节目、动画片、趣味知识等，向儿童传播了许多幼儿园、学校没有涉及的知识和社会价值观念。电视节目还是孩子娱乐消遣的伙伴，儿童接触电视的主要目的是为满足娱乐的需要。在儿童生活中，电视节目仿佛是他们的小伙伴和他们一起游戏。儿童沉浸在电视节目提供的艺术情境中，用他们的想象体会各种各样的情感。在多数情况下，这种娱乐活动有利于儿童的身体和心理健康。

同时必须看到，家庭生活的日益信息化，也给儿童成长带来许多消极影响。

第一，抢占了孩子在家的时间和空间，减少了亲子沟通的机会，减少了户外游戏活动的时间，不愿与人交往，缺乏语言、身体运动和社会化发展的锻炼机会。

第二，媒体传播的知识信息未经过滤，难免泥沙俱下，许多内容不适合儿童，如枪战片、恐怖片、爱情片、武打片，儿童模仿力强，辨别力差，缺乏"免疫力"，甚至造成不良后果。几年前，曾有个小女孩模仿当时青少年为之痴迷的"小燕子"上吊，导致幼小的生命在这个世界上转瞬即逝。同时，提前进入成人世界，说成人语言，模仿成人行为，失去了童年的天真烂漫，过于"早熟"。

第三，某些广告误导儿童的消费，损害儿童的身心健康。儿童广告会刺激儿童购买欲，并能通过儿童来影响父母的购买行为。调查数据表明：孩子对家庭消费的平均影响力已超过25%；在与孩子的生活密切相关的消费品方面，孩子的平均影响力达60%。许多孩子到超市都会指名道姓要广告宣传的产品。

第四，看电视、手机过多，容易消磨儿童的意志，变得懒惰、不愿动脑和动手。因为电视节目和手机视频形象、具体、生动、有趣，而上课、写作业、读书、劳动就显得枯燥、没有趣味，久而久之，就会影响学业。

总之，大众传媒对儿童影响力之大、范围之广是难以想象的，给他们带来的影响有利、有弊，是一把双刃剑。它们到底会如何影响儿童，关键在于如何使用。因此，家长在教育过程中应注意正确看待大众传媒，帮助孩子有计划地选择上网、看电视时间，为孩子选择合适的读物、软件、光盘，恰当地运用这些工具，趋利避害，发挥它们的教育作用。

知识拓展

讨论分析：网红娃娃

（四）家庭住宅独立化、高层化

高度科技化、高度工业化、高度城市化，带来了人们住宅的高层化、独户化，这是社会变迁表现在人们生活水平上的标志。按照联合国1961年确定的概念，住房状况是反映人类生活质量的重要内容之一。住宅高层化、独户化，是现代社会的又一个显著特征。随着城市建设的飞速发展，一幢幢高楼拔地而起，越来越多的居民从低矮破旧的平房、低层楼房搬入高楼。居住环境明显优化，大大改善了人们的居住条件，有利于孩子们的学习和休息。有调查统计结果显示，51.13%的小学生拥有自己的单独房间，52.82%的小学生拥有自己的书桌、书架。独门独户使儿童在家庭里拥有了更多的生活空间，同时建筑面积的大幅度增长又使他们的户外活动空间不断缩小。特别是城市儿童自然环境缺失，户外活动空间有限，在喧闹拥挤的城市里，除了凝固的建筑，到处是广告招牌，到处是人流和车流，原先的院落、里弄巷口可供他们嬉戏玩耍的场地消失了。有限的室内生活空间和有限的户外活动范围在一定程度上限制了孩子们自发游戏的机会，不可避免地影响他们的发展。

日本学者的研究发现，住高楼的儿童由于室外活动少，与外界隔离时间长，机体抵抗力下降，患传染病、受病菌感染的机会增多。独门独户自成一统的格局，一方面导致了邻里之间成人相互交往次数急剧减少；另一方面极大地限制了儿童与同伴的交往，自理能力形成较晚。同龄群体是儿童社会化过程中不可缺少的重要因素之一，儿童在与小伙伴平等、密切的交往中，学会了遵守规则、分工合作、团结互助、评价比较等，在不知不觉中学习和锻炼了社会生活所需要的各种品质和能力，为今后进入成人社会做好准备。可见，住房条件日趋现代化的同时，儿童面临的身体健康和能力发展问题，需要人们作出积极的思考。

第二节 社区教育与学前儿童家庭教育

不论家庭还是幼儿园，总是位于一定的社区范围内，从生态学意义上说，社区是整个社会系统与家庭、幼儿园关系最密切的一部分，对于充分受到年龄、经验限制的学前儿童而言，社区及社区教育可以说是其面向社会的主要内容。幼儿园作为社区的一类组织机构，其自身的发展离不开社会力量的扶持，也必须依托社区的各种相关设施。社区设施、社会力量可以拓展幼儿园有形、无形的空间，能够丰富、完善教学内容；同时社区居民本身又与幼儿园有着千丝万缕的联系，如社区居民小孩在此上幼儿园、居民在幼儿园周围摆摊设点等。家庭作为社区的一个组成部分，自然与社区有着天然的联系，家长里短、邻里纠纷、社区文体娱乐等，无不参与其中。幼儿，无论是作为幼儿园的学童，还是作为家庭成员，都是社区的一员，都应该参与到社区的活动当中。我们常说，人具有社会性，实质上就是人在一个个不同的社区中生活的综合体现。社区在人的学习、工作、生活中发挥着重要的作用，同样也是幼儿走向社会的过程中不可或缺的一环。因而家庭教育应该面对社区、走进社区，幼儿园教育也应该融入社区，与社区互动，从而促进儿童全面、健康地成长。

一、社区及社区教育的概述

（一）社区的概念

社区是一个社会学概念。"社区"一词源于拉丁语communis，意即伴侣或共同的关系和感情；后由德国社会学家腾尼斯于1887年在《社区与社会》一书中译成德语geneinschaft，意为社区、团体、共同体、公社；接着又由美国学者查尔斯·罗密斯将其译成英语community，拥有了更多的地域含义；我国学者在20世纪30年代将其译为中文"社区"。

由于社会学者研究角度的差异，社会学界对于社区这个概念尚无统一的定义，目前为止已有150余种之多。例如，美国学者戴维·波普在《社会学》中指出：社区是在一个地理区域里围绕着日常交往方式组织起来的一群人。日本学者横山宁夫在《社会学概论》读本中提出：社区具有一定的空间地区，它是一种综合性的生活共同体。我国社会学家费孝通认为："社区是若干社会群体（家族、氏族）或社会组织（机关、团体）聚集在某一地域里，形成的在生活上互相关联的大集体。"世界卫生组织于1974年集合社区卫生护理界的专家，共同界定适用于社区卫生作用的社区（community）定义："社区是指一固定的地理区域范围内的社会团体，其成员有着共同的兴趣，彼此认识且互相来往，行使社会功能，创造社会规范，形成特有的价值体系和社会福利事业。每个成员均经由家庭、近邻、社区而融入更大的社区。"

尽管社会学者对社区界定的概念不尽相同，但在构成社区的主要要素方面还是基本达成共识的。由于社区是人类社会区域生活共同体，是一个具有多重功能的社会实体，是人们参与社会生活的基本场所，并以聚落作为自己的依托或物质载体，所以，构成社区的主要因素至少包括以下几点：① 有以一定社会关系为基础组织起来的、进行共同生活的人群；② 社区总要占有一定的地域，如村落、集镇等；③ 有一定的生产和生活设施；④ 有一定的管理机构；⑤ 具有一定特色的文化；⑥ 社区居民具有一定的社区意识等。

社会学家认为，每个家庭都生活在不同社区，社区在体现一定的社会时代特征的同时，其自身的文明程度、物质环境、治安状况等，都对生活其中的居民产生影响。其中社区文化、社区性格、社区交往、社区教育等对少年儿童的影响尤其重要。

1. 社区文化

社区文化是通行于一个社区范围之内的特定的文化现象。包括社区内人们的信仰、价值观、行为规范、历史传统、风俗习惯、生活方式、地方语言、特定象征等。在我国，社区文化差异的突出表现是城乡文化的差别。相对来说，城镇社区，特别是大中城市社区，由于文化、教育较为发达，人们有较多的机会参与文化、教育、娱乐活动，信息多、传播快，居民对新事物敏感较易接受先进的思想和现代文化观念，这种城乡差异不可避免地表现在家庭教育中。随着现代社会生活的发展，社会大众传播如广播、电视的普及，国家义务教育的推行，以及各地居民人口流动的增加，各社区之间在规范、价值观念以及行为模式上的差异程度已显著降低，地方性的社区差异逐渐减少。据报载，在浙江宁波，一种全新的社区精神正在悄然培育中：无论贫富、年龄、阶层，所有人都可以就近享受文化——这就是宁波社区文化着力构筑的"15分钟文化活动圈"。所谓"15分钟文化活动圈"是指不论在社区还是在乡村，居民走出家门，最多只要步行15分钟，就能找到一个能满足求知、求美、求乐、求健等多种需求的文化活动场所。它的核心就是让广大人民群众在家门口就近、就便地享受文化、创造文化，充分体现社区文化的人文精神。

2. 社区性格

社区性格是某一特定的社会区域内聚集着的各种群体，或绝大多数人所显示出的一种共同的、比较稳定的，对现实的态度倾向和与之相应的、习惯性的行为方式。社区性格是国民性格中由于地域差别而形成的一种局部的、相对独立的性格。在人的社会过程中，社区性格作为具有延续和传承的力量，不可避免地对个体性格产生影响。美国人类学家玛格丽特·米德在对山地居民阿拉佩什人（Arapesh）的长期考察后证实了文化对人的作用：阿拉佩什幼儿普遍具有随遇而安、温良、被动的人格特征，而阿拉佩什成年人的相处模式是与世无争、富有责任感、热情、温顺及信任他人的，孩子们在简单、和谐的族群生活中变得安静、满足、无侵犯性，这绝不仅仅是简单的模仿。对处于社会化初级阶段的学龄前儿童来说，社区性格在世代接替中，通过家庭教育的"中介"作用，嵌入儿童个体性格中，影响终身。

3. 社区人际交往

社区人际交往对儿童的健康发展也是不可缺少的。对儿童来说，在社区中邻里之间的交往，尤其与同龄伙伴的交往是充实其社会生活的重要内容，是他们正常发展和全面成长的必要条件。和谐融洽的邻里关系，积极向上的精神氛围，必然培养出有教养、讲文明、懂礼貌、勇于进取的孩子。反之，如果社区环境脏乱差、邻里关系紧张、打架吵闹、赌博偷盗成风，必然对儿童产生潜移默化的"熏染"，养成许多不良习惯，甚至步入歧途。事实证明，这种恶劣的社区环境对家长素质要求很高，家庭教育的任务也更为艰巨。

根据以上表述，我们认为社区是指居住在一定区域范围内，具有某种互动关系、共同文化特质以及心理归属感的人群所组成的社会群体。他们进行互相联系的经济和社会活动，形成一个共同的生活集体，经过长时间交流、磨合而逐步形成的、具有一定程度上相同或相近的文化、价值观念、共同利益和认同意识，并有相应的实体单位。

在我国，普遍倾向根据社区结构功能和特点把社区分为农村社区和城市社区。城市社区又可分为以下四种情况：① 市辖区；② 街道办事处辖区；③ 小于街道办事处、大于居民委员会辖区建立的区域功能社区；④ 规模调整后的居民委员会辖区。目前，我们所说的城市社区是指后面两种情况。近年来，我国不少居民小区或街道居民委员会小区也常被称为"社区"。农村社区是指聚居在一定地域范围内的农村居民在农业生产方式基础上所组成的社会生活共同体，具有广阔地域、居民聚居程度不高、以村或镇为活动中心、以从事农业为主等特点。

近年来，各级政府越来越认识到加强社区建设的重要性和紧迫性，在财力、人力、物力上给予大力支持，在社区组织、社区服务、社区卫生、社区文化、社区环境、社区治安等方面都取得了可观的成果，社区在人们的生活中越来越起到重要的作用。

（二）社区教育的发展

社区教育是社区组织或社会工作者在社区范围内，依托社区力量，利用社区资源，针对社区全体居民进行的以增进公民素质、提高生活质量、促进社区发展和进步，建立平等、正义、互相关怀的社会为宗旨的社会教育。

社区教育是一个国际性概念，是经济和社会发展的产物，至今已经历了100多年的发展历程，正在逐步走向成熟。它最早起源于丹麦，1844年丹麦教育学家柯隆威（N. Grundtvig，1783～1872年）在乡村创建了第一所民众中学，是成人教育形式的社区教育。之后，北欧地区的其他国家也相继兴起民众中学教育运动。在这一运动的影响下，"民众中学"作为一种重要的教育模式在挪威、瑞典、芬兰、冰岛等国家确立并发展起来。

19世纪末芝加哥建立社区学院，旨在培养适应美国工业发展需要的实用技术人才。在这以后，以社区学院为主要基地的社区教育开始发展起来。20世纪60年代以后，随着科学技术的迅猛发展，人们工作时间缩短、闲暇时间增多、妇女参加工作人数增多、儿童行为出现新的社会问题等，这些因素促使了美国社区教育的内涵扩大。

日本的社会教育发展比较早，其特色主要体现在民众教化方面。第二次世界大战后设立的"公民馆"是日本发展社会教育的主要基地，也是地区进行社会教育的重要场所。随着终身教育理念的广泛传播和大力普及，20世纪80年代，日本在都道府县各级设置"社会教育中心"、图书馆、妇女会馆、少年自然之家、青年之家等各种社会教育组织，充分挖掘各种资源开展社会教育，努力构建学习型社会。

与北欧、美国、日本的社区教育相比较，我国社区教育起步较晚。20世纪80年代中期，全国第一个社区教育组织——"上海市真如中学社会教育委员会"的建立，标志着现代社区教育实践在我国开始发展。短短的4年中，即至1990年上半年，上海市有2/3的区建立了社区教育委员会的区级机构，140多个街道中有126个成立了街道一级社区教育委员会。1994年，上海创办了第一所经市政府批准试办的社区学院——上海市金山社区学院。1996年，上海市社区教育研究中心成立。此后，社区教育先后在北京、天津、辽宁、江苏、山东、浙江等地开展起来。受其影响，大中城市的社区教育有了较快的发展，但无论在发展规模，还是在发展质量上，都不能适应新时期我国社会经济发展的要求。总体来看，我国社区教育发展很不平衡，中西部滞后于东部，农村滞后于城市。为了使社区教育得到快速、健康、有序的发展，有必要重视社区教育制度建设，加大对社区教育的政策性支持和研究力度，并加强社区教育的国际交流与合作，总结、借鉴国外有益经验，结合中国实践，建构我国有特色的社会主义社区教育体系。

（三）社区教育的特点

社区教育是实现终身教育、构造学习型社会的基础，体现了时代性。发达的社区教育已成为一个国家教育现代化水平的重要标志之一，社区教育越来越受到社会重视和人民群众的好评，源自它多方面的功能对社区发展具有极大的推动作用。

社区教育是一种教育的组织形式，就是说依照社区建设发展及社区居民的需求，充分地、有效地利用社区的教育资源来组织、实施各级各类的教育。社区教育的根本目的是以各种教育方式、多种教育手段提高国民的素质。它主要具有以下四个特点。

1. 地域性

社区教育不同于学校教育，它是一种社会教育。社区教育是为解决社区面临的许多社区问题而组织、实施的，是为社区的建设、发展服务的。社区的需求决定了社区教育的内容和形式。例如，社区的卫生环境较差，需要增强社区居民的卫生环保意识，于是就在该社区举办卫生环保知识的讲座、研讨会等，组织学习相关的法规、条例和卫生环保常识，从而增强并提高社区居民自觉爱护、保护生活环境的意识。

2. 开放性

开放性即全民参与、资源共享。所谓全民参与，首先是社区内开展的各项有益的教育活动需要全体居民共同参与，社区居民都可以按照自己的意愿，要求参加多种教育活动；其次是社区居民既是受教育者，又是社区教育的管理者，他们可以对社区教育的政策、计划、活动提出意见，可以选派代表参与社区教育的决策。因此，社区教育也是一种自我教育、自我管理的活动。资源共享就是社区内的所有学校、文化体育、娱乐设施都向社区的全体居民开放，以有偿或无偿的方式让大家使用。例如，学校或培训中心可以在晚间或双休日举办各种培训班或进行学习活动；文化馆或图书馆也向社区居民开放，成为市民学习的场所。学校等各类教育资源都要主动地举办各种文化教育活动，活跃社区生活，为社区发展服务。

3. 实用性

社区教育不需要像普通的学校教育那样正式，不一定要求学几年、开设多少门课程、考试拿文凭。社区教育大多数是非正式的教育、非正规的学习。社区教育是一种服务，没有什么严格的规定、界限，社区的多种教育机构、设施都可依据实际的需要举办多种教育，社区居民想学什么就学什么，想怎么学就怎么学，想在哪里学都可以，不一定在学校、课堂上，在多种公共场所都可以学。几个人组成小组就可以学，一个人在家也可以学。社区可以通过举办知识讲座，进行技术指导、技能训练。对学习的内容、形式没有规定、没有要求，由实际需要而定，是最大限度满足社区及社区居民学习需求的大众化教育，具有很强的实践性和应用性。

4. 全程性

社区教育是实现终身教育和建立学习型社会的重要途径。终身教育要求将教育实施于人生的始终，人活一辈子，受教育一辈子。俗话说：活到老，学到老，终身学习。学习型社会要求社会的每个成员都可以按照自己的意愿选择学习的内容、方式，并可以随时随地学习，整个社会就是一个大课堂。从孕妇、婴幼儿、青少年到成年人、老年人，从失业下岗人群、残疾人群到外来务工人群，社区教育有效地将人们组织成一个学习集体，有效地为社会成员提供了多种教育，将家庭、学校及社区连为一体，形成一个生活、学习的社会环境，所以社区教育是面向全体社区成员的。

从总体上来看，我国社区教育的基本特征是在一定的地域范围内，充分利用各类教育资源，旨在提高社区全体成员整体素质和生活质量，促进区域经济建设、社会发展和教育自身发展的教育活动，具有"全员""全程""全面"特点的区域教育，与各类正规教育有着紧密的联系和合理的分工，对各类教育进行整合，侧重于对社区正规教育进行延伸和补充。它是以社区成员自身教育为教育的主体和对象，面向人的一生、面向全社会的新式社会化方式。社区教育把教育延伸、拓展到社会基层，满足社区居民，特别是大批离开了学校、离开了单位的社区成员的教育培训需求，有效地填补我国大教育体系中的一些薄弱环节，拓展适应社区居民工作、生活需要的新型教育服务领域，以满足社区居民多样化的学习需求。

二、国内外社区学前教育概况

社区学前教育就是社区内为0～6岁学前儿童或全体居民设置的教育设施和教育活动，是多层次、多内容、多种类的社会教育。学前儿童是社区人口的组成部分，其教育是社区建设的一项重要内容。比较而言，国外社区教育起步较早，体系发展也比较完善。因而，有关学前儿童的社区教育越来越受到世界各国重视，了解国外学前儿童社区教育的情况，可以为我国社区教育的发展提供借鉴。

（一）国外社区学前教育
1. 美国幼儿社区教育

美国社会对儿童的保护和教育参与意识比较强，实施了多种关于加强幼儿园与社区合作的措施和活动，其中持续时间最长，影响最广的社区行动计划是1964年实行的提前开端（head start）计划，该计划规定要给90%以上的家庭生活在贫困线以下的3～5岁幼儿提供社区教育服务。利用社区的各种教育、文化、娱乐设施、人文景观和自然环境、各种人力资源，尤其是社区的服务工作人员和幼儿家长，对绝大多数的贫困家庭的幼儿实施免费的补偿教育。美国的学前教育机构十分重视把"社区"

融入学前教育课程的发展中，例如在为儿童设计的自我概念课程中，就包含了"社区及社区助手"的主题内容。

另外，美国十分重视幼儿教师关于社区教育的培训。美国在居民生活区中设立了社区学院，培训学前教育师资。教师在设计教育活动时，不仅要以学前教育理论、儿童能力为基础，而且还要以社区的价值观为基石。

2. 英国幼儿社区教育

社区给幼儿园以强力支持目前已成为英国幼儿社区教育的一大特色。政府官员、社区负责人、社区知名人士参与到社区教育机构的教育活动中；各社区均有"早期教育协会"这一全国性募捐组织的分部，经常与"世界学前教育组织"合作开展活动，宣传、指导社区幼教工作。社区还专门建立了"社区玩具图书馆"。该馆不仅把0～5岁的儿童作为服务对象，而且还把幼儿家长纳入到教育生活中。同时，为了改善处境不利于儿童生活和学习的条件，英国政府还制订确保开端（sure start）社区参与方案，采取了"国家体制、地方管理"的策略。

另外，英国民间发起的幼儿社区教育活动——游戏小组运动（pre-school playgroups association）也是其社区教育的又一大特色。英国本土学前游戏小组遍及城乡，深受不同经济条件的家庭欢迎。英国的学前游戏小组一般是在多方的支持下，免费借用成人俱乐部、教会大厅、婴幼儿福利中心、废弃学校和富裕家庭的空房子。幼儿家长和社区工作人员自发组织、自筹资金、寻找适宜的设施和志愿工作人员。游戏小组协会负责业务管理、各游戏小组之间的协调与资源共享，并组织专业培训，开展学术交流活动。地方当局负责对设施进行检查，并要求各社区注册登记，以确保幼儿的安全和保教活动的质量。

3. 以色列幼儿社区教育

在以色列，社区极为重视对不同年龄儿童的家长进行分层指导，以提高指导的效率。

（1）指导1～3岁儿童家长的方案：① 社区挑选、推荐专业协调员和专职家访员，经培训后上岗；② 每个协调员统管几个家访员，每个家访员负责指导十几个家庭的家长；③ 家访员第一年每周都要去家访，第二年每2周去家访一次，旨在帮助父母认识到游戏对儿童发展的重要性，学会和孩子一起游戏；④ 家访员还要帮助家长成立互助小组，每2周活动一次，在小组内交流育儿经验；⑤ 低价优质的服务，受到了家长们的热烈欢迎。

（2）指导3～6岁儿童家长的方案：① 为保证指导的质量，教育部组织专家编写了2年使用的教材，每年9册，每册配有亲子活动方案，每项活动持续几分钟；② 社区专职家访员协助家长完成教材；③ 家访员每2周对社会处境不利的家庭进行一次访问，向父母传递保教知识，帮助父母构建家庭教育环境，提高父母的教育水平；④ 家访员还鼓励家庭成立友好小组，每2周活动一次，探讨教养孩子的问题；⑤ 价廉质优的服务，得到了家长们的响应和拥护。

4. 日本幼儿社区教育

长期以来，日本十分重视利用社区资源来教育幼儿，力图最大限度地发挥其教育职能。1986年，日本教育审议会指出：幼稚园、家庭和社区三位一体对学前儿童进行教育是非常重要的，只有这样才能克服学前教育封闭性。1990年日本的《幼稚园教育要领》指出："幼儿的生活以家庭为主逐渐扩大到社区社会。"日本幼稚园与家庭、社区保持密切的联系已形成了一个网络化的整体。具体体现在：① 家庭、社区、学校三者的横向合作。各个地区努力使幼儿园与家庭、社区的商场，以及各种社会教育设施建立密切的联系，让儿童接触社区的各类居民。② 学前教育与中小学教育的纵向合作，让学前儿童去小学学校参加生活科的授业以及一些文体生活。③ 与各行政部门、教育机关共同构成了一个网络式的行政体制。另外，在日本社区幼儿教育的设施中，既有专门为儿童设立的，如儿童馆、儿童咨询所和家庭儿童咨询室、保健所和保健中心等；也有向所有社会成员开放的普通社会教育设施，如公民馆、儿童文化中心、图书馆、博物馆等。

知识拓展

比利时：
发挥社区作用

5.印度幼儿社区教育

在印度以社区为中介，教育学前儿童的方案主要有两种：① 母亲教育孩子的方案：具有灵活性和针对性。社区工作者对母亲进行专门的培训，教给母亲保育教育儿童的基础知识和基本技能，使母亲在家庭中能更好地发挥出自身独特的教育作用，促进孩子身心的健康发展。② 大孩子帮助小孩子的方案：具有模仿性和高效性。由于许多父母要外出工作养家糊口，照料弟弟、妹妹的任务无疑就落在了哥哥、姐姐的身上，所以社区工作者就对家中的年长儿童进行简单的培训，使他们拥有一点健康、卫生、营养、游戏、歌舞等方面的常识和技能，能更好地关心家庭、帮助年幼儿童。

知识拓展

美国孩子的社区
图书馆

（二）我国社区学前教育的发展

随着我国城市学前儿童数目的增多，学前社会教育需求量也逐渐加大，而我国学前教育的主要机构——幼儿园、托儿所的数目难以满足大多数学前儿童，特别是3岁前儿童的需求。目前我国有些地方的学前教育十分落后，个别地区幼儿入园率甚至不足5%。特别是0～3岁儿童的入园率很低，其养育基本是在家庭中进行的，而其带养人的教育观念、教育水平直接影响着儿童早期的发展。如果学前教育问题解决不力，将直接影响我国经济建设和社会生活的正常发展。

在此背景下，我国政府越来越重视学前儿童的教育问题，将它置身于终身教育体系中，从过去主要发展3～6岁的幼儿教育，向下延伸至0～3岁婴幼儿的教育，在经济发达地区探索社区学前教育的模式，积极推进0～6岁教育社区化，以改变我国0～3岁婴幼儿教育与3～6岁教育脱节、0～3岁早期教育比较薄弱的状况。

社区学前教育作为社区教育的重要组成部分，涵盖了从怀孕前至小学前这一阶段在优生、优育、优教3个方面的内容，包括了家庭、托幼机构、社会的有机结合所形成的教育合力以优化育人环境。在我国，幼儿园-家庭-社区一体化的合作共育自20世纪80年代在我国城市和农村地区从无到有地发展起来。到目前为止，在实施途径上初步形成了以社区为主导和以幼儿园为主导的两种合作模式。

以社区为主导的合作模式，即以社区为依托，依靠基层社区政府各部门力量，因地制宜地创设条件，组织实施各种教育活动，开展并实现社区与幼儿园、家庭之间的合作。这种模式与我国社区的发展现状相适应，且社区政府能更好地发挥其行政职能。在经济发展的改革大潮带动下，以居民居住地域划分的社区，正在我国的城市和农村、沿海和内陆发展。我国城市社区的构成以"街道"或"居委会"为基础，农村社区一般以乡或村为依托。街道、居委会、乡和村是我国政府的基层行政部门，在这一模式中，幼儿园处于一种被领导的地位，发挥的是服务性作用，而且主要针对的是散居幼儿。这些工作可以包括两个方面：一方面是定期开放幼儿园的教育资源（玩具、场地等），供散居儿童使用；另一方面是组织专门的教育活动吸引散居儿童参加，包括将儿童请进幼儿园来和送教入门两种组织形式，也包括一定程度的针对家长的工作。

以幼儿园为主导的合作模式，即幼儿园依托并发挥社区内的各种力量（乡镇政府、企业、大学、中小学等），组织成一个以幼儿园为核心的园内外相结合的幼儿教育网络，开展并实现幼儿园与家庭、社区之间的合作。与社区相比较，幼儿园作为专职的幼儿教育机构，有大批具有幼教专业知识的保教人员，有专门的幼教场所及丰富的玩教具，在开展幼儿园-家庭-社区的合作时，幼儿园独具优势。在我国，已有相当一部分幼儿园开展了这方面的工作，这些工作包括：① 通过举办家长学校和开家长座谈会等活动密切同家长的联系，向社区宣传科学育儿知识；② 开展与社区保健站和一些友邻单位的双向服务，搞好同社区机构的关系；③ 积极与社区的共青团、妇联等组织建立协作关系，以幼儿园为主体开展一些走出去的教育活动，既推动社区精神文明建设又扩大幼儿园的影响。

我国地域广阔，条件各异，因各地社区、家庭、幼儿园的特点及实际情况的不同，而出现了多种合作形式。以下介绍五种典型社区学前教育模式。

1. 社区幼儿教育委员会

广州市荔湾区多宝路幼儿园在拟建立社区幼儿教育委员会时，走访了社区内的12个单位，逐个单位宣传社区教育的意义，诚恳邀请他们参与，经过细致的工作，共有10个单位26人组成的幼儿园社区教育委员会正式建立起来了。该社区幼儿教育委员会，充分发挥其参教、议教、资教、助教的作用，使社区与幼儿园、家庭之间的合作得以有计划、有步骤地深入开展。幼儿园-家庭-社区的合作，涉及社区内各教育机构和与教育有密切联系的职能部门和经济实体，因此，建构一个能统筹、协调社区内各种教育因素的组织机构，即社区幼儿教育委员会是一种有效的合作形式。

2. 家庭教育辅导站

上海市打浦桥街道新新里居委会的家庭教育辅导站，从老城区、人口稠密、住房破旧拥挤、家庭文化层次较低、旧习俗影响较深等实际情况出发，从新婚指导做起，举办优生、优育、优教的系列辅导，辅导采取集中授课、登门指导、专家咨询、定期发放科学育儿资料、板报宣传，以及各种娱乐活动（如育儿知识竞赛、好家长经验交流会、幼儿生活自理比赛、母子同乐活动）等形式。家庭教育辅导站以社区为依托，面向家庭，注重并展开社区和家庭之间的有效的交流、合作与互动，给儿童创造了一个良好的环境，有力地促进了幼儿的成长和发展。

3. 牧区儿童游戏点

这是我国内蒙古锡林郭勒盟针对牧区无霜期短、牧民居住极为分散、人口稀少、交通不便而创设的一种合作形式。游戏点活动定在5～9月间，每月由家长带领幼儿集中活动2～3次，每次活动一天。自治区教育厅为游戏点提供玩教具，旗教育局提供运载玩教具及教师的汽车，并配备教师；乡和村提供活动场所和用具。旗的流动游戏车和教师按各点活动日巡回施教，组织各点幼儿进行各种教育活动；同时还举办家长学习班，由教师和医生向家长授课。牧区儿童游戏点使教育幼儿和培训家长的双重功能同时得以实现，是在牧区开展社区-家庭-幼儿园合作的一种很好的形式。

4. 巡回辅导站与家庭活动站

河北滦平县地处山区，沟梁交错，交通不便，有相当多的散居儿童没有受教育的机会。为了提高该地区家长的素质和让散居儿童接受一定的教育，该县采取了巡回辅导站和家庭活动站的形式。巡回辅导站建立在人口少、距离相近的自然村，由一名辅导员每周巡回在两个自然村中辅导儿童活动。家庭活动站为儿童提供活动室、室外场地，辅导员每周来家中辅导一次，家长带儿童参加。这种形式充分发挥基层社区的力量，使得散居幼儿丧失的受教育机会得到了补偿。

5. 儿童玩具图书馆

福建省福州市郊黎明村经济发达，生活富裕，为了给本村社区内的儿童健康成长提供良好的社会环境和家庭环境，村建立起了儿童玩具图书馆。图书馆配备有适合不同儿童特点的图书、玩具和户外大型器械，主要向本村10岁以下的儿童开放。同时，玩具图书馆聘请了数名教师和热心幼儿教育的村干部担任馆长和管理员，还聘请了幼儿教育专家做顾问，针对儿童及其家庭的需要及时提供建议、咨询和帮助。

三、开发利用社区资源实施家庭教育的途径和方法

人不可能脱离社会、脱离他生长的社会群体而独立成长。人类发展生态学也认为个体发展的环境是一个由小到大、层层扩散的复杂的生态系统，每个系统与其他系统的相互关系都会通过一定的方式对个体的发展施以影响。幼儿园-家庭-社区是对幼儿发展影响最大、最直接的微观环境，作为幼儿最早接触的社会文化环境，它对幼儿发展所起的作用是其他任何因素所不可比拟的。因此，幼儿的发展必须从他们在这种特定的环境中所经历的活动、承担的角色以及建立的人际关系出发，协调相关的社会群体力量，共同促进幼儿的发展。

我国《幼儿园教育指导纲要（试行）》指出："家庭是幼儿园重要的合作伙伴。应本着尊重、平等、合作的原则，争取家长的理解、支持和主动参与，并积极支持、帮助家长提高教育能力。""充分

利用自然环境和社区的教育资源，扩展幼儿生活和学习的空间。幼儿园同时应为社区的早期教育提供服务。"《3—6岁儿童学习与发展指南》同样强调，家庭、幼儿园和社会应共同努力，为幼儿创设温暖关爱的家庭和集体生活氛围，建立良好的亲子关系和师生关系，让幼儿在积极健康的人际关系中建立安全感和信任感，发展自信和自尊，在良好的社会环境及文化的熏陶中学会遵守规则，建立基本的认同感和归属感。

幼儿园教育资源和社区中的幼儿教育资源各有各的优势，且都是对方不可替代的。幼儿园是专门的幼儿教育机构，会针对幼儿的年龄特点创设教育环境、收集一定的教育资源，但社区中的自然环境、人文环境、社会生活更是家庭教育取之不尽、用之不竭的宝贵资源，学前儿童的家长只有最大限度地发挥这些资源的教育价值和作用，才能更好地促进孩子的发展。

（一）社区物质资源的开发与利用

1.社区自然资源的开发与利用

大自然是活教材，它向儿童展示了具体、形象、生动的学习内容，为培养孩子的探索和认识兴趣、提高审美能力与情趣、培养他们对自然、对家乡、对祖国的热爱，从而获得对周围世界的感性认识提供了天然的素材。随着人们对生活质量的要求和选择水平不断提高，居住环境越来越倾向于自然化、人性化，如花园、公园、露天休闲广场等，家长应充分挖掘和利用社区里的自然环境资源，实施家庭教育。如一年四季的花草树木、小桥流水、鹅卵石小道，人们饲养的猫、狗、鸟、鱼、龟等各种动物、宠物对孩子们来说都是极好的教育资源。家长可以引导孩子观赏大自然的变幻，既体验生活的幸福美好，又增长了自然科学常识。还可以利用一些树桩、树皮、树叶、树枝、沙土石等自然材料，启发孩子进行大胆想象和创作，制作标本、拼贴画等手工作品。

2.社区里的社会生活场所也是重要的教育资源

社区环境具有综合性、生活性的特点。只要有人生活的地方就离不开学校、商店、超市、医院、菜场、银行、邮局、图书馆、博物馆等一些社会生活场所，家长应充分重视开发和利用这些资源。如：① 带孩子到社区医院打针时，请护士阿姨鼓励孩子不怕打针等健康教育活动；② 带孩子到菜场买菜时，教他认识蔬菜、学着自己挑选蔬菜，懂得营养要均衡、不挑食等道理；③ 带孩子到马路上去观察来往的汽车时，孩子不但感知了各种各样的汽车，还发现了红绿灯的作用，懂得了红灯停、绿灯行、过马路要走人行道的交通规则。

3.社区里的住宅、公共设施也是不可忽视的教育资源

住宅在常人眼里可能就只是一个居住、休息的地方，但通过观察会发现房屋的朝向、会排水的房顶、不一样高的楼房等问题，可引导孩子用积木、画笔搭房子、画房子，通过自己动手设计和制作房子。社区里的公共设施也可引发孩子的探究活动，分类垃圾桶的使用让孩子懂得了哪些垃圾可以回收、哪些垃圾不可以回收，从小培养环保意识。另外，引导孩子了解社区里各种各样的标记，停车的、转弯的、禁止入内的、社区公交车站牌、警务标志等各种安全标记、环保标记、禁烟标记等。

（二）社区中的人文资源的开发与利用

家长应该把当地社区的文化、历史场所作为一种教育资源。如：① 将本地区的风俗习惯、历史传说、古今名人、纪念场所以及英雄模范人物的感人事迹讲给孩子听，让孩子从中去体验本土文化的深刻内涵和价值，萌发爱家乡、爱祖国的自豪感。② 家长平时多关注社区里的文化生活，积极参与社区活动，为孩子们提供一个展示和表现的舞台以及交流和学习的机会，如元宵节可以带孩子赏花灯、猜谜语。春节利用社区浓厚的节日气氛，让孩子体验中华民族的传统文化。③ 关注社区里的邻里关系，引导孩子们在宽松、和谐、健康的环境里愉快生活，如在来往社区的路上，锻炼孩子主动、有礼貌地与熟人打招呼的能力。④ 与社区小朋友一起玩耍时，教育孩子学会与同伴友好相处，懂得关心照顾别人，多学学别人的好品质、好行为。

（三）社区人力资源的开发和利用

家长自身也是社区教育的重要资源。如根据年龄、性别、性格、爱好等不同条件，住在附近的

几个孩子的家庭，本着自觉、自愿的原则，组建"家庭友好小组"就是一种很好的方式。可以每个家庭轮流担任组长，也可以推举一位组长，负责活动的安排、组织，具体的活动计划、内容由家长群策群力自己制订。通过定期或者不定期地一起举办家庭聚会或者外出的活动，让幼儿在休息日、节假日也能与小朋友们一起欢快地游戏、学习。大家在一起探讨交流对家庭教育或者幼儿园教育的一些看法，相互借鉴好的方面，充分发挥各自家庭的优势，利用家长个人爱好、职业特点、便利条件，用好人才、物力资源，共同教育好孩子。现在的孩子缺少玩伴，"家庭友好小组"活动的开展，能促进儿童对周围环境的积极探索，进而与同伴积极互动，可以给孩子建立很好的朋友关系，而同伴间的交往、互动是幼儿社会能力发展的重要因素。因而，这种形式既为儿童提供了安全、宽松的交往环境，又有效促进了幼儿的主动交往。同时也增加了家长们之间的交流，实现优势资源共享。

第三节 学前儿童家庭教育存在的问题与发展方向

改革开放以来，尊重知识、尊重人才的氛围逐渐形成。人们在日渐公平的竞争中，开始意识到自己知识浅薄，后劲不足。随着计划生育政策的推行，家庭经济状况的改善，很多家长都将殷切的期待和深切的感情倾注在下一代身上。由于家庭教育是在父母和子女共同生活中，通过双方的语言交流和情感交流进行的，父母在子女教养的态度、观念、期望和教育方法上对孩子有着潜移默化的影响。但家庭教育手段和方式的更新往往滞后于父母们永无止境的感情和物质投入。事实上，父母们大都根据自己的直觉和传统经验对子女进行教育，而这种直觉和某种传统经验往往与科学的家教方式背道而驰，在家庭教育观念和行为上存在不少盲点和误区，致使他们在进行教育时感到困难重重，影响了家庭教育的质量，甚至阻碍了儿童身心的健康成长。

一、学前儿童家庭教育存在的问题

（一）期望值过高

21世纪是激烈竞争的时代，社会转型的变革、知识更新的迅速、人才的竞争、就业的压力，家长从切身的体会中，深切感受到社会对高素质人才的需求，认识到没知识、没文化、没专长在社会立足的艰难，为了不让孩子输在起跑线上，于是不少家长从0岁甚至胎儿期就开始大量智力投资。在我国随着独生子女家庭的增多，面对家里的"唯一"，全家都视其为珍宝，孩子能否成才，不仅关系孩子的前途，而且寄几代人的希望于一身，家长对孩子投入了全部的精力，倾注了全部的感情，孩子的表现牵动着父母的心情。如果孩子达不到父母的预期，就会造成父母的焦虑、紧张，承受巨大的精神压力。所以家长普遍有输不起的思想，导致对孩子的过高期望，给孩子过多压力。望子成龙、望女成凤是普天下所有父母的夙愿。对孩子有一定的期望本是人之常情，适当的、合理的期望能够激发孩子的学习动机，激励孩子通过努力获取成功。但是，父母期望值过高，超出了孩子力所能及的范围，会给孩子带来心理压力。"标杆"过高，孩子经常受挫，怎么努力也达不到家长的标准，体验不到成功的快乐，感到"让爸爸妈妈失望了"，就会内疚、自责，孩子自我意识和自我评价过低，负面情绪体验过多，对孩子身心健康不利。

（二）重养轻教，过度施爱

爱子之心，人皆有之。父母对孩子的爱，是世上最伟大、最无私的爱，这是不容置疑的。当今做父母的都知道不能溺爱孩子，但却分不清什么是溺爱，什么是真正的爱。"溺"，词典的解释是"淹没"的意思，如果父母的爱过多，就会"淹没"孩子，这就是溺爱，是一种失去理智，直接摧残孩子身心健康的爱。溺爱在家庭中的表现为多种多样；如当面护短，爸爸管孩子妈妈护着；父母教育孩子，奶奶拦着。造成孩子没有是非观念，为所欲为。对于孩子的不良习惯和缺点错误，家长视而不见，或轻描淡写，总觉得孩子还小，"树大自然直"，由于从小迁就姑息，孩子不顺心时就以哭闹撒泼、睡地上、不吃饭来要挟父母，溺爱的家长这时就会哄骗、依从，满足孩子的无理要求，在性格里播下自私、无情、任性、缺乏自制力的种子。有的家里，孩子的地位高高在上，处处享受特殊待遇，好吃的东西供他一人享用，爷爷奶奶可以不过生日，孩子过生日得买大蛋糕，送礼物……这样的孩子自感特殊，有优越感，习惯高人一等，必然变得自私，没有同情心，不会关心他人。而这些不良习惯一旦养成，以后要想改过来就非常困难。父母对孩子的爱代替不了正确的教育，而科学的教育才是对孩子最深刻的爱。智慧的爱能使孩子优秀，愚蠢的爱只能毁灭孩子。

小故事

《翠鸟移巢》（译文）　　明·冯梦龙

有一只非常美丽的小鸟叫翠鸟。它开始是把窝筑在高高的树尖上，目的是避免被人们伤害。后来翠鸟孵出了小翠鸟，翠鸟妈妈非常喜爱鸣叫的小翠鸟，生怕小翠鸟不小心掉下来摔伤了。翠鸟妈妈就把窝稍微向下移动了一下。

小翠鸟一天天长大，渐渐地长出了羽毛，十分漂亮动人，翠鸟妈妈就更加疼爱自己的小翠鸟了，更怕它掉下来受到伤害。于是，翠鸟妈妈又把窝向下移动，移到只有一个人高的树枝上。

一天，翠鸟妈妈外出给小翠鸟觅食。有一个过路人一伸手就把小翠鸟给掏走了。

爱子之心可以理解，但"丧子之祸"亦不可避免。这个后果可能是父母们始料不及的。

（三）盲目攀比、跟风

案例 1

"我的女儿今年6岁，我们的经济条件还是比较紧张的。即使在这样的情况下，我们还是给孩子报了4个兴趣班。我们觉得现在人家的孩子都在学，自己的孩子不学将来会没有出息，到那时不仅孩子会怪罪父母，就连我们自己也会后悔的。于是一到星期天，我背着电子琴，她妈背着塞满舞蹈衣、舞蹈鞋、装满吃喝的大背包，'转战'于西安市的东西南北中。一天下来，我们一家三口汗流浃背、腰酸背疼。但想一想，这一切都是为了孩子，心里也就舒坦了些。可是现在孩子的学习没有以前好了，总感觉她的压力太大，我们真不知道现在该怎么办？"一个家长自述道。

想一想：家长为什么会有这种想法？

现在，很多父母都希望孩子有广泛的兴趣爱好，给孩子报了很多特长班，如让孩子学乐器、学舞蹈、学绘画、学英语、学游泳等。很多父母可能是这样想，反正我对孩子尽心了，能让他学的都给他报了，至于学得怎么样就看他自己了，将来他没有学好也别怪父母没给他提供这个条件。

有的家长把面子看得很重，无形中总爱拿自己的孩子和别的孩子相比较，如果孩子比别人强，自己就有面子，就沾沾自喜；孩子不如别人，心里就不平衡，有失落感，感到颜面扫地，太丢人，说到底是虚荣心在作怪。父母用熟悉的同学或同龄儿童的优良表现来激发孩子的上进心，作为一种教育策略，如果使用得当，会取得良好的教育效果。但是，相当多的家长攀比心理严重，忽视孩子的个性差异，随意选择评价标准，盲目攀比、错位比较，其结果是要么孩子的个性消失，要么产生逆反心理。

（四）教育片面化

学前儿童教育应是全面发展的教育，但由于家长普遍存在不正确的育儿观和急功近利的思想，造成家庭教育出现不少片面化现象，如重智育轻德育；重视智力因素，忽视非智力因素；重视特长教育，忽视全面发展；重视知识学习，忽视能力培养；重视身体健康，忽视心理健康；重视营养保健，忽视体育锻炼等问题比较突出。家长之所以在教育上的片面化，主要是受升学压力，就业竞争的影响，以及对人才的片面理解。早期教育、开发智力是素质教育的一个中心内容，但并不是全部内容。经抽样调查，有60%的父母认为"智力教育就是天才教育"。正因为许多家长对教育的认识仍存在很大的片面性，他们把早期家庭教育等同于智力教育，把识字、背诗、计算、学外语当作幼儿教育的主要课程，错误地认为只要孩子有了知识就拥有了未来的一切，而疏忽了对孩子的品德、意志、兴趣、性格等非智力因素的培养。人的各种素质不是孤立存在的，而是相互联系，相互制约，相互促进，相辅相成的。实践证明，非智力因素对一个人未来事业是否成功有着极其重要的影响。过度重视智力因素而忽视非智力因素的培养，不但会影响孩子良好的品德和健康人格的形成，而且还会阻碍他们体、智、德、美的全面发展，甚至会导致人格的缺失，从而给孩子的一生带来不良影响。

（五）过度干预

孩子的成长从来都需要扶持，但是扶持一旦过度就会变成干预。很多年轻家长在孩子刚能听懂话时起，就喜欢"打预防针"，热衷于亦步亦趋地安排、督促、命令、监控，稍有不从就斥责孩子"不听话"，以期让孩子少走弯路。殊不知，孩子虽小也是独立的人，也具有独立意识，这种过度干预的结果从一开始，就禁锢了儿童独立思考、独立选择能力的发展。例如，4岁的女孩晶晶每天到幼儿园放学时间都想和小朋友再玩一会儿旋转木马和滑梯，可妈妈根本不让，总是板起脸催着孩子快快回家练琴。在为孩子报兴趣班时，大多是按家长的意愿，很多小男孩因为喜欢成龙、李连杰，想报武术班，但他们多半还得去学钢琴。在书店选购图书时常见到这样的场景：孩子想选科幻、昆虫、恐龙、汽车、神话、军事方面的图画书，父母却总会把它们放回书架或在收银台前撤掉，自说自话地加上拼音读本、少儿英语、成语故事、益智及励志故事，在家长眼里后者才是"有用的""划得来"的图书。孩子在家画画，家长坐在一旁看，不时指点应该这样、应该那样，恨不得抢过彩笔代劳，孩子独自画画的愉悦都被破坏掉了。有的家长过于担心孩子安全，给孩子交代了许多"这样不行""那样危险"，不允许做一切在父母看来会伤害孩子的事。好奇是孩子的天性，是驱使儿童去认识世界、改造世界的动力，也是儿童成长的第一步。儿童好动，难免会有一点危险，如果仅仅为了孩子的安全，处处干涉、限制孩子的活动，不仅禁锢了孩子智力的发展，而且束缚了孩子个性的发展。处处担心孩子出乱子，这是父母懦弱胆怯的表现，它会无声地传递给孩子，为孩子所继承、所仿效。在这种环境中长大的孩子，胆小、怕事、神经过敏，在当今充满竞争的社会里是很难立足的。

小 故 事

我国著名的物理学家钱三强的父亲钱玄同是我国近代著名的语言学家，对新文化运动有着重要的贡献。

在钱三强中学毕业前夕，正面临毕业后朝哪个方向发展的问题，这时，有人就建议钱玄同："你是搞语言文字的专家，名气又大，应该叫三强接你的班。"

钱玄同笑道："那要看孩子的态度与兴趣！"

他对钱三强说："你将来学什么，我不包办代替，这由你自己去选择。"

钱三强也很明确地告诉父亲："我要学工。"

钱玄同很理解和支持儿子的想法，点头表示赞许。而钱三强从小志在科学，并没有因为父母是著名的语言学家而改变自己的志向。正是由于钱玄同的支持，我国才多了一名享誉世界的物理学家。

父母和孩子都是独立的个体，孩子不需要也没有必要去实现父母的梦想，孩子有孩子的生活，他们没有必要为了父母的感受去抑制自己的兴趣和爱好。

世界著名教育心理学家、哈佛大学教授霍华德·加德纳研究发现：人的大脑存在着多种互不相干的智力领域，不能用同一个尺度去衡量孩子的聪明程度。每个人都有不同于别人的潜能，所以孩子的智力发展就各有千秋。这也要求父母积极创造条件，鼓励孩子多方面发展，不要以不务正业为名，扼杀孩子的智力和天赋。

（六）超前教育、过度教育

案例 2

妈妈好不容易教会未满3岁的玲玲明白3支冰棍加5支冰棍等于8支冰棍。然而，她真的学会算术了吗？当妈妈拿出一堆苹果，问玲玲，"玲玲，你看这里是3个苹果，这里是5个苹果，加在一起是几个啊？"玲玲皱着眉，依然说不出。妈妈很苦恼：既然已经知道3支冰棍加上5支等于8支，为什么一换成苹果仍然不知道呢？

分析：玲玲的妈妈所做的实质上是一种超前教育，她的"失败"意味着什么？是玲玲太笨吗？不。其实，年纪那么小的玲玲还不能掌握我们成人觉得很容易的数的概念，当妈妈让她学习有关冰棍的算术时，她只是靠记忆像听故事一样记住了一个事实，而不是真正地在学数学。

近年来，随着早教机构的兴起，家庭教育书籍的大量涌现，大众传媒的信息传播，年轻父母越来越重视孩子的早期教育。舍得为孩子投资，这本来是个好现象，然而不少家长在认识上存在盲目性，把早期教育理解为超前教育，提早接受教育就是早期教育，把教育时间提前就是早期教育。于是任意超越儿童年龄阶段提早开发智力，培养特长。很早就开始学写字、学弹琴、学英语、学绘画、学舞蹈……有的甚至主张"0岁识字，3岁扫盲"，还美其名曰"早期教育"。据统计城市幼儿园中，有近2/3的幼儿参加了各种培训班，有的同时参加好几个特长班。有的幼儿园为迎合家长的需要，过早地开设读、写、算等正规课程，把幼儿当小学生来对待，导致幼儿教育小学化，造成许多孩子还没上学就对学习充满厌恶，对学校充满了恐惧。教育不是投入多少就回报多少，投入得越多就回报得越多那样简单。不考虑孩子的承受能力、不考虑孩子的个性差异、不考虑孩子发展的自然规律，不仅不会收到预期的效果，反而会毁了孩子童年的幸福。

二、我国学前儿童家庭教育的发展趋势

从世界范围看，现代社会在迅猛发展的新技术革命的推动下，各方面都呈现出前所未有的变革，其发展之快、领域之广、变化之深、成效之巨，使人们难以预料。我国已经深度融入全球化，政治、经济、文化正日新月异地发展着，人民的生活水平和受教育程度不断提高，家庭教育的内外环境仍将继续变化。因此，研究家庭教育新观念，探讨家庭教育新方法，帮助家长提高教育素养，指导家长优化配置与合理利用家庭教育资源，并科学有效地对子女实施家庭教育，实现我国家庭教育的现代化，是我国家庭教育研究与实践的基本方向。在这种大背景下，学前儿童家庭教育的发展趋势大致可概括为以下六个方面。

（一）科学化

家庭教育的科学化，是社会现代化对其提出的要求。在现代社会生活中，我们每一个人，每时每刻也不能离开科学技术。因此，家庭教育的发展趋势将首先在科学化方面得以展现。家庭教育科学化

将呈现出以下发展趋势。

1. 家庭教育理论科学化

以党的全面发展教育方针、"三个面向"纲领和素质教育为指导思想；同时不断吸取教育学、心理学、社会学、管理学、生命科学等众多学科的最新研究成果，批判继承我国优秀教育传统，借鉴国外先进的家庭教育理论和实践经验，丰富、充实、发展中国特色的社会主义教育理论，使我国家庭教育彻底地由经验育人向科学育人转变。

2. 家庭教育内容科学化

即以真正科学的社会知识、人文知识、自然知识，以及在这些知识基础上形成的意识倾向、态度、情感、意志、性格，以及世界观、人生观、价值观等为教育内容，使得子女正确地认识社会、认识自然、认识人生，学习在改造自然、改造社会的过程中充实自己的精神世界，培养孩子坚持真理、坚持真善美的个性，培养孩子明辨是非的能力，要不断抵制封建迷信、邪教谬说对孩子思想的毒害和误导，使孩子真正科学地学习和生活，身心全面和谐健康发展。

3. 家庭教育方法科学化

随着社会发展、时代的进步，家长的文化程度不断提高。因此，家庭教育的方法也在不断地向科学化发展。尤其是城市家庭，由于独生子女的增加，为教育孩子成才，培养出高素质子女，不少家长已开始注意研究、阅读家庭教育方面的理论和书籍，开始研究教育学、心理学等方面的家庭教育知识。运用适合孩子成长成才规律的、科学的家庭教育方法和手段使家庭教育活动奏效，做到优生、优育、优教。对孩子的教育由过去的打骂型、唠叨型、溺爱型、放任型向引导型、陶冶型、明理型、民主型发展。

（二）规范化

长期以来，家庭教育被视为群众性的自发行为，家庭教育的研究及家庭教育知识的普及在一些人眼里只是"小儿科"。改革开放后，家庭教育事业有了很大的发展，家庭教育的社会地位逐渐提高。尤其是在江泽民同志《关于教育问题的谈话》发表以后，"教育是一项系统工程""家庭教育、学校教育、社会教育是教育的三大支柱之一，三者缺一不可"等观念已成为全社会的共识，家庭教育已明确成为政府行为，是社会主义教育体系中不可或缺的组成部分。21世纪由于教育在推动社会进步中的凸显地位，家庭教育由个人行为转变为政府行为的格局将会更加明朗化，国家将会采取更加有力的措施统筹管理家庭教育，如2022年1月1日起施行的《中华人民共和国家庭教育促进法》从法律上明确指出，未成年人的父母或者其他监护人负责实施家庭教育，国家和社会为家庭教育提供指导、支持和服务，把家庭教育作为考核相关职能部门的重要内容，设立权威性的家庭教育管理和指导机构，并提供专项家庭教育事业发展经费。

（三）素质化

20世纪末，中国教育界开始了一场深刻的变革，即由"应试教育"向"素质教育"的转变。素质教育的大讨论及各级各类学校的素质教育实践活动，必然波及家庭教育，一些家长在家庭教育实践中已经自觉地由"应试教育"向"素质教育"转化。进入21世纪后，随着社会对人才素质要求的提高及教育机构全面实施素质教育的力度加大，素质教育走进家庭教育的趋势将会更加明显。"全面推进素质教育是全社会的大事""素质教育应贯穿于家庭教育方方面面"的理念将进一步为家长所接受，素质教育将成为家庭教育的核心内容。

联合国教科文组织的国际21世纪教育委员会曾提出"终身学习是21世纪的通行证"，而"终身学习"又特指"学会求知、学会做事、学会共处、学会做人"，这是教育的四大支柱，其核心是学会做人。人格教育、品德教育应成为家庭教育的主要内容。具体地说，就是在培养心理健康，提倡人与人、人与自然和谐相处等方面成为教育重心。

（四）学习化

未来的社会是一个知识型社会，更是一个学习化社会。在未来的社会中，不仅知识和能力是人们立足的根本，同时快节奏的变化将使人们始终置身于一个因已有的知识很快老化过时而需要不断学习的挑战环境之中。在这样的学习化社会里，学习将与人们毕生相随，并成为支撑人生发展的主要力量源泉，不断学习，终身学习，将是学习化社会的重要特征。

终身教育思潮与全民教育思潮将继续对21世纪的教育产生重大的影响，在这种学习化社会里，争创"学习型家庭"就是这两种思潮对21世纪家庭教育影响的具体表现。在多元的家庭生活里，"学习"将成为众多家庭明智而又自觉的要求。"学习型家庭"所提倡的家庭成员全员学习，有利于营造浓郁的学习氛围，对孩子是一种熏陶；"学习型家庭"所提倡的家庭成员之间相互学习，密切了亲子关系，家庭教育易取得好效果；"学习型家庭"提倡专项学习，学习家庭教育知识成为家长的"必修课"，家长大量汲取相关的家庭教育知识，无疑有利于提高家庭教育水平。在21世纪知识经济社会里，创建学习型家庭将会成为众多家庭的必然选择，是新世纪家庭教育一道亮丽的风景线。

（五）网络化

21世纪是数字化生存的网络时代。当计算机将一切种类的信息数字化，当传载信息的网络将社会每一个角落的人群联结起来的时候，将改变人类的整个生存状态，从工作、学习到娱乐，从经济、政治到文化，都将发生一次根本性的革命。互联网已开始走进大众家庭，它将为家长获取家庭教育信息带来极大的便利。互联网的开放性、互动性、专业性等特点，使家长在"弹指一挥间"就可以通过优异的信息平台，整合出有针对性的家庭教育信息，实施科学的家庭教育。如通过资源共享，家长可以迅速收集全国乃至全世界的家庭教育信息，为我所用；通过网上互动，家长可以与专业人员深入交谈家庭教育中的疑难问题，对症下药。互联网极大地拓宽了家长的视野，丰富了家庭教育内容，必将成为家长搞好家庭教育的好帮手。

（六）统合化

21世纪，我国的教育从全局看，必须是面向现代化、面向世界、面向未来的教育；从教育系统看，必须是家庭教育、学校教育、社会教育紧密结合，形成一体化的教育。因为，教育是一项庞大的系统工程，绝非家庭本身可以独立完成，事实上学校（幼儿园）、家庭、社会构成儿童成长的三维空间，在这个立体的空间里，来自各方面的信息无时不在地从多角度作用于少年儿童。三大教育的关系是：家庭教育是基础、学校教育为主导、社会教育是依托，彼此之间既有独立又有相互联系，从而构成了一个完整、统一的现代教育体系。因而，随着我国经济、社会的发展与进步，随着素质教育的全面推进，家庭教育、学校教育、社会教育相互沟通、紧密结合、协调一致，形成一个整体、组成一个合力，共同培养社会现代化所需要的高素质全新人才，是教育现代化的必然趋势。

知识拓展

会飞的风筝

单元小结

在当前中国的现代化进程日新月异，社会急剧变革，家庭结构形态、家庭功能、家庭生活方式和人们的思想观念都发生了很大的变化。社会的变迁必然对家庭教育和社区教育产生着深刻的影响，这些影响有利有弊，也使我们的家庭教育面临着前所未有的机遇和挑战，并对家庭教育提出了全新的要求。现代家庭教育能否适应社会现代化发展的要求，是摆在我们面前的非常紧迫的课题。因此，我们有必要对这场家庭变革的性质、特点和发展趋势，进行认真的研究和探讨。家庭教育、社区教育和幼儿园教育一体化的合作共育，是未来社会必然的发展趋势，三者必须相互支持和配合，共同努力才能教育好儿童，并逐步走出家庭教育的误区，为促进整个国家和民族现代化的进程奠定良好的基础。

思政要点

学前儿童的家庭教育是人生的初始阶段，幼儿园是人生的基础教育。从生态学意义上看，社区是儿童赖以生存的地缘空间。学习者应该理解家园、社区合作共育的价值，具有科学的儿童观和家庭教育理念，以及初步的大教育观。

思考与实践

1.社会变革对我国家庭教育有哪些方面的影响？

2.我国现阶段家庭结构有哪些类型？请分析它们对儿童分别有什么影响？

3.根据自己和周围的所见所闻，分析改革开放以来我国家庭生活方式有哪些方面的变化，这些变化对儿童的成长有何影响。

4.以自己家庭的居住环境为例，谈谈家庭教育可以开发利用哪些社区教育资源？

5.讨论我国学前儿童家庭教育中还存在哪些问题？应如何改进？

6.案例分析：

博士"虎爸"逼5岁女儿学高数和文言文

近日，一则博士"虎爸"打骂逼5岁女儿学高数的消息，引发了舆论热议。南京的博士"虎爸"吴某对两个孩子的要求很高，虽然儿子小明7岁在读小学一年级，女儿5岁还在读幼儿园，但吴某经常向两个孩子教授中学甚至大学的知识，让两个孩子学习文言文和高等数学，并要求他们学习至深夜。孩子不明白学不懂，他经常侮辱谩骂，甚至殴打……无奈之下，孩子母亲只能向法院"求援"。南京市建邺区人民法院认为，被申请人落后的粗放式教育方法没有尊重未成年人身心发展规律，起到了拔苗助长的负面效果，严重影响孩子心智的健康发育。被申请人虽并未对孩子肉体上造成严重的损伤，但存在长期辱骂、贬低孩子进行精神侵害的行为，也属于家庭暴力。为此，法院签发了人身安全保护令。

说说你对"虎爸"这类家长的教育方式有什么看法？

附录 1
《中华人民共和国家庭教育促进法》

（2021年10月23日第十三届全国人民代表大会常务委员会第三十一次会议通过）

第一章 总 则

第一条 为了发扬中华民族重视家庭教育的优良传统，引导全社会注重家庭、家教、家风，增进家庭幸福与社会和谐，培养德智体美劳全面发展的社会主义建设者和接班人，制定本法。

第二条 本法所称家庭教育，是指父母或者其他监护人为促进未成年人全面健康成长，对其实施的道德品质、身体素质、生活技能、文化修养、行为习惯等方面的培育、引导和影响。

第三条 家庭教育以立德树人为根本任务，培育和践行社会主义核心价值观，弘扬中华民族优秀传统文化、革命文化、社会主义先进文化，促进未成年人健康成长。

第四条 未成年人的父母或者其他监护人负责实施家庭教育。

国家和社会为家庭教育提供指导、支持和服务。

国家工作人员应当带头树立良好家风，履行家庭教育责任。

第五条 家庭教育应当符合以下要求：

（一）尊重未成年人身心发展规律和个体差异；

（二）尊重未成年人人格尊严，保护未成年人隐私权和个人信息，保障未成年人合法权益；

（三）遵循家庭教育特点，贯彻科学的家庭教育理念和方法；

（四）家庭教育、学校教育、社会教育紧密结合、协调一致；

（五）结合实际情况采取灵活多样的措施。

第六条 各级人民政府指导家庭教育工作，建立健全家庭学校社会协同育人机制。县级以上人民政府负责妇女儿童工作的机构，组织、协调、指导、督促有关部门做好家庭教育工作。

教育行政部门、妇女联合会统筹协调社会资源，协同推进覆盖城乡的家庭教育指导服务体系建设，并按照职责分工承担家庭教育工作的日常事务。

县级以上精神文明建设部门和县级以上人民政府公安、民政、司法行政、人力资源和社会保障、文化和旅游、卫生健康、市场监督管理、广播电视、体育、新闻出版、网信等有关部门在各自的职责范围内做好家庭教育工作。

第七条 县级以上人民政府应当制定家庭教育工作专项规划，将家庭教育指导服务纳入城乡公共服务体系和政府购买服务目录，将相关经费列入财政预算，鼓励和支持以政府购买服务的方式提供家庭教育指导。

第八条 人民法院、人民检察院发挥职能作用，配合同级人民政府及其有关部门建立家庭教育工作联动机制，共同做好家庭教育工作。

第九条 工会、共产主义青年团、残疾人联合会、科学技术协会、关心下一代工作委员会以及居民委员会、村民委员会等应当结合自身工作，积极开展家庭教育工作，为家庭教育提供社会支持。

第十条　国家鼓励和支持企业事业单位、社会组织及个人依法开展公益性家庭教育服务活动。

第十一条　国家鼓励开展家庭教育研究，鼓励高等学校开设家庭教育专业课程，支持师范院校和有条件的高等学校加强家庭教育学科建设，培养家庭教育服务专业人才，开展家庭教育服务人员培训。

第十二条　国家鼓励和支持自然人、法人和非法人组织为家庭教育事业进行捐赠或者提供志愿服务，对符合条件的，依法给予税收优惠。

国家对在家庭教育工作中做出突出贡献的组织和个人，按照有关规定给予表彰、奖励。

第十三条　每年5月15日国际家庭日所在周为全国家庭教育宣传周。

第二章　家庭责任

第十四条　父母或者其他监护人应当树立家庭是第一个课堂、家长是第一任老师的责任意识，承担对未成年人实施家庭教育的主体责任，用正确思想、方法和行为教育未成年人养成良好思想、品行和习惯。

共同生活的具有完全民事行为能力的其他家庭成员应当协助和配合未成年人的父母或者其他监护人实施家庭教育。

第十五条　未成年人的父母或者其他监护人及其他家庭成员应当注重家庭建设，培育积极健康的家庭文化，树立和传承优良家风，弘扬中华民族家庭美德，共同构建文明、和睦的家庭关系，为未成年人健康成长营造良好的家庭环境。

第十六条　未成年人的父母或者其他监护人应当针对不同年龄段未成年人的身心发展特点，以下列内容为指引，开展家庭教育：

（一）教育未成年人爱党、爱国、爱人民、爱集体、爱社会主义，树立维护国家统一的观念，铸牢中华民族共同体意识，培养家国情怀；

（二）教育未成年人崇德向善、尊老爱幼、热爱家庭、勤俭节约、团结互助、诚信友爱、遵纪守法，培养其良好社会公德、家庭美德、个人品德意识和法治意识；

（三）帮助未成年人树立正确的成才观，引导其培养广泛兴趣爱好、健康审美追求和良好学习习惯，增强科学探索精神、创新意识和能力；

（四）保证未成年人营养均衡、科学运动、睡眠充足、身心愉悦，引导其养成良好生活习惯和行为习惯，促进其身心健康发展；

（五）关注未成年人心理健康，教导其珍爱生命，对其进行交通出行、健康上网和防欺凌、防溺水、防诈骗、防拐卖、防性侵等方面的安全知识教育，帮助其掌握安全知识和技能，增强其自我保护的意识和能力；

（六）帮助未成年人树立正确的劳动观念，参加力所能及的劳动，提高生活自理能力和独立生活能力，养成吃苦耐劳的优秀品格和热爱劳动的良好习惯。

第十七条　未成年人的父母或者其他监护人实施家庭教育，应当关注未成年人的生理、心理、智力发展状况，尊重其参与相关家庭事务和发表意见的权利，合理运用以下方式方法：

（一）亲自养育，加强亲子陪伴；

（二）共同参与，发挥父母双方的作用；

（三）相机而教，寓教于日常生活之中；

（四）潜移默化，言传与身教相结合；

（五）严慈相济，关心爱护与严格要求并重；

（六）尊重差异，根据年龄和个性特点进行科学引导；

（七）平等交流，予以尊重、理解和鼓励；

（八）相互促进，父母与子女共同成长；

（九）其他有益于未成年人全面发展、健康成长的方式方法。

第十八条 未成年人的父母或者其他监护人应当树立正确的家庭教育理念，自觉学习家庭教育知识，在孕期和未成年人进入婴幼儿照护服务机构、幼儿园、中小学校等重要时段进行有针对性的学习，掌握科学的家庭教育方法，提高家庭教育的能力。

第十九条 未成年人的父母或者其他监护人应当与中小学校、幼儿园、婴幼儿照护服务机构、社区密切配合，积极参加其提供的公益性家庭教育指导和实践活动，共同促进未成年人健康成长。

第二十条 未成年人的父母分居或者离异的，应当相互配合履行家庭教育责任，任何一方不得拒绝或者怠于履行；除法律另有规定外，不得阻碍另一方实施家庭教育。

第二十一条 未成年人的父母或者其他监护人依法委托他人代为照护未成年人的，应当与被委托人、未成年人保持联系，定期了解未成年人学习、生活情况和心理状况，与被委托人共同履行家庭教育责任。

第二十二条 未成年人的父母或者其他监护人应当合理安排未成年人学习、休息、娱乐和体育锻炼的时间，避免加重未成年人学习负担，预防未成年人沉迷网络。

第二十三条 未成年人的父母或者其他监护人不得因性别、身体状况、智力等歧视未成年人，不得实施家庭暴力，不得胁迫、引诱、教唆、纵容、利用未成年人从事违反法律法规和社会公德的活动。

第三章 国家支持

第二十四条 国务院应当组织有关部门制定、修订并及时颁布全国家庭教育指导大纲。

省级人民政府或者有条件的设区的市级人民政府应当组织有关部门编写或者采用适合当地实际的家庭教育指导读本，制定相应的家庭教育指导服务工作规范和评估规范。

第二十五条 省级以上人民政府应当组织有关部门统筹建设家庭教育信息化共享服务平台，开设公益性网上家长学校和网络课程，开通服务热线，提供线上家庭教育指导服务。

第二十六条 县级以上地方人民政府应当加强监督管理，减轻义务教育阶段学生作业负担和校外培训负担，畅通学校家庭沟通渠道，推进学校教育和家庭教育相互配合。

第二十七条 县级以上地方人民政府及有关部门组织建立家庭教育指导服务专业队伍，加强对专业人员的培养，鼓励社会工作者、志愿者参与家庭教育指导服务工作。

第二十八条 县级以上地方人民政府可以结合当地实际情况和需要，通过多种途径和方式确定家庭教育指导机构。

家庭教育指导机构对辖区内社区家长学校、学校家长学校及其他家庭教育指导服务站点进行指导，同时开展家庭教育研究、服务人员队伍建设和培训、公共服务产品研发。

第二十九条 家庭教育指导机构应当及时向有需求的家庭提供服务。

对于父母或者其他监护人履行家庭教育责任存在一定困难的家庭，家庭教育指导机构应当根据具体情况，与相关部门协作配合，提供有针对性的服务。

第三十条 设区的市、县、乡级人民政府应当结合当地实际采取措施，对留守未成年人和困境未成年人家庭建档立卡，提供生活帮扶、创业就业支持等关爱服务，为留守未成年人和困境未成年人的父母或者其他监护人实施家庭教育创造条件。

教育行政部门、妇女联合会应当采取有针对性的措施，为留守未成年人和困境未成年人的父母或者其他监护人实施家庭教育提供服务，引导其积极关注未成年人身心健康状况、加强亲情关爱。

第三十一条 家庭教育指导机构开展家庭教育指导服务活动，不得组织或者变相组织营利性教育培训。

第三十二条 婚姻登记机构和收养登记机构应当通过现场咨询辅导、播放宣传教育片等形式，向办理婚姻登记、收养登记的当事人宣传家庭教育知识，提供家庭教育指导。

第三十三条　儿童福利机构、未成年人救助保护机构应当对本机构安排的寄养家庭、接受救助保护的未成年人的父母或者其他监护人提供家庭教育指导。

第三十四条　人民法院在审理离婚案件时，应当对有未成年子女的夫妻双方提供家庭教育指导。

第三十五条　妇女联合会发挥妇女在弘扬中华民族家庭美德、树立良好家风等方面的独特作用，宣传普及家庭教育知识，通过家庭教育指导机构、社区家长学校、文明家庭建设等多种渠道组织开展家庭教育实践活动，提供家庭教育指导服务。

第三十六条　自然人、法人和非法人组织可以依法设立非营利性家庭教育服务机构。

县级以上地方人民政府及有关部门可以采取政府补贴、奖励激励、购买服务等扶持措施，培育家庭教育服务机构。

教育、民政、卫生健康、市场监督管理等有关部门应当在各自职责范围内，依法对家庭教育服务机构及从业人员进行指导和监督。

第三十七条　国家机关、企业事业单位、群团组织、社会组织应当将家风建设纳入单位文化建设，支持职工参加相关的家庭教育服务活动。

文明城市、文明村镇、文明单位、文明社区、文明校园和文明家庭等创建活动，应当将家庭教育情况作为重要内容。

第四章　社会协同

第三十八条　居民委员会、村民委员会可以依托城乡社区公共服务设施，设立社区家长学校等家庭教育指导服务站点，配合家庭教育指导机构组织面向居民、村民的家庭教育知识宣传，为未成年人的父母或者其他监护人提供家庭教育指导服务。

第三十九条　中小学校、幼儿园应当将家庭教育指导服务纳入工作计划，作为教师业务培训的内容。

第四十条　中小学校、幼儿园可以采取建立家长学校等方式，针对不同年龄段未成年人的特点，定期组织公益性家庭教育指导服务和实践活动，并及时联系、督促未成年人的父母或者其他监护人参加。

第四十一条　中小学校、幼儿园应当根据家长的需求，邀请有关人员传授家庭教育理念、知识和方法，组织开展家庭教育指导服务和实践活动，促进家庭与学校共同教育。

第四十二条　具备条件的中小学校、幼儿园应当在教育行政部门的指导下，为家庭教育指导服务站点开展公益性家庭教育指导服务活动提供支持。

第四十三条　中小学校发现未成年学生严重违反校规校纪的，应当及时制止、管教，告知其父母或者其他监护人，并为其父母或者其他监护人提供有针对性的家庭教育指导服务；发现未成年学生有不良行为或者严重不良行为的，按照有关法律规定处理。

第四十四条　婴幼儿照护服务机构、早期教育服务机构应当为未成年人的父母或者其他监护人提供科学养育指导等家庭教育指导服务。

第四十五条　医疗保健机构在开展婚前保健、孕产期保健、儿童保健、预防接种等服务时，应当对有关成年人、未成年人的父母或者其他监护人开展科学养育知识和婴幼儿早期发展的宣传和指导。

第四十六条　图书馆、博物馆、文化馆、纪念馆、美术馆、科技馆、体育场馆、青少年宫、儿童活动中心等公共文化服务机构和爱国主义教育基地每年应当定期开展公益性家庭教育宣传、家庭教育指导服务和实践活动，开发家庭教育类公共文化服务产品。

广播、电视、报刊、互联网等新闻媒体应当宣传正确的家庭教育知识，传播科学的家庭教育理念和方法，营造重视家庭教育的良好社会氛围。

第四十七条　家庭教育服务机构应当加强自律管理，制定家庭教育服务规范，组织从业人员培训，提高从业人员的业务素质和能力。

第五章 法律责任

第四十八条 未成年人住所地的居民委员会、村民委员会、妇女联合会，未成年人的父母或者其他监护人所在单位，以及中小学校、幼儿园等有关密切接触未成年人的单位，发现父母或者其他监护人拒绝、怠于履行家庭教育责任，或者非法阻碍其他监护人实施家庭教育的，应当予以批评教育、劝诫制止，必要时督促其接受家庭教育指导。

未成年人的父母或者其他监护人依法委托他人代为照护未成年人，有关单位发现被委托人不依法履行家庭教育责任的，适用前款规定。

第四十九条 公安机关、人民检察院、人民法院在办理案件过程中，发现未成年人存在严重不良行为或者实施犯罪行为，或者未成年人的父母或者其他监护人不正确实施家庭教育侵害未成年人合法权益的，根据情况对父母或者其他监护人予以训诫，并可以责令其接受家庭教育指导。

第五十条 负有家庭教育工作职责的政府部门、机构有下列情形之一的，由其上级机关或者主管单位责令限期改正；情节严重的，对直接负责的主管人员和其他直接责任人员依法予以处分：

（一）不履行家庭教育工作职责；

（二）截留、挤占、挪用或者虚报、冒领家庭教育工作经费；

（三）其他滥用职权、玩忽职守或者徇私舞弊的情形。

第五十一条 家庭教育指导机构、中小学校、幼儿园、婴幼儿照护服务机构、早期教育服务机构违反本法规定，不履行或者不正确履行家庭教育指导服务职责的，由主管部门责令限期改正；情节严重的，对直接负责的主管人员和其他直接责任人员依法予以处分。

第五十二条 家庭教育服务机构有下列情形之一的，由主管部门责令限期改正；拒不改正或者情节严重的，由主管部门责令停业整顿、吊销营业执照或者撤销登记：

（一）未依法办理设立手续；

（二）从事超出许可业务范围的行为或作虚假、引人误解宣传，产生不良后果；

（三）侵犯未成年人及其父母或者其他监护人合法权益。

第五十三条 未成年人的父母或者其他监护人在家庭教育过程中对未成年人实施家庭暴力的，依照《中华人民共和国未成年人保护法》、《中华人民共和国反家庭暴力法》等法律的规定追究法律责任。

第五十四条 违反本法规定，构成违反治安管理行为的，由公安机关依法予以治安管理处罚；构成犯罪的，依法追究刑事责任。

第六章 附 则

第五十五条 本法自2022年1月1日起施行。

附录2
《全国家庭教育指导大纲（修订）》（节选）

为深入贯彻习近平总书记关于家庭教育的重要指示精神，落实全国教育大会精神，按照新时代党和政府对家庭教育以及未成年人思想道德建设工作的部署和要求，进一步深化家庭教育指导服务，提高全国家庭教育总体水平，促进儿童全面健康成长，依据《中华人民共和国宪法》及《中华人民共和国未成年人保护法》等相关法律法规，修订《全国家庭教育指导大纲》（以下简称《大纲》）。

一、适用范围

《大纲》适用于各级各类家庭教育指导机构、相关职能部门、社会团体、宣传媒体和家庭教育指导者，对新婚夫妇、孕妇、18岁以下儿童家长（父母或其他监护人）开展的家庭教育指导服务行为。

二、指导原则

家庭教育指导是指相关机构和人员为提高家长教育子女能力而提供的专业性支持服务和引导。家庭教育指导工作应坚持以下基本原则。

一是思想性原则。遵循党的教育方针，以促进儿童全面健康成长为目标，以立德树人为根本任务，通过实施科学的家庭教育指导，推进家庭教育在培养德智体美劳全面发展的社会主义建设者和接班人中发挥重要基础作用。

二是科学性原则。遵循家庭教育规律，为家长提供科学化、专业化、规范化的指导服务，家庭教育指导机构和指导者应具备相应的专业资质和能力。

三是儿童为本原则。尊重儿童身心发展规律和个体差异，创设适合儿童成长的必要条件，保护儿童各项权利，促进儿童自然、全面、充分、个性发展。

四是家长主体原则。确立为家长服务、提供支持的观念，尊重家长意愿，坚持需求导向，调动家长参与的积极性；引导家长注重提升自身素质，注重家庭建设和良好家风传承，促进亲子互动共同提高。

三、分阶段指导内容及要求

（一）新婚期及孕期的家庭教育指导要点

一是做好怀孕准备。鼓励备孕夫妇学习优生优育优教的基本知识，并为新生命的诞生做好思想上、物质上的准备。引导备孕夫妇参加健康教育、健康检查、风险评估、咨询指导等专项服务。对于不孕不育者，引导其科学诊断、对症治疗，并给予心理辅导。

二是注重孕期保健。指导孕妇掌握优生优育知识，配合医院进行孕期筛查和产前诊断，做到早发现、早干预；避免烟酒、农药、化肥、辐射等化学物理致畸因素，预防病毒、寄生虫等生物致畸因素的影响；科学增加营养，合理作息，适度运动，进行心理调适，促进胎儿健康发育。对于大龄孕妇、有致畸因素接触史的孕妇、怀孕后有疾病的孕妇以及具有其他不利优生因素的孕妇，督促其做好产前医学健康咨询及诊断。

三是提倡自然分娩。指导孕妇认识自然分娩的益处，科学选择分娩方式；认真做好产前医学检查，并协助舒缓临盆孕妇的焦虑心理。帮助产妇做好情绪调节，预防和妥善应对产后抑郁。

四是做好育儿准备。指导准家长学习育儿基本知识和方法，购置新生儿生活必备用品和保障母婴健康的基本用品；做好已有子女对新生子女的接纳工作；妥善处理好生育、抚养与家庭生活、职业发展的关系；统一家庭教育观念，营造安全、温馨的家庭环境。

（二）0～3岁儿童的家庭教育指导

1.0～3岁儿童的身心发展特点

这是儿童身心发展最快的时期。儿童的身高和体重迅速增长，神经系统结构发展迅速；感知觉飞速发展；遵循由头至脚、由大动作至小动作的发展原则，逐步掌握人类行为的基本动作；语言能力迅速发展；表现出一定的交往倾向，乐于探索周围世界；对家长有强烈依赖感；道德发展处于前道德期。

2.家庭教育指导内容要点

（1）提倡母乳喂养。指导乳母加强乳房保健，在产后尽早用正确的方法哺乳；在睡眠、情绪和健康等方面保持良好状态，科学饮食，增加营养；在母乳不充分的阶段采取科学的混合喂养，适时添加辅食。

（2）鼓励主动学习儿童日常养育和照料的科学知识与方法。引导家长让儿童多看、多听、多运动、多抚触，带领儿童开展适当的运动、游戏，增强儿童体质。指导家长按时为儿童预防接种，培养儿童健康的卫生习惯，注意科学的饮食调配；配合医疗部门完成相关疾病筛查，做好儿童生长发育监测，学会观察儿童，及时发现儿童发展中的异常表现，及早进行干预；学会了解儿童常见病的发病征兆及应对方法，掌握病后护理常识；了解儿童成长的特点和表现，学会倾听、分辨和理解儿童的多种表达方式。

（3）制订生活规则。指导家长了解儿童成长规律及特点，并据此制订日常生活规则，按照规则指导儿童的行为；采用鼓励、表扬等正面教育为主的方法，培养儿童健康生活方式。

（4）丰富儿童感知经验。指导家长创设儿童充分活动的空间与条件，充分利用日常生活环境中的真实物品和现象，让儿童在爬行、观察、听闻、触摸等活动过程中获得各种感知经验，促进感官发展。

（5）关注儿童需求。指导家长为儿童提供抓握、把玩、涂鸦、拆卸等活动的机会、工具和材料，用多种形式发展儿童的小肌肉精细动作和大肌肉活动能力；分享儿童的快乐，满足儿童好奇、好玩的认知需要，激发儿童想象力和好奇心。

（6）提供言语示范。指导家长为儿童创设宽松愉快的语言交往环境，通过表情、肢体、语言等多种方式与儿童交流；提高自身语言表达素养，为儿童提供良好的言语示范；为儿童的语言学习提供丰富的机会，运用多种方法鼓励儿童表达；积极回应儿童，鼓励儿童之间的模仿和交流。

（7）提高安全意识。提高家长有效看护意识和技能，指导家长消除居室和周边环境中的危险性因素，防止儿童意外伤害发生。

（8）加强亲子陪伴。指导家长认识到陪伴对于儿童成长的重要性，学会建立良好的亲子依恋关系，不用电子产品代替家长陪伴儿童，多与儿童一起进行亲子阅读；学习亲子沟通的技巧，与儿童建立开放的沟通模式；关注、尊重、理解儿童的情绪，合理对待儿童过度情绪化行为，有针对性地实施适合儿童个性的教养策略，培育儿童良好情绪；处理好多子女家庭的亲子关系、子女间的关系，让每个儿童都得到健康发展。

（9）重视发挥家庭各成员角色的作用。指导家长积极发挥父亲在家庭教育中的作用；了解父辈祖辈联合教养的正面价值，适度发挥祖辈参与的作用；引导祖辈树立正确的教养理念。

（10）做好入园准备。指导家长认识儿童社会性发展的重要性，珍视幼儿园教育的价值。入园前，指导家长有意识地培养儿童一定的生活自理能力及对简单规则的理解能力；入园后，指导家长与幼儿园教师积极沟通，共同帮助儿童适应入托环境，平稳度过入园分离焦虑期。

（三）3～6岁儿童的家庭教育指导

1.3～6岁儿童的身心发展特点

这是儿童身心快速发展的时期。儿童的身高和体重稳步增长，大脑、神经、动作技能等获得长足的进步；自我独立意识增强，开始表现出一定兴趣、爱好、脾气等个性倾向；初步具备自我情绪调节能力；愿意与同伴交往，乐于分享；学习能力开始发展，语言表达能力强；依恋家长，会产生分离焦虑；处于道德他律期，独立性、延迟满足能力、自信心都有所发展。

2.家庭教育指导内容要点

（1）积极带领儿童感知家乡与祖国的美好。指导家长通过和儿童一起外出游玩、观看影视文化作品等多种形式，了解有关家乡、祖国各地的风景名胜、著名建筑、独特物产等；适时向儿童介绍国旗、国歌、国徽的含义，带领儿童观看升国旗、奏国歌等仪式，培育儿童对家乡和祖国的朴素情感。

（2）引导儿童关心、尊重他人，学会交往。指导家长培养儿童尊重长辈、关心同伴的美德；关注儿童日常交往行为，对儿童的交往态度、行为及时提供帮助和辅导；结合实际情境，帮助儿童理解他人的情绪，了解他人的需要，做出适当的回应；引导儿童学会接纳差异，关注他人的感受；培养儿童多方面的兴趣、爱好和特长，增强儿童与人交往的自信心；经常带儿童接触不同的人际环境，为儿童创造交往机会，帮助儿童学会与同伴相处。

（3）培养儿童规则意识，增强社会适应性。指导家长结合儿童生活实际，为儿童制订日常生活规范、游戏规范、交往规范，遵守家庭基本礼仪；要求儿童完成力所能及的任务，培养责任感和认真负责的态度；有意识地带儿童走出家庭，接触丰富的社会环境，提高社会适应性；在儿童遇到困难时以鼓励、疏导的方式给予必要的帮助与支持。

（4）加强儿童营养保健和体育锻炼。指导家长积极带领儿童开展体育活动；根据儿童的个人特点，寻找科学合理又能被儿童接受的膳食方式；科学搭配儿童饮食，做到营养均衡、比例适当、饮食定量、调配得当；科学管理儿童的体重，学习关于儿童营养的科学知识；与儿童一起制订合理的家庭生活作息制度，培养儿童良好的生活和卫生习惯；定期带儿童做健康检查。

（5）丰富儿童感性经验。指导家长重视生活的教育价值，为儿童创设丰富的教育环境，带领儿童关心周围事物及现象，多开展接触大自然的户外活动，参观科技馆、博物馆、美术馆等，开阔儿童的眼界，丰富儿童的感性经验；尊重和保护儿童的好奇心和学习兴趣，支持和满足儿童通过直接感知、实际操作和亲身体验获取经验的需要，避免开展超出儿童认知能力的超前教育和强化训练。

（6）提高安全意识。指导家长尽可能消除居室和周边环境中的危险性因素；结合儿童的生活和学习，在共同参与的过程中对儿童实施安全教育；重视儿童的体能素质，提高其自我保护能力，减少儿童伤害。

（7）培养儿童生活自理能力和劳动意识。指导家长鼓励儿童做力所能及的事，学习和掌握基本的生活自理方法，参与简单的家务劳动，在生活点滴中启发儿童的劳动意识，保护儿童的劳动兴趣。

（8）科学做好入学准备。指导家长重视儿童幼儿园与小学过渡期的衔接适应，充分尊重和保护儿童的好奇心和学习兴趣，帮助儿童形成良好的任务意识、规则意识、时间观念，学会控制情绪，能正确表达自己的主张，逐步培育儿童通过沟通解决同伴问题的意识和能力；坚决抵制和摒弃让儿童提前学习小学课程和教育内容的错误倾向。

附录3

国外较有影响的五种家庭教育思想[1]

　　教育作为家庭的一项重要功能，已经引起越来越多家庭的重视。这里，笔者想通过介绍国外较有影响的五种家庭教育思想，不只想唤起更多国人对家庭教育的重视，更主要的是想为热心致力于家庭教育的家长们提供一些正确的思想和有效的方法。

（一）卡尔·威特的潜能教育

　　研究和论述家庭教育的思想及其作用时，大多数人会提到卡尔·威特。不仅因为卡尔·威特是近代较早重视家庭教育并取得突出成就的人，而且因为后世家庭教育的提倡者和受益者们或多或少借鉴了其思想精华。

　　卡尔·威特是德国一位乡村牧师，在教育方面有其独到的见解。当他还没有孩子时，就形成了一个信念——孩子必须从婴儿时期开始教育。正是在这种思想指导下，小卡尔·威特一出生，他就开始实践其教育计划，并取得了惊人的成就：小卡尔·威特8岁时就学会6国语言，并通晓动物学、植物学、物理学和化学，数学尤其出色；9岁时进入莱比锡大学；10岁时转入哥廷根大学；年仅14岁就被授予哲学博士学位；16岁又被授予法学博士学位，并被柏林大学聘为法学教授；23岁时出版《但丁的误解》一书，成为研究但丁的权威。

　　总结卡尔·威特的家庭教育思想，基本上可以概括为以下几方面：

　　第一，对孩子来说最重要的是教育。卡尔·威特认为，对孩子来说，最重要的是教育，而不是天赋。孩子成为天才还是庸才，不是取决于天赋的多少，而是取决于从出生到5～6岁这段时间的教育。当然，孩子的天赋存在着差异，但这些差异是有限的。所以，不用说生下来就具备很高天赋的孩子，就是那些天赋一般的孩子，只要给予合理的教育，也都能成为优秀的人。

　　第二，家庭教育应该尽早开始。卡尔·威特认为，根据儿童潜能的递减法则，一个人在成长过程中，是有某种智力发展的最佳时期的。这个最佳期对人一生的智力发展起着决定性作用，千万不能错过。对儿童智力开发的关键，就是抓住最佳期。因此，卡尔·威特主张，当孩子智力的曙光刚刚出现时，对他的教育就应该开始了。

　　第三，语言是早期教育的一块基石。卡尔·威特认为，家庭教育应该从语言教育开始，语言教育是早期教育最重要的部分。如果孩子不尽早掌握语言，也就不可能很好地发挥其潜能。因此，尽早让孩子们掌握语言工具是父母的第一要务。

　　第四，教育的目的是培养全面发展的人才。卡尔·威特认为，理想的人是品德、健康、才能都得到良好发展的人。只重视身体，孩子将成为四肢发达的可悲的愚人；只重视智力，孩子将成为弱不禁风的病夫或恶棍；只重视品德教育，孩子将成为懦夫，对社会、人类都没用。因此，孩子的教育必须三方面并举。用卡尔·威特的话说就是：家庭教育的目的不是造就神童或未来的伟大学者，而是培养全面发展的人才。

---

[1] 作者：张美云，原载于《山东教育》2006年7、8期。

（二）塞德兹的自由教育

鲍里斯·塞德兹是美国著名心理学家，他对当时的家庭教育现状极为不满。他在《俗物与天才》中指出：大人们总是想当然地认为，应当教会孩子处处为大人着想，让大人尽可能过安静生活。因此，培养服从、礼貌和恭顺成为十分重要的事。这样，儿童的自由天性就被扼杀了。他们在摇篮时期就被弄得毫无生气，他们受到的教育就是拒绝生活。这种家庭教育培养的是循规蹈矩的儿童，他们的特征就是非常听话，总是唯命是从，害怕批评，竭力使自己的举动不违礼俗、不犯过错；他们接受别人教给的东西，而且对这样的东西从不表示怀疑。这些儿童长大成人以后必然会成为俗物。因此，他倡导自由的家庭教育。

他的儿子因接受了这种教育而非常出色：3岁时即已能用母语流利地读写；5岁时开始学习生理学，竟然达到了执业医师水平；6岁入小学，用一年时间学完小学全部课程；因年龄限制，8岁被中学录取，因能力超出中学课程，不久即退学回家自修；11岁考入哈佛大学，1914年毕业后随即在该校研究生院攻读博士学位。

塞德兹的家庭教育思想主要包括以下几方面：

第一，教育的本质是发掘潜能。塞德兹认为，真正有意义的教育，应该着力于对孩子本身的培养，应该以合理的方式开发出他们潜在的能力。这种潜在的能力是人生来就具备的，只不过这种能力是秘密地隐藏着的，逐渐发掘这种潜能就成了教育所要完成的任务。而那种为了使孩子一鸣惊人的做法，只会让孩子的成长坠入畸形发展的轨道，片面或着眼于一处的教育只能使孩子成为俗物，甚至比一般的俗物还要糟糕。

第二，音乐教育应该摆在首要位置。塞德兹认为，对于一个孩子来说，音乐对他的影响非常明显。不仅学习音乐是孩子智力开发的有效手段，而且孩子对音乐的敏感远远超出视觉。

第三，天才是从游戏中产生的。塞德兹认为，在教育上最重要的是不要给孩子乱灌输技术语和公式，而是要诱导他们自由地发挥出潜在的能力。而对于孩子来说，最佳的诱导方式就是游戏。孩子们在游戏中能学到多少东西、发挥出什么样的能力，无论怎样想象都不会过分。因此，塞德兹主张对孩子们的教育都采用游戏的方式进行。

第四，自信是成功的重要途径。塞德兹认为，建立孩子的自信是成为天才的重要途径，而鼓励孩子做自己力所能及的事则是帮助孩子建立自信的主要途径。因为每个人看到自己的劳动成果时都会产生一种满足感，孩子也如此。这种满足感会唤起一个人的自信心，而这种自信心正是取得成功的潜在动力。

（三）斯托夫人的自然教育

大学期间，在著名学者詹姆士博士的影响下，斯托夫人接触并研究了《卡尔·威特的教育》一书之后，她形成了自己独特的教育思想。她的"伟大始于家庭"的观念已深入美国的千家万户，并使越来越多的美国家庭从中获益。斯托夫人的女儿维尼芙雷特——3岁就开始写诗歌和散文，4岁就能用世界语创作剧本，5岁时，她的诗歌和散文已经开始在各种报刊上发表，其中一部分还结集出版，颇受好评。不仅如此，维尼芙雷特在5岁时已经能够熟练地运用8个国家的语言，并能把各种语言翻译成世界语。除此之外，维尼芙雷特在其他方面，如数学、物理、天文、体育、音乐、绘画、人品等方面都明显地优于别的孩子。斯托夫人认为，维尼芙雷特之所以这么优秀，之所以能全面和谐发展，并不是因为她的天赋，而是由于她接受了良好的家庭教育。

第一，高度重视家庭教育的作用。斯托夫人明确指出，孩子能否成为杰出人物，完全取决于母亲施行了什么样的教育。因此，最早对孩子进行教育的应该是家里的母亲，而不是学校的老师；家庭教育必须由父母来承担，不能委托给别人去做；而且家庭教育必须伴随孩子们的一生，而不以某个年龄段为限。

第二，教育的前提条件是信任。斯托夫人认为，要想把孩子培养成一个优秀的人，必须首先给孩子足够的信任，这是教育的前提条件。因此，应该相信孩子的能力，相信孩子的才华，相信孩子的品质，只有这样，才能使他们在人生的旅途上走好第一步。

第三，鼓励应该渗透于家庭教育的点点滴滴中。斯托夫人信奉孩子离开了鼓励就无法生存，每个孩子都需要不断的鼓励，就像植物不断需要阳光雨露一样。因此，父母应该长期关注孩子一点一滴的进步，并及时予以鼓励，不要错过生活中任何一个促进孩子进步的机会。

第四，父母应该对孩子保持平和的心态。斯托夫人认为，父母期待孩子报恩的心理是造成父母和孩子之间矛盾的首要原因，而打着尊老的旗号去强迫孩子顺服则是一种自取其辱的做法。因此，父母应该对孩子保持平和的心态。只有这样，才不会抱怨孩子不尊重自己，而是先检点自己的行为是否值得孩子尊重。而这种自我反省的态度本身，就是对孩子最好的教育。

（四）巴尔的语言教育

巴尔博士是美国塔夫脱大学的神学教授，著有《家庭学校》和《家庭教育》。其中《家庭学校》中的内容有读者几百封书信，信里几乎都提出请求，希望博士对其教育进行详细总结并予以发表，说明《家庭学校》的影响之大。《家庭教育》正是巴尔博士应读者要求发表的。概括而言，巴尔博士的家庭教育思想如下：

第一，幼儿教育必须从语言开始。巴尔博士认为，语言是幼儿掌握知识的工具，所以应当尽早地教给孩子。不过，仅仅是尽早地教给孩子语言还不够，还必须从小就教好。因此，他反对教给孩子不完整的话和方言，而主张尽量教给孩子书面语言。

第二，应该尽量教给孩子多种语言。巴尔博士认为，训练孩子的头脑，最好莫过于语言。因此，除了尽早教孩子说英语外，还要教德语、拉丁语、希腊语、希伯来语等。在他看来，能正确地运用语言意味着正确地思考，而教给孩子多种语言，有利于孩子正确理解词义和进行思考。

第三，家长要准备教子记录本。巴尔博士建议，在教育孩子时，要把经过记录下来，最好天天记。这不仅便于有效地开展教育，而且，通过这个办法，还能培养孩子的好习惯，防止沾染恶习；最主要的是它更利于将预先制订的计划落实。

（五）夏洛特·梅森的家庭教育法

夏洛特·梅森是20世纪初英国著名的教育家，"教育之家"的创始人，被誉为"家庭教育之母"，教育界的"斯波克博士"。她的核心观点是，儿童是一个具备所有发展可能性和能力的"人"；教育的目的是，尽可能多地把儿童置于与自然生活和思想活生生的接触中。具体来说，她的教育思想包括以下几点：

第一，儿童是社会的财产。对于社会而言，最重要的工作就是抚养和指导儿童，在学校中是如此，在家庭中更是如此，因为家庭更多地影响和决定着人们的性格和职业生涯。为人父母是一件很重要的事情，任何提升、尊严都不能与之相比。

第二，注重户外活动。孩子们的大部分时间可以进一步地有效运用起来。他们应该始终保持快乐的心情，否则他们就会失去快乐的气氛在他们身体中所保持的力量和新鲜感。所以，父母不要过多地去约束孩子，而要让他们长时间在户外活动，让他们从泥土和天空之美中吸收他们能获得的东西。

第三，重视习惯的培养。习惯与人的生活的关系，如同车轨与在它上面行驶的火车的关系一样，这种关系对教育者意义重大，很有帮助，正如车轨总体上使火车更容易行驶，而不是遭遇危险，习惯对儿童也是如此。可以说，每个人的生活是否合理、是否舒适，依靠的都是习惯，一半是身体习惯，一半是道德习惯，因此，父母应该注意有意识地培养孩子的各种良好的习惯。

第四，父母应有正确的教育理念。的确，比起其他人来，教师对儿童应该学什么和应该如何学有更多的思考，但孩子的父母也应当对这个问题做出自己的判断，即使他不想亲自教自己的孩子，他也应当有他自己的关于他的孩子的教材与教法的理念。这样做既是为了孩子也是为了教师，对教师而言，没有什么比来自学生价值的肯定更能给他的工作以活力和方向感了。

第五，意志与良知是儿童内在的神圣生活。意志是激情和情感的控制器，是欲望的指挥官，是嗜好的统治者。然而，在意志背后还有一种更高的权力——良知。良知坐镇于人的内心深处，它才是立法者。因此，父母应该重视儿童意志和良知的培养。

主要参考文献

1. 朱闻哲.家庭教育学[M].北京：清华大学出版社，2020.

2. 丁连信.学前儿童家庭教育（第四版）[M].北京：科学出版社，2019.

3. 李天燕.家庭教育学[M].上海：复旦大学出版社，2014.

4. 常瑞芳.家庭与社区教育（第二版）[M].北京：高等教育出版社，2019.

5. 吴航.家庭教育学基础[M].武汉：华中师范大学出版社，2010.

6. 蔡岳建.家庭教育引论[M].合肥：安徽教育出版社，2010.

7. 李生兰.学前儿童家庭教育（修订版）[M].上海：华东师范大学出版社，2006.

8. 缪建东.家庭教育学[M].北京：高等教育出版社，2009.

9. 陈鹤琴.家庭教育——怎样教小孩[M].北京：中国致公出版社，2001.

10. 夏征.家庭与社区教育[M].武汉：武汉大学出版社，2015.

11. 关颖.社会学视野中的家庭教育[M].天津：天津社会科学院出版社，2000.

12. 溥存富，李飞虎.社区教育概论[M].成都：西南交通大学出版社，2018.

13. [意] 玛丽亚·蒙台梭利.童年的秘密[M].梁海涛，译.上海：上海人民出版社，2007.

14. 孙云晓.教育就是培养好习惯[M].南京：江苏教育出版社，2009.

15. 孙云晓.父母的上岗执照[M].合肥：安徽教育出版社，2007.

16. 李贺，杨云舒.学前教育史[M].北京：北京理工大学出版社，2019.

17. 唐淑.中国学前教育史（第三版）[M].北京：人民教育出版社，2015.

18. 任运昌.空巢乡村的守望[M].北京：中国社会科学出版社，2009.

19. 范方.留守儿童家庭教育策略[M].长沙：中南大学出版社，2008.

20. 蔡迎旗.留守幼儿生存与发展问题研究[M].南京：江苏教育出版社，2009.

21. 厉以贤.社区教育原理[M].成都：四川教育出版社，2003.

图书在版编目(CIP)数据

学前儿童家庭与社区教育/周雪艳编著. —3 版. —上海:复旦大学出版社,2023.6(2025.7
重印)
ISBN 978-7-309-16824-2

Ⅰ.①学… Ⅱ.①周… Ⅲ.①学前儿童-家庭教育②学前儿童-社区教育 Ⅳ.①G781②G61

中国国家版本馆 CIP 数据核字(2023)第 076925 号

学前儿童家庭与社区教育(第三版)
周雪艳 编著
责任编辑/夏梦雪

复旦大学出版社有限公司出版发行
上海市国权路 579 号 邮编:200433
网址:fupnet@ fudanpress.com http://www.fudanpress.com
门市零售:86-21-65102580 团体订购:86-21-65104505
出版部电话:86-21-65642845
上海丽佳制版印刷有限公司

开本 890 毫米×1240 毫米 1/16 印张 11 字数 333 千字
2025 年 7 月第 3 版第 6 次印刷

ISBN 978-7-309-16824-2/G·2494
定价:45.00 元